INDUSTRIES

ANCIENNES ET MODERNES

DE

L'EMPIRE CHINOIS

PARIS. — J. CLAYE, IMPRIMEUR, RUE SAINT-BENOIT, 7. — [1011]

cet
des
s,
utes
quels

; ma
:rони

巳足歇火一日揭榷取出竹蔴入清水漂塘之内洗濯

其塘底面四維皆用木板合縫砌完以妨泥污者造粗

爲洗淨用柴灰漿過再入釜中其上按平平鋪稻草

寸許桶内水滾沸即取出別桶之中仍以灰汁淋下

水冷燒滾再淋如是十餘日自然臭爛取出入臼受舂

有水碓春至形同泥麵傾入槽内凡抄紙槽上合方斗（山國皆）

尺寸濶狹槽視簾簾視紙竹蔴已成槽内清水浸浮其

面三寸許入紙藥水汁于其中（形同桃竹葉方語無定各）則水乾自

成潔白凡抄紙簾用刮磨絕細竹絲編成展卷張開時

INDUSTRIES

ANCIENNES ET MODERNES

DE

L'EMPIRE CHINOIS

D'APRÈS DES NOTICES TRADUITES DU CHINOIS

PAR

M. STANISLAS JULIEN

Membre de l'Institut

ET ACCOMPAGNÉES DE NOTICES INDUSTRIELLES

ET SCIENTIFIQUES

PAR

M. PAUL CHAMPION

Préparateur de Chimie
au Conservatoire des arts et métiers et à l'École centrale des arts et manufactures
Professeur de Chimie à l'Association polytechnique
Ancien délégué de la Société d'acclimatation en Chine et au Japon

PARIS

EUGÈNE LACROIX, LIBRAIRE-ÉDITEUR

54, RUE DES SAINTS-PÈRES, 54

1869

A MONSIEUR PAYEN

MEMBRE DE L'INSTITUT

Professeur au Conservatoire des arts et métiers et à l'École centrale
des arts et manufactures, etc., etc.

HOMMAGE DE STANISLAS JULIEN ET DE PAUL CHAMPION.

MESURES ET POIDS CHINOIS[1].

Pied	$0^m,349$.
Pouce	$0^m,0319$.
Boisseau ou Teou	$10^{lit},30$.
Tan ou Picul	$60^{kil},128$.
Livre ou Kin	$601^{gr},28$.
Once ou Liang	$37^{gr},58$.

[1] D'après la dernière édition du *Chinese commercial Guide*.

TABLE DES MATIÈRES

TABLE DES PLANCHES

Les dessins renfermés dans cet ouvrage sont des fac-simile de gravures chinoises extraites du *Thien-kong-khaï-wou* (voir la Préface).

PRÉFACE

Ce fut en l'année 1514 que les Portugais obtinrent de l'empereur chinois Ou-tsoung la permission de se livrer au commerce à Macao. A cette époque, l'industrie en Europe était encore pour ainsi dire à ses premiers débuts. On comprend que l'attention des peuples occidentaux fut vivement excitée par l'importation d'objets industriels et artistiques révélant un degré de civilisation inconnu jusqu'alors.

Les premiers documents sérieux et dignes de foi, relatifs au puissant développement de l'industrie en Chine, se trouvent consignés dans les mémoires publiés vers 1665, par les soins de l'ambassade de la Compagnie orientale des Provinces-Unies. Ultérieurement, les missionnaires, dans des ouvrages restés célèbres, donnèrent un aperçu assez exact de l'état des sciences, de l'industrie et de l'agriculture dans l'empire du Milieu. Il est bien certain, cependant, qu'en dehors de quelques curieuses traductions, malheureusement en trop petit nombre, on ne possède que très-peu de renseignements positifs sur un pays dont notre commerce pourrait tirer une si grande quantité de produits. Cette lacune est particulièrement sensible lorsqu'on se place au point de vue de l'histoire industrielle, point de vue qui tend de jour en jour à prendre une importance plus considérable. Dans ces circonstances, nous avons pensé que les archéologues comme les technologistes nous sauraient quelque gré de la publication de documents qui pourront contribuer à faire connaître diverses industries chinoises réellement dignes d'intérêt. Ces documents portent un caractère d'authenticité qui n'est point susceptible d'être mis en doute. Ils sont dus, pour la plus grande partie, aux longues et savantes recherches de M. Stanislas Julien, de l'Institut, qui a traduit les textes chinois avec l'exactitude la plus scrupuleuse. Les dessins joints à ces documents sont une fidèle reproduction des gravures d'un des ouvrages qui ont fourni le plus grand nombre de renseignements : le *Thien-kong-khaï-wou*, dont la deuxième édition, portant la date de 1637, se trouve à la Bibliothèque impériale. A propos de cette date, il n'est pas inutile de faire observer qu'on se tromperait en pensant que ces renseignements, extraits des livres chinois par les soins persévérants de M. Stanislas Julien, ne se rapportent qu'à d'anciennes industries, aujourd'hui plus ou moins profondément modifiées. La Chine est par excellence un pays où tout reste stationnaire, et il est hors de doute que les industries que l'on y rencontre actuellement sont exactement semblables, dans leurs procédés et leurs résultats, à celles qui existaient, il y a bien des siècles, dans la même contrée. Ce fait explique l'impossibilité où l'on se trouve de saisir, à son point de départ, l'industrie chinoise, quelque loin que l'on remonte d'ailleurs dans l'histoire.

Nous avons joint aux documents que l'on va lire des notes recueillies par nous-même en Chine, il y a deux ans, dans un voyage entrepris au point de vue purement scientifique et technologique, et pour lequel il nous a été donné de nous aider des précieux conseils de notre savant maître, M. Payen, de l'Institut. Nous aimons à espérer que le public éclairé accueillera notre travail avec intérêt; et nous serions heureux si nous avions pu contribuer pour notre faible part à jeter quelque lumière sur des questions qui se rapportent au développement industriel d'un pays si curieux et encore si peu connu.

P. CHAMPION [1].

1. Les articles placés entre parenthèses et les notes signées P. C., sont spécialement dus à M. Paul Champion.

M. P. Champion a aussi publié un article fort remarquable sur la Chine et le Japon dans le 5ᵉ volume des *Études sur l'Exposition de 1867*.   (*Note de l'Éditeur.*)

INDUSTRIES

ANCIENNES ET MODERNES

DE L'EMPIRE CHINOIS

COMBUSTIBLES.

HOUILLE. — CHARBON. — PÉTROLE.

HOUILLE.

Le territoire de la Chine est très-riche en gisements de houille que les Chinois exploitent dans plusieurs régions; ils se servent du charbon de terre pour fondre les métaux, pour cuire les pierres à chaux, pour traiter les minerais destinés à fabriquer l'alun, les sulfates, etc., etc., etc.

On distingue trois espèces de houille :

1° Houille brillante ;

2° Houille en petits fragments ;

3° Houille en poudre.

Houille brillante. — La houille brillante se présente en blocs de la grosseur d'un boisseau chinois; on la rencontre dans le pays de Yen, de Thsi et de Thsin. Elle brûle facilement au contact de l'air sans le secours du soufflet; on peut déterminer son inflammation à l'aide de quelques morceaux de charbon de bois, et la masse brûle jusqu'à ce qu'elle soit entièrement consumée.

Houille en petits fragments. — Cette espèce de houille se distingue en deux variétés différentes : la première, extraite des pays de Ou et de Thsou, brûle avec une belle flamme brillante ; elle est spécialement employée à la cuisson du riz et des aliments ; la seconde ne donne qu'une petite flamme (suivant l'expression des Chinois, la flamme ne dépasse pas le niveau supérieur du combustible) ; elle sert à la fabrication du fer. On l'arrose à cet effet d'une petite quantité d'eau avant de l'employer, et quand elle brûle, il faut avoir recours au soufflet afin de produire une température assez élevée pour amener la fusion du métal.

Houille en poudre. — La houille en poudre doit être toujours mélangée avec de l'argile pour qu'on puisse l'employer ; on mouille le mélange de manière à en former une pâte qui puisse facilement se mouler en pains rectangulaires ou cylindriques. Ces pains, séchés au soleil, durcissent et prennent l'aspect de la houille brillante. Ils servent de combustible, et quand ils sont allumés, ils brûlent lentement en produisant une température régulière. On emploie concurremment avec ce combustible la poussière qui se forme pendant l'extraction de la houille et son transport. Ces agglomérés sont employés partout en Chine pour la cuisson des aliments, ainsi que pour certaines opérations industrielles, telles que la fonte du cuivre, la fabrication du vermillon, etc. Les trois variétés de houille peuvent indifféremment servir de combustible dans la préparation de la chaux vive et dans celle de l'alun[1].

Extraction de la houille. — Les mineurs chinois, habitués à l'exploitation des houillères, savent découvrir les gise-

---

1. On voit, en été surtout, autour des villes chinoises et même sur les places publiques, devant les boutiques, des claies en bambou recouvertes de ces pains en train de sécher. Ils ont 10 centimètres de long environ ; leur diamètre est de 5 à 6. Ils brûlent lentement, en produisant peu de fumée, et sont d'un usage très-répandu.   P. C.

井內

ments de houille d'après l'inspection du terrain, et ils font quelquefois preuve d'une grande sagacité dans cette recherche. Quand on veut exploiter un gisement, on commence par forer des puits de cinquante pieds de profondeur environ, et on trouve souvent, à cette distance du niveau du sol, la partie supérieure du banc de charbon de terre. Le fond des puits ainsi creusés donne souvent issue à des gaz méphitiques ou inflammables dont il faut avoir soin de garantir les ouvriers. A cet effet, on introduit dans toute la longueur du puits un tube en bambou, terminé à sa partie inférieure par une section conique que l'on enfonce dans le lit de houille. Les gaz se dégagent par ce conduit, ils se mélangent à l'air extérieur et ne sont plus à craindre pour les ouvriers qui travaillent au fond du puits. Une fois ce tuyau de bambou installé, les mineurs, armés du pic, détachent des blocs de houille que l'on remonte à la surface du sol au moyen d'un treuil. Quelquefois, suivant la position du gisement de houille, on est obligé de creuser des galeries horizontales dans plusieurs directions. A mesure que ces corridors souterrains découpent le banc houiller, on les consolide avec une charpente résistante. En général, les Chinois remplissent de terre bien tassée les cavités formées par l'extraction de la houille, et ils évitent ainsi les éboulements. On rencontre souvent au milieu de la houille des morceaux de pierre ovoïdaux qu'on nomme charbon de cuivre (pyrite de cuivre); on les emploie pour fabriquer du soufre et du sulfate de cuivre. Ce minerai de cuivre se trouve particulièrement dans les provinces du Pé-tché-li et du Hou-kouang.

L'auteur chinois, en parlant de la situation géographique des gisements houillers, admire les lois de la nature qui a distribué cette précieuse substance dans les régions où les forêts sont rares, et où il aurait été difficile de se procurer des combustibles; il ajoute que le charbon de terre peut servir à la cuisson de tous les aliments, excepté le Teou-fou

(sorte de fromage fabriqué avec des haricots). Le Teou-fou,
cuit à la houille, aurait, selon lui, une odeur de brûlé très-
désagréable ; il perdrait ses qualités et ne posséderait plus la
couleur blanche qui le caractérise.

[A ces documents puisés dans les livres chinois nous ajouterons quelques observations recueillies sur les lieux.

Les gisements de houille de la Chine sont très-nombreux
et très-importants ; ils pourraient rendre de grands services
à la marine européenne. Les bancs de charbon de terre les
plus puissants s'étendent dans la province du Sse-tchuen et
aux environs de Pékin. La houille du Sse-tchuen, dont nous
avons eu plusieurs échantillons entre les mains, est mal
exploitée par les Chinois, qui recueillent indifféremment le toit
et le mur des lits de charbon, parties des gisements presque
toujours riches en schiste et en pyrite de fer. L'échantillon
que nous avons analysé renfermait du soufre et ne donnait
par sa combustion qu'une petite quantité de cendres. Soumis
à la distillation, il perdait 30 à 40 0/0 de matières volatiles.
Le coke obtenu était poreux et friable.

A bien des reprises différentes, les Européens ont essayé
d'employer la houille chinoise pour le chauffage des chaudières à bord des bateaux à vapeur, mais on a dû renoncer
presque complétement à son usage, en raison de la variabilité
de sa composition. Quelquefois, un chargement de cette
houille donnait d'excellents résultats ; d'autres fois, au contraire, un second chargement de charbon de terre de même
provenance était de qualité tout à fait inférieure. On peut
expliquer ces différences par la mauvaise direction des exploitations. La houille chinoise renferme quelquefois des quantités de soufre considérables qui mettent obstacle à son emploi. Néanmoins les steamers américains qui sillonnent le
fleuve Bleu sont quelquefois alimentés par le charbon de
terre chinois, qui rend exactement les mêmes services que
celui de Belgique ou d'Angleterre ; mais avant d'en faire

usage, on a soin de le trier avec soin et de rejeter tous les morceaux défectueux. Il est à espérer que les gisements houillers de la Chine seront un jour exploités par les Européens, qui sauront les rendre vraiment productifs. Il ne serait pas impossible d'obtenir la concession de ces exploitations en payant une redevance aux gouverneurs des provinces : les gouverneurs chinois résistent difficilement, en effet, à une pareille tentation.]   P. C.

CHARBON DE BOIS.

On fabrique du charbon de bois en Chine, dans les régions où il n'existe pas de houille, par la calcination du bois dans des fours analogues aux nôtres. On commence par enflammer le combustible, et quand le feu a pris dans toute la masse, on ferme les ouvertures du four avec de la terre glaise et de l'herbe. Le feu s'éteint, et quand le tout est refroidi, on retire le charbon de bois qui s'est produit. L'opération réussit plus ou moins bien, suivant qu'on a étouffé le feu en temps opportun, pendant la combustion.

Les textes chinois ne parlent pas du procédé si simple que nous employons en Europe pour fabriquer le charbon, et que nous désignons sous le nom de procédé des forêts.

Les Chinois fabriquent des pains de charbon avec le charbon de bois réduit en poudre, et mélangé avec le suc d'une espèce de *Ceratophyllum demersum* ; on en forme une pâte qui, une fois séchée, est un excellent combustible. On remplace quelquefois le charbon de bois dans cette opération par le charbon friable et léger obtenu en carbonisant les feuilles de pin.

LIGNITE. TOURBE.

On rencontre le lignite dans diverses parties de la Chine, où l'on trouve fréquemment aussi des gisements de tourbe. La tourbe est généralement douée d'une teinte brunâtre, sa texture fibreuse rappelle celle des plantes qui l'ont formée par leur décomposition. La tradition rapporte qu'à une certaine époque de l'histoire, on fit abattre une énorme quantité de châtaigniers qui furent enfouis dans le sol. Ces arbres auraient, dit-on, fourni la tourbe par leur décomposition. Cette légende explique le nom de *district des Châtaigniers* donné au pays qui produit ce combustible.

HUILE DE PÉTROLE.

Les huiles minérales naturelles se rencontrent très-abondamment dans plusieurs parties de la Chine. La province de Chen-si, les arrondissements de Sou-tcheou, de Lou-tcheou, de Yen-theou, les districts de Yen-tchang, de Kouang-kong, la partie occidentale de Kao-li, fournissent à l'exploitation des gisements d'une grande importance.

Les huiles de pétrole, qui s'étendent dans le sein de la terre en nappes liquides plus ou moins considérables, sont extraites par le forage de puits; mais ces couches de matières liquides sont quelquefois douées d'une force ascensionnelle suffisante pour jaillir à la surface du sol et pour donner naissance à de véritables puits artésiens. Elles se répandent alors sur le sol, s'étalent en nappes d'une grande étendue, et forment de véritables lacs d'huile minérale.

Les Chinois recueillent ces liquides combustibles et s'en servent pour l'éclairage, mais ils ne prennent pas soin de les épurer par la distillation comme on le fait en Europe, et la flamme qu'ils obtiennent par la combustion du pétrole est peu éclairante et fuligineuse.

Cette huile brute est d'un brun verdâtre et assez épaisse; son odeur est encore bien plus vive et bien plus pénétrante que celle de l'huile dont nous nous servons après l'avoir épurée et rectifiée.

Quand on la soumet à une combustion incomplète, elle détermine la formation d'un noir de fumée très-divisé que les Chinois emploient avec succès dans la préparation de leur encre. Ils fabriquent ainsi une encre de belle qualité qui, étalée sur le papier, prend l'éclat d'un vernis; il est probable que cette propriété particulière de quelques encres de Chine est due, dans certains cas, à l'emploi du noir de fumée de pétrole, bien préférable à celui que fournit la résine provenant du pin et qui est d'un emploi général.

On sait que l'huile de pétrole naturelle exerce à la longue une action corrosive sur certains métaux; quand on l'enferme dans des vases en fer-blanc, les parois métalliques sont quelquefois rongées dans l'espace de quelques mois. Le pétrole suinte à travers le métal, détermine rapidement son oxydation, et si l'on vient à enlever la rouille qui s'est formée, on s'aperçoit que le métal attaqué laisse échapper le liquide par de nombreuses fissures. Pour conserver l'huile de pétrole, on emploie généralement des vases de zinc, qui résistent beaucoup mieux à l'action destructive du liquide.

Les Chinois ont depuis longtemps constaté ce fait, et ils recommandent de transporter les huiles de pétrole dans des vases de verre ou de porcelaine [1].

[1. *Analyse de l'huile brute de pétrole de la province du Sse-tchuen:*
Couleur verdâtre analogue à celle de l'huile de pétrole de Pennsylvanie.
Odeur faible.
Cette huile, en présence d'un corps enflammé, ne brûle pas à la température ordinaire.

CHLORURE DE SODIUM.

SEL ORDINAIRE.

[Le chlorure de sodium, que nous désignons généralement sous le nom de *sel marin*, n'a pas en Chine une aussi grande importance que dans nos pays, car il n'a pas d'applications industrielles ; il sert à assaisonner les aliments et s'emploie fréquemment pour la conservation des œufs, des poissons, des viandes, des mollusques, des jeunes pousses de bambou et autres légumes.]   P. C.

D'après les auteurs chinois on distingue six espèces différentes de sel :

1° Sel extrait de la mer ;

2° Sel des étangs ;

3° Sel des puits ;

4° Sel de la terre ;

5° Sel des rivages ;

Soumise à la distillation, elle fournit les résultats suivants :

Esprit minéral très-blanc, 7 à 8 0/0.

Huiles légères et essences blanches, d'une densité de 780 degrés, 10 à 12 0/0.

Huiles pour l'éclairage ou lampantes douées d'une couleur ambrée et d'une odeur faible, $D = 830°$, 60 0/0.

Huiles lourdes verdâtres, $D = 860°$, 10 0/0.

Ces huiles renferment de la paraffine en assez grande quantité, elles se prennent en pâte par le refroidissement.

Les huiles d'éclairage, $D = 0,830°$, traitées par 2 1/2 0/0 d'acide sulfurique, lavées, puis mélangées avec 6 0/0 d'une solution de soude caustique à 15°, lavées et distillées de nouveau, donnent un liquide d'une densité de 810°, et doué d'une couleur jaunâtre.

Ce produit brûle à 56° par l'approche d'un corps enflammé.

Cette analyse prouve que l'huile de pétrole chinoise peut être comparée à celle qui nous vient d'Amérique, et que l'on considère comme de bonne qualité.]   P. CHAMPION et PELLET.

6° Sel gemme, ou sel *en sable et en pierre*.

La mer est la plus importante source de sel, et elle fournit environ les huit dixièmes de la consommation totale : les autres sources produisent ensemble les deux autres dixièmes.

L'auteur chinois auquel nous empruntons ces renseignements, rend hommage aux admirables dispositions de la nature qui fournit à l'homme de nombreux moyens de se procurer un sel aussi important, quand il est trop éloigné des côtes pour aller le puiser dans l'Océan.

Certains rivages offrant une vaste surface de sable, presque horizontale, sont admirablement disposés pour l'extraction du sel des eaux de la mer. A marée haute, ils sont complétement inondés, mais au moment où le reflux fait sentir son action, les eaux salées ne peuvent s'écouler que très-lentement à la surface d'un sol peu incliné ; avant de quitter la côte, elles s'évaporent et laissent sur leur passage un abondant dépôt de sel. A marée basse, il suffit de balayer les cristaux qui se sont produits, et de les purifier ensuite par voie de dissolution et de cristallisation.

Une autre méthode indiquée par les auteurs chinois consiste à creuser des puits assez profonds au milieu des rivages que la mer vient baigner à marée haute ; on recouvre ces puits d'une série alternative de planches et de nattes à travers lesquelles l'eau peut s'écouler lentement. Quand la mer monte, l'eau salée s'infiltre dans ces puits, mais elle s'évapore en tombant à travers les nattes superposées, et arrive au fond à un assez grand degré de concentration. A marée basse, l'eau salée est ramenée à la surface du sol au moyen de pompes : évaporée sous l'action de la chaleur, elle abandonne par le refroidissement des cristaux plus ou moins volumineux.

Dans certaines localités, la terre est tellement imprégnée de chlorure de sodium, que ce sel vient s'effleurir à la surface du sol à l'époque des grandes sécheresses; il est assez pur dans ce cas pour être livré directement à la consommation, sans être purifié par cristallisation[1].

Parfois aussi on recueille certaines herbes marines qui, croissant sur le bord de la mer, sont assez imprégnées de sel pour qu'elles en abandonnent des quantités notables au contact de l'eau douce. Pour débarrasser le sel ainsi obtenu des impuretés qui le souillent, on procède de la manière suivante: on dispose, au-dessus d'un fossé d'un pied de profondeur, des nattes de roseau tressées, et on y entasse le sel impur que l'on arrose avec de l'eau de la mer; celle-ci s'écoule lentement comme à travers un véritable tamis à fines mailles et entraîne les matières étrangères contenues dans le sel. Le chlorure de sodium est ensuite mis à égoutter sur une sorte de filtre formé de roseaux, placé à l'orifice d'un second fossé plus profond; les eaux qui s'écoulent sont évaporées dans des chaudières, et fournissent encore de notables quantités de sel.

(Ce procédé très-ingénieux est comparable à celui que nous employons en Europe pour purifier le sucre dans les raffineries. On sait en effet que les pains de sucre, placés dans leurs formes, sont arrosés de *clairce*, c'est-à-dire d'un liquide saturé de sucre, qui ne dissout que les sels étrangers. Dans le procédé chinois, les eaux de la mer qui ne sont pas saturées de chlorure de sodium, en dissolvent de notables quantités en traversant les couches salines placées sur les mailles de roseau; mais, quoi qu'il en soit, le principe sur lequel repose cette opération n'en est pas moins très-ingénieux.)   P. C.

---

1. Ce fait a déjà été constaté par les anciens missionnaires, aux environs de Péking. Pendant notre séjour à Tien-tsin, à deux journées de Péking, nous avons ramassé, sur les bords du fleuve Pe-ho, des mottes de terre recouvertes d'une efflorescence essentiellement formée de chlorure de sodium.   P. C.

Les chaudières évaporatoires employées pour concentrer les solutions salines sont de plusieurs espèces : les unes, à fond plat, sont formées de plaques de tôle réunies par des rivets ; les autres sont formées d'une bassine en fer, peu élevée, sur les rebords de laquelle on dispose une natte de bambou à mailles fines, que l'on recouvre d'un mastic confectionné avec des écailles d'huîtres.

(Ce mode de construction semble bizarre, mais il est très-usité en Chine. Nous avons souvent remarqué des seaux destinés à puiser l'eau, entièrement fabriqués en bambous tressés, et un grand nombre de chaudières, destinées à l'évaporation de certains liquides, qui sont entourées d'une garniture en bois. Les grands cuviers qu'emploient diverses industries, les bassines qui servent aux besoins de la cuisine, sont toujours ainsi disposés. Ces vases sont généralement formés d'une calotte sphérique en métal qui reçoit directement l'action du feu, et d'un cuvier, souvent très-élevé, formé de douves de bois. Les deux appareils sont réunis par quelques rivets en métal. Ces récipients ne se détériorent que très-lentement, et il n'est pas rare de les voir fonctionner pendant plusieurs années.)   P. C.

Pour activer la cristallisation des eaux salées que l'on évapore dans ces chaudières, on jette dans la masse du liquide saturé, au moment de son refroidissement, des siliques d'acacia, et des balles de maïs ou de riz. (Il est probable que ces substances ont une action purement physique, et qu'elles accélèrent la cristallisation par l'ébranlement produit dans la masse du liquide au moment de leur chute en offrant des points d'attache aux cristaux en voie de formation.) P. C.

Quelle que soit la méthode employée pour extraire le chlorure de sodium, on le conserve sur un lit de feuilles ou de paille sèche disposé à la surface d'un plancher couvert de briques; il ne subit alors aucune altération et peut demeurer indéfiniment dans cet état sans se détériorer.

Il existe seulement en Chine deux grands lacs salés d'où l'on extrait le sel marin : ce sont les lacs de Ning-hia et de Kiaï-tchi, dans la province de Chan-si. Ces lacs sont entourés de murs, et des lois très-sévères en interdisent la libre exploitation, qui est cependant accordée à quelques industriels au prix d'une redevance assez considérable. Les eaux salées sont amenées au moyen de rigoles dans des bassins peu profonds et d'une grande étendue ; on a soin de les faire arriver dans ces réservoirs au commencement du printemps, afin qu'elles soient soumises pendant plusieurs mois à la forte chaleur du soleil, qui en détermine l'évaporation complète. Quand ces sortes de marais salants sont entièrement desséchés, on recueille le résidu salin qui s'y est déposé, et sa richesse en chlorure de sodium est suffisante pour qu'il soit directement livré au commerce. Les rayons solaires et les courants atmosphériques entraînent assez rapidement des volumes d'eau considérables, à l'état de vapeur, et la dessiccation est généralement complète vers le milieu de l'automne. Quand les eaux ont séjourné quelque temps dans ces marais salants, elles prennent une nuance rouge (provenant sans doute de la formation de végétaux microscopiques, analogues à ceux qui colorent parfois, dit-on, les flots de la mer Rouge).   P. C.

Le sel obtenu par ce procédé, cristallise d'autant plus lentement que la dissolution d'où il provient s'est lentement évaporée, et il se présente souvent sous forme de cubes très-volumineux, aussi le désigne-t-on généralement en Chine sous le nom de *gros sel* pour le distinguer du produit presque pulvérulent que l'on extrait des eaux de la mer. Dans certaines contrées, les Chinois creusent, sur le bord de la mer, de véritables marais salants, analogues à ceux qui existent en France, et ils obtiennent ainsi un produit qui ne nécessite aucune épuration.

Dans la partie occidentale de la province -de eenSs,tchu très-éloignée des rivages de l'Océan, il n'est pas possible de se procurer d'une manière économique le sel extrait des eaux de la mer; il existe heureusement dans le sol de ces contrées des couches d'eau salée souterraines qui sont facilement exploitées au moyen de puits. On exécute des trous de sonde qui ont parfois cent pieds de profondeur et un diamètre de quelques pouces, au moyen d'un instrument cylindrique terminé à sa partie inférieure par un cône de métal très-résistant. Le corps de cet appareil est entouré de morceaux de bambou solidement assemblés au moyen de cordes; pour le faire pénétrer dans le sol, on le suspend à la surface du terrain qui doit être sondé, et on le laisse tomber avec force. Par une succession de chocs violents, il finit par s'enfoncer et on continue à le battre à l'aide d'une espèce de sonnette qui le force peu à peu à pénétrer dans le sol; l'opération exige quelquefois six mois d'un travail persévérant, parfois aussi elle est menée à bonne fin dans l'intervalle d'un mois, et la réussite dépend de la dureté plus ou moins grande du terrain.

Quand on a ainsi creusé un puits qui atteint la couche d'eau salée, on choisit un bambou long d'environ vingt-quatre pieds, et on enlève les cloisons intérieures correspondant à chaque nœud du tronc. A l'extrémité inférieure de ce bambou, transformé en un cylindre creux, on adapte un clapet qui s'ouvre de l'extérieur à l'intérieur. Au moyen d'une longue corde, on descend cet appareil au fond du puits; on l'enfonce dans le liquide, le clapet s'ouvre et laisse pénétrer l'eau salée dans le bambou; si on le retire alors, l'eau, emprisonnée par suite de la pression qu'elle exerce sur le clapet, ne peut s'échapper. On remonte le tout à la surface du sol, au moyen d'appareils très-simples.

Celui qui est décrit dans l'ouvrage chinois auquel nous empruntons ces documents consiste en un tambour vertical autour duquel s'enroule la corde, adaptée au corps du bambou; le tambour est animé d'un mouvement de rotation par une traverse horizontale que fait agir un bœuf circulant autour d'un manége. (Les Chinois ont souvent recours à de semblables procédés mécaniques dans l'opération du broyage des grains, des graines oléagineuses, et en général pour exécuter tous les travaux qui exigeraient de la part des hommes des efforts trop pénibles.)

A sa sortie du puits, le cylindre de bambou est vidé dans une petite chaudière soumise à l'action de la chaleur; l'eau salée s'évapore et, quand elle est arrivée au degré de concentration voulu, on la laisse refroidir. Elle ne tarde pas à abandonner, par le repos, de nombreux cristaux de chlorure de sodium, généralement blancs et d'une assez grande pureté.

Dans la province de Sse-tchuen, il existe de nombreux puits d'où s'échappent des gaz inflammables qui sont utilisés pour l'évaporation des eaux salées, assez abondantes dans cette même contrée. La chaudière évaporatoire est disposée près du puits et les gaz inflammables, amenés dans des tubes de bambou terminés par un tube de cuivre, produisent par leur combustion la température nécessaire pour faire entrer le liquide en ébullition.

L'auteur chinois cite ce phénomène comme un des plus surprenants qu'il connaisse; il s'étonne de voir brûler un gaz à l'extrémité d'un tube de bois, sans que celui-ci porte aucune trace de combustion dans ses parois intérieures; il va sans dire que ce fait est élémentaire pour nous, et on sait que le gaz ne peut brûler que lorsqu'il est en contact avec l'air; il s'enflamme seulement à l'extrémité du tube, mais la combustion ne s'étend pas intérieurement.

Les puits de sel du Kin-tchouen sont exploités à volonté; ils ne sont soumis à aucune taxe : l'abondance de l'eau salée qu'ils fournissent est considérable et ils peuvent être regardés comme inépuisables.

SEL EFFLORESCENT

obtenu par le lessivage des terres.

Nous avons dit que le sol de certaines contrées de la Chine était couvert d'efflorescences très-abondantes de sel marin. Pour extraire le chlorure de sodium, on soumet les terres à un lavage à l'eau et on évapore les solutions obtenues après filtration ou décantation.

Dans le pays de Tchang-lou, on se contente de recueillir le sel effleuri au moyen d'un râteau, et on le purifie par voie de cristallisation. Cependant, le sel obtenu n'est jamais pur; il offre toujours une couleur noirâtre et son goût n'est pas franchement salé.

Les efflorescences de sel marin sont très-fréquentes dans l'extrême Orient. Le sel effleuri prend encore naissance dans des excavations situées sur le bord de la mer; il s'offre alors sous l'aspect d'une matière rougeâtre qui est directement recueillie et livrée au commerce sans purification. Ce phénomène ne se produit pas dans les provinces de l'est, mais à Kiaï-tcheou et à Fong-tcheou, on obtient une grande quantité de chlorure de sodium, extrait tout à la fois des eaux de la mer et des eaux salées souterraines.

L'usage du sel est très-répandu en Chine; d'après les auteurs chinois, il est une des premières conditions de l'alimentation, et doit être considéré comme une matière indispensable pour assaisonner les viandes et presque tous les mets; il sert à conserver les poissons dont la chair salée est très-estimée et très-répandue.

Enfin, les barbares du nord, ajoutent les mêmes auteurs, l'emploient pour conserver les cadavres.

Le chlorure de sodium, mélangé avec un lait de chaux, est quelquefois employé à crépir l'intérieur des bassins destinés à être remplis d'eau dans le but d'y établir des viviers.

CHAUX VIVE.

Les Chinois savent fabriquer la chaux et ils en produisent des quantités considérables. Sur les bords du Yang-tse-kiang, on aperçoit un grand nombre de fours à chaux qui alimentent les provinces avoisinantes.

Les auteurs chinois affirment qu'il est impossible de parcourir l'empire de la Chine sur un espace de cent li (dix lieues), sans rencontrer dans le sein de la terre des pierres propres à la fabrication de la chaux (calcaire ou carbonate de chaux). Les pierres les plus estimées des Chinois pour cette industrie sont de couleur noire ; celles qui offrent une nuance jaunâtre sont considérées comme ayant moins de valeur. Elles ne se rencontrent souvent qu'à vingt ou trente pieds au-dessous de la surface du sol, et on les extrait en pratiquant dans la terre de profondes excavations.

Pour calciner la pierre à chaux (c'est à dire pour chasser l'acide carbonique du carbonate de chaux), on entasse un mélange de pierre à chaux et de houille dans un four construit en terre et en briques réfractaires. On dispose le carbonate de chaux en couches horizontales, séparées par un mélange de menue houille et d'argile que l'on a préparé au préalable. Le tout est assis sur des fagots que l'on enflamme et qui déterminent la combustion du charbon de terre. Le feu se maintient pendant plusieurs jours, et quand l'opération est terminée, on retire la chaux caustique qui a pris naissance et qui est durcie sous l'action de la haute température produite. Quand elle provient d'un calcaire de bonne qualité, elle se fendille assez rapidement à l'air, elle absorbe l'humidité et se transforme en une matière pulvérulente blanche (hydrate de chaux). Pour l'employer on la mélange avec de l'eau; il se produit une élévation de température considérable, due à la formation d'une nouvelle combinaison de l'eau et de la chaux (chaux éteinte).

La chaux éteinte est d'un usage très-fréquent en Chine. On s'en sert pour préparer une substance destinée à calfeutrer les navires. A cet effet, on la mélange avec des huiles de poissons ou certaines huiles végétales, et on ajoute à la pâte ainsi obtenue des vieux chiffons; le tout est fortement pilé, de manière à former une substance homogène.

Quand on l'emploie pour relier entre elles les pierres dans les constructions, il est nécessaire, après son extinction, de la passer au tamis pour éliminer les pierres ou les fragments de calcaire non décomposés qui ne pourraient se transformer en chaux éteinte. Pour employer la chaux à cet usage, il est bon d'y ajouter une petite quantité d'huile.

Les Chinois utilisent encore la chaux pour crépir les murs de leurs habitations. Dans ces cas, ils la mélangent avec certaines matières textiles propres à la fabrication du papier. Ils savent aussi façonner une espèce de mortier hydraulique, presque exclusivement destiné à rendre imperméable le fond des sépultures ou des réservoirs. Ce mortier est formé par le mélange de trois parties de sable de rivière avec autant d'argile jaune et une partie de chaux; on y ajoute de l'eau provenant de la cuisson du riz, et il se forme une pâte épaisse que l'on pétrit avec grand soin avant de l'employer.

[Les applications de la chaux sont pour ainsi dire innombrables en Chine, et nous devons renoncer à décrire en détail tous ses usages. Cependant, nous ne pouvons passer sous silence son emploi pour la fabrication de récipients destinés à transporter les huiles et les vernis.

(Le commerce des huiles et des vernis est d'une haute

importance dans le Céleste Empire, mais pour transporter d'un point à un autre ces liquides, on n'emploie ni tonneaux ni récipients métalliques; on se sert de vases fabriqués de la manière suivante. On commence par faire des carcasses à claire-voie au moyen de morceaux de bambous coupés et tressés; on les garnit intérieurement de feuilles de papier de bambou d'une qualité inférieure, que l'on rend adhérentes au moyen d'une colle spéciale faite avec un mélange de farine et d'une solution chaude de gélatine. Ces paniers, ainsi garnis, sont enduits intérieurement, au pinceau, d'une couche de chaux et de fromage de pois additionné de sable. On se sert du fromage de pois altéré, dont les marchands ne peuvent tirer aucun profit: ce fromage, qui subit une décomposition rapide sous l'influence de la chaleur, est abondant et à bon marché, surtout en été; pendant cette saison, en effet, ainsi que nous le dirons plus loin, il ne peut se conserver au delà d'une journée. On le mélange avec de la chaux éteinte pulvérulente et du sable de rivière tamisé très-fin; on obtient ainsi une pâte liquide qui est brassée et rendue homogène. On l'applique alors en couches minces sur le papier qui garnit intérieurement les paniers de bambous; les pinceaux qui servent à étaler cette pâte sont larges, très-plats, et sont fabriqués avec les fibres textiles de l'écorce du palmier. Le mélange de fromage de pois, de chaux et de sable, forme sur le papier une couche de $0^m,001$ à $0^m,0015$ d'épaisseur. On laisse sécher ce mastic, et quand il est solidifié, on le garnit de nouvelles feuilles de papier que l'on fait adhérer au moyen de fromage de pois uni à une petite quantité de chaux et d'eau. On abandonne le tout à l'air sec, et les récipients ainsi obtenus ne tardent pas à être livrés au commerce.

Avant d'employer ces vases, les marchands commencent par imprégner d'huile leurs parois intérieures; ils les remplissent alors des substances qu'ils veulent expédier, et ferment le tout au moyen d'un couvercle de même nature que le récipient, et qui est soudé par un mastic de chaux et de fromage de pois.

Ces vases sont très-fréquemment employés en Chine, et ils sont presque exclusivement destinés au transport des huiles et des vernis corrosifs très-coûteux, qui servent aux fabricants de meubles. L'un de ces vernis renferme une substance volatile qui exerce une action très-énergique sur la peau et désorganise promptement les matières organiques ; on conçoit qu'il pourrait occasionner des accidents très-graves s'il était contenu dans des vases fragiles, susceptibles de se briser facilement. Les paniers dont nous venons de décrire la fabrication, offrent une très-grande solidité ; ils sont doués d'une certaine élasticité qui leur permet de résister d'autant mieux aux chocs, et on peut les employer plusieurs années sans qu'ils se détériorent. Le prix d'un de ces récipients de cent litres de capacité est de 75 centimes à 1 franc. Nous avons vu sur le Yang-tse-kiang des jonques chargées de ces vases qui servaient à transporter de la province de Sse-tchuen dans les différentes provinces de la Chine, les grandes quantités de vernis qu'on prépare dans ce pays.])   **P. C.**

Chaux préparée avec les écailles d'huîtres. — Dans certaines parties de la Chine, dans les provinces de Fo-kien et de Kouang, par exemple, où l'on ne rencontre pas de pierres calcaires de bonne qualité, on fabrique la chaux avec les écailles d'huîtres. Les rivages de ces contrées sont protégés par de hautes falaises, sans cesse battues par les flots de la mer et où se creusent de profondes excavations ; là se forment bientôt des bancs d'huîtres considérables, qui sont exploités pour la fabrication de la chaux. Pour détacher ces huîtres, qui sont d'une grande dimension, les ouvriers entrent dans l'eau jusqu'à la ceinture, et ils ne peuvent enlever les coquilles qu'à l'aide d'un ciseau et d'un marteau. Les huîtres ainsi extraites sont calcinées dans des fours analogues à ceux qui servent à cuire la pierre calcaire. Elles fournissent une chaux qui est spécialement employée pour calfeutrer les navires, pour revêtir les murs ou pour unir les pierres dans la construction des ponts ; on l'applique toujours à l'état de mélange avec de l'huile de *Eleococcus verrucosa*. L'auteur chinois qui décrit cette fabrication de la chaux prétend que les grandes huîtres fournissent un produit d'une qualité particulière, qu'il faut se garder de confondre avec celle que produisent les huîtres de petite dimension.

SOUFRE.

Les Chinois font grand usage du soufre, qu'ils rencontrent dans leurs terrains sous diverses formes. Ils le trouvent associé tantôt à des terres de couleur variable, tantôt à des matières bitumineuses ou à d'autres substances d'origine ignée. L'auteur chinois ajoute qu'il existe généralement des eaux sulfureuses dans le voisinage des gisements de soufre [1].

Les Chinois donnent au soufre le premier rang dans leurs collections de pierres utiles, qui comprennent soixante-douze substances différentes ; c'est pour ce motif qu'ils le désignent sous le nom de *général*.

Le soufre se combine avec les métaux, et engendre des sulfures fréquemment noirs ; associé au salpêtre et au charbon, il constitue la poudre à canon, et sert aux feux d'artifice.

On distingue deux espèces de soufre :

1° Le *soufre de pierre*, que l'on extrait du sein des montagnes des îles Lieou-kieou ;

---

1. Dans le pays de Tong-haï (province de Kiang-nan) d'où l'on extrait de grandes quantités de soufre, on ne connaît pas cependant de sources sulfureuses.

2° Le *soufre terreux,* qui se rencontre dans le pays de Kouang-nan (province de Yun-nan).

L'auteur chinois cite plusieurs pays qui fournissent ces deux qualités de soufre ; il parle encore d'une variété brillante, blanchâtre, qui est considérée comme un produit supérieur, et d'une variété jaune qui vient en seconde ligne ; ces deux dernières variétés sont spécialement destinées à la fabrication de la poudre à canon. Il existe enfin une troisième espèce de soufre noir, qui est peu estimée et que l'on emploie pour enduire des copeaux de bois, dans le but de produire une matière très-combustible propre à allumer le feu. Ce soufre noir est d'un prix très-peu élevé et il ne peut servir qu'à des usages grossiers [1].

On obtient le soufre en soumettant à l'action de la chaleur les pierres ou la terre avec lesquelles il est mélangé (certains auteurs ont confondu ces pierres avec l'alun, de là est venu le nom de *suc d'alun* qui est donné au soufre) ; les minerais de soufre sont en partie formés de pierres blanches, quelquefois analogues à celles qui se rencontrent au-dessus des filons de houille, et au moyen desquelles on produit l'alun.

Le minerai de soufre est placé sur la grille d'un fourneau, et recouvert de houille ; on exécute chaque opération sur mille livres de matière. La partie supérieure du fourneau peut être fermée à l'aide d'une calotte de terre cuite terminée par un tuyau conique : intérieurement, les bords inférieurs de cette calotte sont relevés et forment une véritable gouttière circulaire. Toute cette partie de l'appareil est recouverte de pierre de soufre provenant d'une opération précédente, qui a pour but, sans doute, d'empêcher les trop grandes déperditions de calorique. Sous l'action de la chaleur, le soufre contenu dans le minerai se volatilise, après s'être consumé en partie, en produisant une belle flamme jaune dorée. Quand

1. L'auteur chinois veut sans doute parler de bitumes sulfureux. P. C.

la calotte de terre est disposée sur le fourneau, les vapeurs de soufre, ne trouvant plus d'issue, se condensent sur les parois intérieures de ce refrigérant, ruissellent et se rassemblent dans la gouttière circulaire, d'où elles se rendent dans une sorte de cristallisoir en briques, dont le fond est couvert de cendres. Le soufre liquide ne tarde pas à se solidifier en se refroidissant ; on le brise alors, et on le livre au commerce en fragments de grosseur variable.

Les Chinois, comme nos anciens alchimistes, ont quelquefois des idées bizarres sur les produits chimiques qu'ils connaissent, et le soufre, entre autres, est pour eux l'objet de singulières hypothèses ; ils considèrent ce corps comme un principe *mâle*, et ils regardent au contraire le salpêtre comme un principe *femelle* ; l'accouplement, le mariage de ces deux produits donne naissance à la poudre qui détone violemment au contact d'une flamme.

Les auteurs chinois prétendent que les habitants du Nord ne connaissent pas le soufre, et qu'ils ne savent pas l'extraire de ses minerais ; ils disent au contraire que les peuples de l'Occident, et que les hommes aux cheveux rouges, doivent savoir produire le soufre, puisqu'ils disposent de canons, armes terribles, objets de crainte et d'étonnement.

Les usages industriels du soufre sont assez importants dans le Céleste Empire ; ses usages médicinaux ont aussi quelque intérêt : il est employé pour traiter les ulcères, pour détruire l'acarus de la gale, et pour préserver les bambous des ravages causés par les insectes.

Le soufre chinois que l'on trouve dans le commerce est de bonne qualité, mais il ne vaut certainement pas le soufre de Formose dont nous avons eu entre les mains plusieurs échantillons.

L'exploitation du soufre en Chine est un privilége, elle ne peut s'exécuter sans une permission spéciale du gouvernement.

TALC.

(Le talc est très-abondant à la surface du globe ; on le rencontre, en France, dans le Tyrol, au mont Saint-Gothard, en Angleterre, etc., très-souvent associé avec le schiste micacé ou les schistes argileux.

La Chine n'en est pas très-richement pourvue ; celui qu'elle fournit est identique à ce que nous désignons vulgairement sous le nom de craie de Briançon ou talc de Venise, et qui est employé dans nos pays à l'état de poudre fine, dans la fabrication du rouge de toilette, mais les Chinois ne l'appliquent pas à cet usage ; ils recherchent particulièrement les feuilles de talc bien transparentes pour en faire des petits paravents, ou des objets d'ornementation qu'ils couvrent parfois de riches dorures.

Les feuilles de talc présentent quelquefois les plus belles nuances irisées, dues au passage des rayons lumineux à travers les lamelles ténues et superposées de cette substance. Le talc est infusible, insoluble dans l'eau, et inaltérable à l'air.)   P. C.

SALPÊTRE.

Les différentes régions de la Chine sont assez abondamment pourvues de salpêtre ; mais ce sel important, qui est un des éléments constitutifs de la poudre à canon, se rencontre surtout dans les provinces du Nord. Les marchands qui l'exploitent doivent être munis d'autorisations délivrées par les mandarins ; sans cette précaution, ils sont considérés comme des contrebandiers, et la loi les punit comme tels.

Certaines parties du territoire de la province de Tchang-hoaï (nord de la Chine) sont couvertes d'une efflorescence de salpêtre; vers le milieu de l'automne les habitants balayent cette poussière saline et la recueillent; au moyen d'une sorte d'écumoire ou de tamis, ils séparent grossièrement les impuretés d'origine organique, et font ensuite dissoudre dans l'eau le sel mêlé de substances terreuses. Celles-ci se précipitent au fond du liquide, qui est séparé par décantation, et qui fournit par évaporation des cristaux de salpêtre relativement pur. Les trois provinces les plus célèbres pour la production naturelle du salpêtre sont : le pays de Chou (partie occidentale de la province actuelle de Sse-tchuen), la province de Chan-si, et celle de Chang-tong. Le salpêtre extrait de cette première source se nomme Tchouen-siao ou *salpêtre de rivière*, celui que l'on retire de la seconde, *Yen-siao* ou *sel salpêtre*, et celui enfin que fournit la troisième province prend le nom de Thou-siao ou *salpêtre de terre*.

POUDRE A CANON.

La poudre chinoise est formée, comme celle des Européens, de soufre, de salpêtre et de charbon. Le charbon est produit par la calcination, en vases clos, de racines et de branches de saules, de cyprès, de bouleau, de mauve des jardins (*Malva hortensis*), etc. La nature du charbon influe sensiblement sur les qualités de la poudre, et chaque variété lui communique des propriétés distinctes.

La poudre employée par les Chinois n'est pas fine, ses grains sont d'une grosseur assez considérable, et elle n'a jamais l'inflammabilité de la nôtre; sa préparation est d'ailleurs grossière : les matières qui la constituent, imparfaitement mélangées, ne sont pas toujours d'une grande pureté;

aussi il en résulte que la poudre chinoise encrasse les canons des fusils et ne peut fournir un tir régulier.

Parmi les mélanges inflammables imaginés par les Chinois pour les usages de la guerre, nous mentionnerons : *le feu empoisonné, le feu divin, le feu légal, le feu qui met en pièces*. La première préparation a pour base l'arsenic, la seconde l'orpiment et le cinabre.

(En résumé, les Chinois connaissent un grand nombre de poudres dont ils font un très-grand usage, et sous ce rapport ils n'ont certainement rien à envier aux Européens ; il est vrai qu'ils n'ont pas perfectionné comme nous leur fabrication, mais il n'y a certes pas lieu de les en blâmer, les engins de guerre ne répondant pas chez eux à des nécessités politiques.)   P. C.

VERRE.

L'art du verrier proprement dit est peu développé en Chine, et il y a tout lieu de croire qu'il en a toujours été ainsi : le verre n'a jamais été l'objet d'études sérieuses, et les quelques pièces de fabrication chinoise qui ont été produites ne doivent être considérées que comme des échantillons isolés et exceptionnels.

Les substances que les Chinois employaient autrefois pour fabriquer le verre ne sont pas nettement décrites dans leurs auteurs ; elles étaient composées de plomb, de soufre, de soude ou de potasse, unis avec des pierres alumineuses réduites en poudre. Les anciens habitants du Céleste Empire savaient produire, par la fusion de ce mélange, une substance transparente analogue au *sucre de gélatine*. Ils savaient encore la modeler en vases de toutes formes, en prenant une partie de la masse vitreuse à l'extrémité d'un tube de cuivre pour la souffler, comme on le fait en Europe, mais il ne semble pas que ce dernier procédé ait été régulièrement usité.

Les Chinois ont quelquefois coloré le verre de différentes manières, mais leurs auteurs disent que la couleur rouge n'a jamais pu être obtenue, car le cinabre qu'on essaye de mêler au verre change immédiatement au feu (le cinabre ou sulfure de mercure se décompose en effet par la chaleur). Depuis que les Hollandais ont introduit le bleu de cobalt dans le Céleste Empire, les Chinois savent préparer un verre bleu qui imite grossièrement le lapis-lazuli; mais cette fabrication, qui a toujours été restreinte, est encore aujourd'hui peu déve-loppée.

SOUDE ET POTASSE.

(Les Chinois ne connaissent pas la soude proprement dite; on trouve cependant dans le nord un sel que nous avons analysé et qui n'est autre que le carbonate de soude cristal-lisé. Ce produit, assez rare en Chine, n'a pas les mêmes usages qu'en Europe; il remplace dans certains cas le savon. Les habitants du Céleste Empire emploient du reste fréquem-ment les eaux de lessivage des cendres de plantes qui ren-ferment des quantités notables de soude et de potasse. Ils traitent indifféremment les cendres de bois, de paille de riz, etc.)

P. C.

Les lessives qu'ils obtiennent s'appliquent au blanchiment des matières textiles, telles que le china-grass, le chanvre, la soie, etc. Elles servent encore en teinture pour aviver les couleurs qui ne sont pas détruites sous l'influence des alcalis; elles donnent d'excellents résultats avec la garance; le car-thame, au contraire, serait décomposé sous leur influence.

D'après quelques textes chinois, les lessives alcalines des cendres seraient encore employées à préparer les cuves d'indigo.

COULEURS MINÉRALES.

(Les Chinois font très-fréquemment usage de matières colorantes empruntées au règne minéral, et ils emploient surtout celles qui ne nécessitent pas des préparations compliquées; nous nous bornerons à signaler dans ce chapitre les plus importantes d'entre elles.)   P. C.

Orpiment laminaire (sulfure d'arsenic). — On rencontre l'orpiment dans la montagne de Wou-tou (province de Chensi). Pour s'assurer de sa qualité, on le frotte avec l'ongle, et s'il donne une poussière d'un jaune terreux, il doit être considéré comme de première qualité. Il se présente sous des aspects divers : tantôt il affecte la forme de lamelles superposées, tantôt il offre la couleur du cinabre; d'autres fois, au contraire, il se trouve en fragments brillants, d'une couleur analogue à celle d'*une crête de coq*; cette dernière variété est la plus estimée. Enfin la couleur de l'orpiment est quelquefois brune ou même noirâtre.

Les Chinois connaissent les propriétés du sulfure d'arsenic, et ils savent que, chauffé avec des métaux, il les sulfure en modifiant leur aspect et leurs propriétés.

Pour l'employer en peinture, on commence par le chauffer dans une tasse placée au-dessus de quelques charbons ardents. Il perd alors sa dureté et peut être facilement broyé. Si on veut l'utiliser comme couleur à l'eau, il ne faut pas le mélanger avec du sel, car il ne s'étalerait pas facilement sur le papier et l'artiste ne pourrait plus faire glisser ses pinceaux à son gré.

Faux orpiment. — On imite la couleur obtenue avec l'orpiment naturel, en mélangeant ensemble de la pyrite cubique pulvérisée (sulfure de fer), des cendres de *Nymphœa*, des cendres de cheveux, du bois de mûrier et de la chaux; on jette ce mélange dans l'eau et on le soumet à une lente cuisson pendant plusieurs jours. Une fois ce temps écoulé, on obtient une couleur rouge de bonne qualité.

Oxyde vert de cuivre. — L'oxyde vert de cuivre est un minerai qui se rencontre en Perse et qui est fréquemment mélangé avec une gangue pierreuse dont on doit le séparer avant de l'employer.

On peut le préparer artificiellement en chauffant dans un vase de cuivre rouge un mélange de soude et d'eau épaissie avec de l'empois; on prolonge l'action de la chaleur pendant sept jours, et on n'a plus alors qu'à recueillir la matière verte qui s'est formée contre les parois de cuivre de la petite chaudière. Avant de se servir de cette matière verte, on la mélange avec de l'empois, on la fait sécher et on la réduit en poudre fine.

(On pourrait, dans cette opération, remplacer la soude caustique par le carbonate de soude ; il se formerait du carbonate de cuivre hydraté, qui possède aussi une belle couleur verte ; du reste, il est probable que l'auteur chinois veut parler du carbonate de soude et non de la soude caustique.) P. C.

Verdet (acétate de cuivre). — On prépare le verdet en mouillant avec du vinaigre (acide acétique) des lames minces de cuivre et en ajoutant au mélange des balles de riz. On chauffe le tout dans un vase métallique, et on sépare l'acétate de cuivre à mesure qu'il se produit. Suivant un savant japonais, les bois qu'on enduit de cette matière verte peuvent longtemps subir l'action de l'eau sans se pourrir. (On voit par là que nous ne sommes pas les premiers inventeurs de la conservation des bois au moyen des sels de cuivre. Les peuples de l'extrême Orient connaissent depuis un temps immémorial les propriétés préservatrices de ces sels, propriétés qui, découvertes et appliquées en Europe depuis quelques années seulement, ont donné naissance à des applications importantes.) P. C.

Les auteurs chinois mentionnent un grand nombre d'autres substances vertes naturelles, qui sont probablement des sels de cuivre, mais nous devons les passer sous silence, car il nous a été impossible de déterminer leur nature chimique, les textes chinois n'étant pas suffisamment explicites sur ce point.

Couleur jaune (oxyde de fer limonite). — Cette substance se rencontre très-abondamment dans les montagnes d'Hoeï-ko, on la trouve encore dans les lacs et près des îles ; elle se présente souvent sous l'aspect d'une pierre qui renferme intérieurement la matière jaune à l'état pulvérulent. Cette couleur est d'une nuance très-agréable et les peintres en font un grand usage.

Couleur rouge (fer oligiste terreux). — Ce minerai existe, d'après les textes chinois, dans toutes les montagnes. Il est employé directement en peinture après avoir été pulvérisé. Il sert encore à polir les lames d'épées et les métaux.

Il existe en Chine une variété de Sanguine qui est rougeâtre ou brunâtre et qui est très-souvent utilisée pour peindre les colonnes des monuments publics.

Couleur bleue (cuivre azuré dur). — On réduit cette matière naturelle en menus fragments à l'aide de marteaux, et on la pile ensuite dans un mortier en évitant de la réduire à un trop grand état de division, car elle perdrait une partie de son éclat.

On mélange avec de l'eau la poudre obtenue et on la laisse reposer après une vive agitation ; on enlève la matière en suspension et on décante ; il reste au fond du vase un dépôt de matière verte séparée en deux parties distinctes ; la couche supérieure, beaucoup plus fine que la couche inférieure, est de couleur bleu clair; la dernière couche, qui est formée de grains beaucoup moins ténus, est d'une couleur bleue très-intense. Dans la même opération, on produit ainsi trois couleurs différentes qui sont nettement distinguées entre elles dans le commerce.

Parmi les minerais qui servent comme couleur bleue, il faut encore citer deux substances connues sous les noms suivants : *bleu des peuples musulmans (bleu de cobalt)* et *bleu de la tête de Bouddha* (l'un des noms du bleu de cobalt[1]). La première matière est la plus estimée ; on l'emploie sans préparation; après l'avoir séchée au soleil, il ne reste plus qu'à la broyer et à la délayer dans l'eau.

ALUNS.

(Les Chinois désignent sous le nom d'*aluns* de nombreux composés dans lesquels le soufre se trouve à l'état d'acide sulfurique, de même que les chimistes appellent *couperoses* les composés formés par l'acide sulfurique et certaines bases telles que l'oxyde de fer ou l'oxyde de cuivre (couperose bleue, couperose verte, etc.).   P. C.

Les aluns fabriqués en Chine sont obtenus à l'état de pureté à l'aide de cristallisations successives; ils sont employés, comme en Europe, en teinture, en médecine et dans quelques autres industries spéciales.

Alun blanc (sulfate double d'alumine et de potasse). — L'alun blanc se prépare en Chine par des procédés analogues à ceux qu'on suit en Europe. Chez nous, on calcine la pierre d'alun (alunite), on lessive le résidu et on évapore la solution

1. Stanislas Julien, *Fabrication de la Porcelaine*, p. 291 et 304.

obtenue qui abandonne, par le repos, des cristaux d'alun plus ou moins volumineux, suivant la quantité de sel traité et le temps pendant lequel a lieu l'évaporation.

Pendant l'opération du lessivage de l'alunite, opération qui se fait à chaud, on voit monter à la surface du liquide des flocons ténus et légers (alumine pure insoluble) qu'on nomme *papillons*, *alun suspendu*; une certaine quantité de cette même matière, à un état moins grand de division, se précipite au fond de la cuve, et se désigne sous le nom d'*alun de jarre*.

Le mélange d'alumine et d'alun est employé pour le collage du papier, et il sert ainsi à préserver certains corps de l'humidité.

Alun vert (sulfate de fer et d'alumine). — La préparation de la couperose verte accompagne ordinairement celle du soufre. On introduit dans un fourneau circulaire en briques de la pierre d'alun mélangée de gangue pierreuse de houille qui renferme du sulfure de fer; on y ajoute du silicate d'alumine et quelques autres corps étrangers. On a soin de garnir la partie supérieure du fourneau de crasse d'alun, provenant d'opérations précédentes, afin d'empêcher que ses parois ne se détériorent trop rapidement.

Il est probable que cette crasse d'alun est de l'alumine, car elle constitue le résidu insoluble qui se forme abondamment pendant le lessivage de l'alunite.

Les gaz qui s'échappent du fourneau renferment du soufre provenant de la décomposition du sulfure de fer; on utilise généralement le soufre qui se dégage ainsi en dirigeant les vapeurs dans des chambres en maçonnerie où ces vapeurs se condensent; de temps à autre on recueille la fleur de soufre qui s'est déposée dans un état de pureté suffisante.

Quand le minerai a subi l'action de la chaleur pendant plusieurs jours, on le laisse refroidir, on l'humecte d'eau et on le laisse au contact de l'air; le sulfure de fer en partie décomposé se transforme en sulfate de fer, et il se forme en même temps du sulfate d'alumine; la deuxième partie du minerai sert à fabriquer le rouge d'alun, formé de peroxyde de fer et d'alumine. Le minerai grillé est introduit dans des jarres de terre remplies d'eau, et sous l'action de la chaleur, le sulfate de fer et le sulfate d'alumine se dissolvent rapidement. L'oxyde de fer et l'alumine forment un résidu insoluble. On sépare ces matières insolubles, par décantation, et le liquide, suffisamment évaporé, abandonne bientôt des cristaux d'alun de fer. Les eaux mères ne donnent pas un produit aussi pur que celui que fournit la première cristallisation, mais l'alun obtenu par leur évaporation peut cependant être encore employé dans l'industrie.

Quelquefois, quand on a employé du sulfure de fer sensiblement pur, on obtient du sulfate de fer presque exempt de sulfate d'alumine; aussi les Chinois confondent-ils souvent sous le même nom la couperose verte et l'alun vert.

Alun jaune. — L'alun jaune de peroxyde de fer et d'alumine se forme pour ainsi dire spontanément dans les localités où l'on produit le soufre par la distillation du sulfure de fer naturel. Les pyrites entassées en blocs volumineux sont souvent abandonnées pendant longtemps au contact de l'air humide, et elles se transforment successivement, par l'oxydation, en sulfate de protoxyde de fer et en sulfate de sesquioxyde. L'oxydation du soufre détermine encore la formation d'une certaine quantité de sulfate d'alumine, et les deux sulfates ainsi formés, entraînés par les eaux pluviales, viennent parfois cristalliser à la surface du sol sous forme d'alun de fer, qui est directement recueilli et livré au commerce.

Alun bleu (sulfate de cuivre). — Le sulfate de cuivre s'obtient en Chine à peu près comme en Europe. On emploie pour cette préparation le sulfure de cuivre, qu'on trouve en grande abondance dans plusieurs provinces et dont les gisements énormes forment parfois des montagnes entières. Ce sulfure naturel se présente sous la forme de rognons plus ou moins volumineux.

On le brise en fragments, on le mélange à du salpêtre, et on soumet le tout à l'action de la chaleur. Le salpêtre détermine l'oxydation du soufre, qui se transforme en acide sulfurique et produit une quantité correspondante de sulfate de cuivre; il ne reste plus ensuite qu'à soumettre la matière à un lessivage, à évaporer les liqueurs obtenues et à purifier, par voie de cristallisations successives, le sulfate de cuivre qui a pris naissance.

Les Chinois préfèrent cependant le sulfate de cuivre provenant de l'oxydation du sulfure au contact de l'air après son grillage, et ils l'emploient plus spécialement en teinture et pour les usages de la médecine. Le sulfate de cuivre, qui est d'un prix plus élevé que le sulfate de fer, est souvent falsifié au moyen de ce dernier sel; du reste, quelques écrits chinois et japonais confondent les deux substances; ils donnent en effet comme caractère distinctif du sulfate de cuivre, sa décomposition par la chaleur avec formation d'un résidu rouge. Ce caractère appartient cependant au sulfate de fer, qui se décompose en abandonnant de l'oxyde de fer (colcothar, rouge anglais, rouge d'alun). Les Chinois savent, du reste, dans d'autres cas, préciser mieux ces deux sels distincts, et les employer avec discernement, suivant leur nature.

(Nous devons ajouter que dans les différentes provinces de la Chine les noms des produits chimiques varient fréquemment et, dans quelques régions, on nous a souvent présenté du sulfate de fer sous le nom d'alun noir, tandis que dans d'autres provinces on nous donnait du sulfate de cuivre sous la même désignation. Il faudrait avoir une bien grande habitude des termes chinois pour ne commettre aucune erreur dans ce cas.

Les Chinois emploient comme nous les aluns en médecine et en teinture.) P. C.

OR.

L'or se rencontre assez abondamment à l'état natif dans diverses régions de la Chine : il se présente quelquefois sous la forme de pépites volumineuses, mais le plus souvent il se trouve à l'état de poudre fine mêlée au sable de certains cours d'eau ; dans quelques provinces, il se trouve au sein des filons qui traversent les roches des montagnes. Les Chinois sont habiles à rechercher les filons aurifères, et ils savent très-bien distinguer le métal précieux sans le confondre avec quelques minéraux d'une apparence analogue.

Le gisement d'or le plus célèbre et le plus important de la Chine est le lit du fleuve King-cha-kiang, qui roule ses eaux sur un sable assez riche en poudre aurifère. Ce fleuve s'échappe des sommets du Thibet, il entoure tout le département de Li-kian-fou, et s'étend jusqu'à Pe-ting, arrondissement du Yun-nan.

Les arrondissements du Thsaï-tcheou, Kong-tcheou(province de Ho-nan), les pays de Lo-ping, Sin-kien (province de Kiang-si), sont encore riches en sables aurifères. Les monts The-ling, enfin, renferment de nombreuses cavernes, où l'or se trouve associé à un minerai grisâtre, qui probablement n'est autre que la galène ou la pyrite de fer (un semblable mélange d'or et de sulfures métalliques est assez fréquent au Brésil).

Pour extraire l'or, les Chinois recueillent, par un lavage, les parcelles de métal mêlées au sable, et les soumettent à l'action de la chaleur pour amener leur fusion.

(Il est probable que les habitants du Céleste Empire ne savent pas extraire l'or intimement uni à certains minerais comme la galène, et qu'ils se bornent à traiter les sables contenant le métal à l'état natif.)   P. C.

Les Chinois distinguent les différentes qualités de l'or par la couleur qu'il présente; suivant qu'il est jaune, rouge ou verdâtre, il est plus ou moins pur. L'or rouge, presque chimiquement pur, est désigné par le nombre 10 , celui qui est violacé est représenté par 9, l'or jaune par 8, et l'or verdâtre par 7 ou 7 1/2.

(On voit qu'une telle distinction, basée sur un caractère purement physique, est bien loin d'offrir un grand degré d'exactitude; il est d'ailleurs facile de mélanger l'or à certains métaux, qui pourraient lui communiquer la nuance considérée comme le caractère d'une grande pureté.)   P. C.

Les Chinois ne se fient pas uniquement à la couleur du métal précieux pour déterminer sa valeur et sa pureté, ils emploient comme nous la pierre de touche. Cette pierre, qui chez eux est noire, se rencontre en abondance dans l'arrondissement de Kouang-sin.

Pour essayer une matière d'or, ils en frottent la surface avec la pierre de touche, et ils la mettent en contact avec du soufre chauffé. Si l'or est pur, il conserve, dit-on, sa couleur propre; s'il est impur, s'il renferme de l'argent ou du cuivre, il noircit presque immédiatement et d'autant plus que la proportion des métaux étrangers est plus considérable. On sait que cette couleur noire est due à la formation de sulfures de cuivre ou d'argent.

(Cette méthode d'essai des matières d'or est encore bien grossière, et elle est loin de l'admirable précision des procédés de coupellation ou d'analyse par voie humide qui sont employés en Europe.)   P. C.

OR EN COQUILLE.

Les Chinois parviennent à dorer leur porcelaine à l'aide du procédé suivant :

Ils humectent d'une solution aqueuse de gélatine des feuilles d'or extrêmement minces, et ils les pétrissent entre

les doigts de manière à former une pâte molle qui est séchée
sur des soucoupes. Le produit sec est ensuite broyé dans une
eau gélatineuse et appliqué au pinceau sur les parties qui
doivent recevoir le métal. La peinture ainsi formée est lavée
avec l'eau bouillante qui s'empare de la gélatine, sans agir
sur la mince couche d'or adhérente aux parois du vase. Cette
dernière opération exige une grande habileté, car le lavage
à l'eau chaude peut facilément séparer aussi l'or en feuilles
qui doit seul rester adhérent sur la porcelaine.

ARGENT.

On rencontre en Chine un grand nombre de gisements
de minerais argentifères, mais le pays de Thien (province de
Yun-nan) est particulièrement riche sous ce rapport.

L'exploitation des mines d'argent est un privilége concédé
au prix de lourdes redevances, que fixent des décrets
impériaux. Un agent spécial du gouvernement est chargé de
faire des essais sur le minerai à exploiter, et d'en constater la valeur ; la redevance que doit payer le propriétaire
futur est proportionnelle à la quantité d'argent contenue
dans le minerai. (La méthode employée pour essayer les
minerais d'argent n'est pas décrite par les auteurs chinois, mais elle est très-probablement analogue au procédé
d'extraction en grand.)

Les mines d'argent s'exploitent généralement à ciel ouvert;
on creuse dans le sol des tranchées parallèles à la direction du
filon, et on les revêt intérieurement d'un boisement qui les
consolide. Quelquefois cependant on pratique des galeries
souterraines qui permettent de recueillir le minerai à de
grandes distances de la surface du sol; il va sans dire que
ce procédé dispendieux n'est usité que lorsque les circonstances l'exigent.

L'argent se rencontre presque toujours associé à divers minerais; on le trouve à l'état de sulfure, mélangé soit au plomb (galène argentifère), soit au cuivre, à l'antimoine et à l'arsenic (cuivre gris); il se présente aussi quelquefois sous forme d'argent rouge (sulfure d'argent) ou d'argent natif.

Le minerai d'argent est d'abord soumis à un triage qui a pour but de séparer grossièrement les matières terreuses et siliceuses qui l'accompagnent; à cette opération préliminaire succède la *lévigation*. Le minerai est ensuite entassé dans un fourneau en terre de plusieurs mètres de hauteur, dont la sole est protégée de l'action destructive, de la gangue en fusion, ou des matières ajoutées pour activer la fusion et la réduction, par une couche de poudre de porcelaine. De chaque côté du fourneau sont disposés deux soufflets mus par des ouvriers; la température s'élève ainsi suffisamment pour liquéfier les substances mises en présence et pour mettre en liberté les métaux qu'elles renferment. Le minerai placé dans le four est couvert de bois qu'on enflamme (on emploie particulièrement pour cette opération le bois de châtaignier), on active la combustion à l'aide de soufflets, et on ajoute peu à peu de nouvelles quantités de combustible jusqu'à ce que l'opération soit terminée. L'habitude guide les ouvriers et leur apprend à régler la durée des opérations du traitement. Sous l'action des agents réducteurs, le plomb contenu dans la galène argentifère se réduit et se rassemble à la partie inférieure du four, entraînant dans sa masse la totalité de l'argent contenu dans le minerai. On laisse refroidir et on retire du four le lingot de plomb formé, qui doit subir une nouvelle opération pour être séparé de l'argent qu'il renferme[1].

---

1. On modifie cette méthode quand on traite d'autres minerais que la galène. Dans plusieurs cas, on est obligé d'ajouter du plomb au minerai, et l'opération s'exécute comme nous l'indiquons.

Le traitement du plomb s'opère dans un four disposé à côté du premier, et qui porte le nom de four *crapaud*, à cause de son peu d'élévation par rapport à sa largeur. Le combustible employé est encore le bois. Le four évasé présente une grande surface, et le plomb qui s'y trouve fondu se transforme rapidement en litharge au contact de l'air; cet oxyde de plomb est absorbé, au fur et à mesure de sa production, par la sole du four, formée de matières analogues à celles que nous employons [1].

Lorsque le lingot de plomb qui reste dans le four est suffisament riche en argent, on le fait écouler dans une rigole disposée à sa partie inférieure. Le plomb se sépare de l'argent par le phénomène connu sous le nom de *liquation*, les deux métaux se superposant par ordre de densité. On arrête l'opération quand on voit la surface du métal se couvrir d'irisations brillantes, et quand il projette une vive lumière. On obtient ainsi de l'argent qui contient encore des quantités notables de plomb ou de cuivre, ou même de ces deux métaux réunis. Pour le purifier, on l'additionne de plomb, et on le soumet à la coupellation dans un four plat analogue au premier; tout le plomb oxydé est absorbé par la matière poreuse qu'il recouvre, et l'argent reste à l'état de pureté. Vers la fin de l'opération, le feu doit être conduit avec beaucoup de ménagements; il faut éviter avec soin que le métal ne se refroidisse trop rapidement, car dans ce cas, il pourrait être projeté en dehors du four, en dégageant abondamment l'oxygène absorbé pendant la fusion. (Ce phénomène curieux est exprimé chez nous en disant que le métal a *roché*.) Il faut

---

1. On emploie en Europe, pour cet usage, de la poudre d'os (phosphate de chaux et carbonate de chaux). Cette matière a la propriété d'absorber la litharge fondue qui entraîne les autres métaux associés à l'argent. C'est sur ce principe que reposent les méthodes d'essais des matières d'or et d'argent par voie sèche, ainsi que le traitement en grand de ces métaux précieux.   P. C.

aussi se garder d'atteindre une température trop élevée, car on perdrait une assez grande quantité d'argent par voie de volatilisation : la perte serait, pour ainsi dire, proportionnelle à l'intensité de la chaleur et à la durée de son action.

(D'après ce qui précède, on voit que les méthodes usitées en Chine, pour l'extraction de l'argent, sont sensiblement pareilles aux nôtres; l'argent obtenu est généralement d'une assez grande pureté, comme nous l'ont fait constater nos propres observations.)   P. C.

Les orfévres et les bijoutiers chinois ne prennent pas soin, paraît-il, de recueillir les poussières d'argent qui se détachent sous l'action de la lime et des outils. On prétend que les Chinois ramassent souvent dans les rues les ordures et les balayures provenant des fabriques d'objets en argent, et que, lorsqu'ils ont pu se procurer une quantité suffisante de ces résidus, ils peuvent les traiter avec profit pour en extraire le métal précieux qu'ils renferment.

ÉTAIN.

Les provinces du sud-ouest de la Chine fournissent la presque totalité de l'étain qui sert aux divers besoins de l'industrie; on le rencontre cependant en plus ou moins grande abondance dans quelques autres provinces, mais les deux arrondissements de Man-tan et de Ho-tchi produisent les 8/10 du minerai exploité. Les pays de Heng et de Yong ne viennent qu'au second rang sous le rapport de la production de ce métal important. Les provinces de Ta-li et de Thsou-yong (Yun-nan) sont assez riches en minerai d'étain, mais leur distance des lieux de consommation est trop considérable pour que l'exploitation puisse s'y établir sur une grande échelle. Du reste, la majeure partie des minerais traités dans le sud provient de l'étranger, et le métal réduit est ensuite expédié dans les localités importantes du Céleste Empire.

Les Chinois distinguent deux espèces de minerais d'étain :
1° L'étain des montagnes et des mines ;
2° L'étain des rivières.

La première espèce se subdivise en deux variétés ; l'une d'elles est formée de gros blocs du volume d'une citrouille ; l'autre de fragments divisés de très-petite dimension. L'étain dit des rivières se rencontre dans les torrents qui serpentent sur les versants des montagnes, il est formé d'une matière pulvérulente noirâtre (ou oxyde d'étain).

L'étain des montagnes se trouve généralement à une faible distance de la surface du sol, et la gangue qui l'entoure peut en être facilement séparée. Pour subvenir à tous les besoins de l'industrie, on exploite encore une autre espèce d'oxyde d'étain qui se trouve dans la terre, en blocs si volumineux, qu'ils forment, dit-on, à eux seuls des montagnes entières. Les Chinois exploitent presque tous les minerais à *ciel ouvert* ; on commence par extraire les blocs situés à la partie supérieure du gisement, et à mesure que l'exploitation pénètre plus profondément, les frais de main-d'œuvre s'accroissent en raison des transports et du matériel que nécessite ce mode de travail.

Le minerai d'étain, une fois extrait, est soumis à un lavage qui enlève une partie de la gangue et des matières terreuses avec lesquelles il est toujours mélangé. Quand l'eau fait défaut sur le lieu même de l'exploitation, on la fait venir à l'aide de longs canaux de bambou. L'eau ruisselle sur les tas de minerai placés dans des caisses ou sur de longues tables ; l'oxyde d'étain et les matières terreuses se séparent ainsi par le lavage, en raison de leur différence de densité.

Après le lavage, le minerai est placé dans des fourneaux en brique, dont les grilles sont couvertes d'une couche de charbon de bois ; on enflamme le combustible et on accélère la combustion au moyen de soufflets qui permettent d'élever plus ou moins la température. Le charbon se transforme ainsi en oxyde de carbone qui réduit l'oxyde d'étain ; le métal tombe en gouttelettes qui se rassemblent dans un canal, et il arrive à l'état liquide au milieu de bassins en terre dont le fond plat est couvert d'une couche de porcelaine ou de charbon de bois pulvérisés. Pendant l'opération de la réduction du minerai, on ajoute fréquemment dans les fours de la cendre de charbon provenant des traitements précédents ; cette cendre agit comme fondant et active singulièrement la réaction.

L'étain que produisent les sables stannifères est le plus estimé et le plus pur ; il suffit, pour l'obtenir, de laver le minerai avant de le soumettre à l'action réductrice du charbon.

L'étain chinois n'a pas toujours le degré de pureté que nécessitent les usages auxquels on le destine ; les procédés de purification mentionnés par les textes chinois ne nous paraissent pas assez précis pour que nous les reproduisions ; nous dirons toutefois qu'ils consistent dans la fusion lente du métal sur la sole d'un four incliné. Le métal s'écoule en abandonnant les matières étrangères qui le souillent.

Malgré ces précautions, l'étain renferme souvent une notable quantité d'arsenic, car, au dire des Chinois, il est cassant, ce qui est une preuve à l'appui de notre affirmation ; le vin conservé dans des vases d'étain peut même, d'après les livres chinois, devenir vénéneux à la longue ; aussi l'étain destiné à la fabrication des vases usités dans l'art culinaire provient-il exclusivement de quelques mines spéciales, telles que celles de la presqu'île de Malacca, qui produisent un métal d'une grande pureté.

Pour rendre l'étain malléable, les Chinois l'additionnent d'une certaine quantité de plomb ; cette addition est souvent même exagérée et donne lieu à des fraudes. On reconnaît la présence du plomb en réduisant en grenaille le métal et en le laissant quelque temps en contact avec du vinaigre, qui dissout le plomb sans attaquer l'étain.

L'étain est employé dans la fabrication d'un grand nombre d'alliages qui servent à produire les instruments de musique, les objets d'art, etc.

ZINC.

Le zinc, que les Chinois désignent sous le nom de *plomb japonais*, n'est pas mentionné par les livres anciens; il ne paraît être connu en Chine que depuis le commencement du xviie siècle[1]. Le minerai de zinc (calamine ou carbonate de zinc) se rencontre principalement dans la province de Chan-si, et dans les arrondissements de King-tcheou et de Heng-tcheou. Pour extraire le métal qu'il renferme, on le concasse et on l'introduit dans des creusets de terre réfractaire dont les couvercles sont soigneusement lutés avec de l'argile. Ces creusets, qui contiennent plusieurs kilogrammes de minerai, sont disposés les uns au-dessus des autres en couches horizontales, entre lesquelles on interpose des morceaux de houille. Les creusets ainsi étagés en forme de meule sont couverts de branches sèches; on met le feu à la partie inférieure de la meule; la flamme ne tarde pas à se propager dans toute la masse et la combustion se prolonge pendant un temps déterminé. Après l'opération, les creusets sont ouverts et on en retire le zinc métallique réduit.

(On ne peut expliquer, à ce que nous croyons, la réduction du minerai que par l'absorption du gaz oxyde de carbone

---

1. L'ouvrage d'où nous tirons ces notes fut publié en 1637.

EXTRACTION DES MINERAIS

EXTRACTION DU ZINC (PLOMB JAPONAIS)

PL. II.

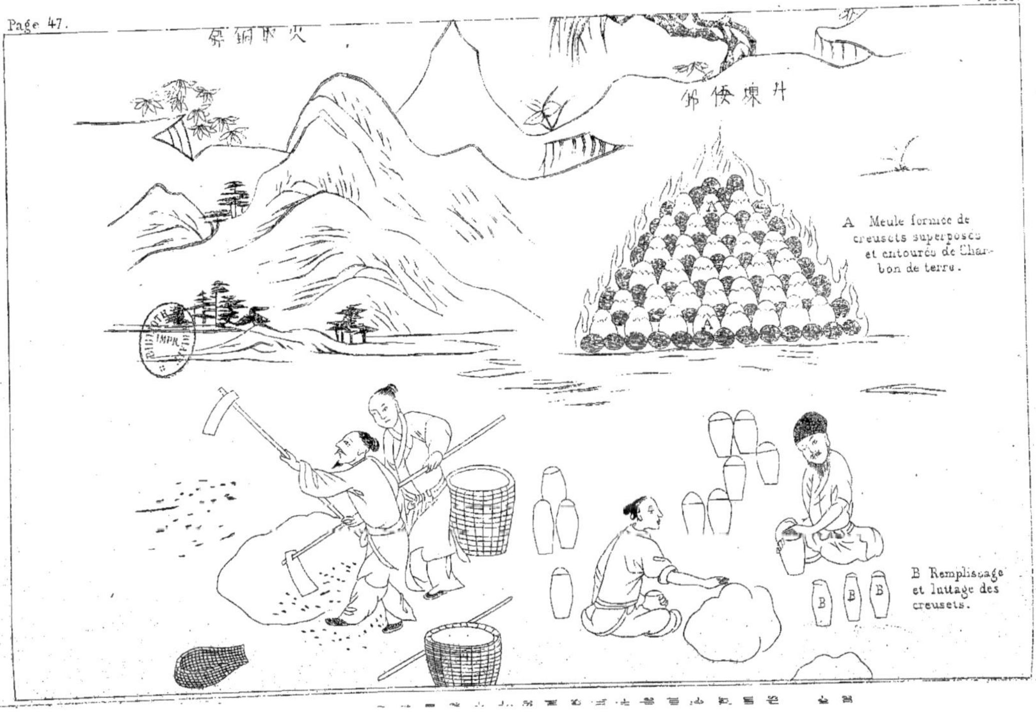

développé pendant la combustion, qui s'infiltrerait à travers la paroi poreuse du creuset, et agirait comme agent réducteur sur le minerai. Cette hypothèse est confirmée par la nature même des creusets qui sont formés, comme nous avons pu le constater, d'une terre très-poreuse. L'acide carbonique combiné au zinc se dégage d'abord sous la seule action de la chaleur, et l'oxyde de carbone qui se produit par la combustion du charbon, agit sur l'oxyde de zinc formé et le réduit à l'état métallique. La porosité des creusets permet en outre leur pénétration par les huiles de houille qui prennent naissance sous l'influence de la chaleur. En se décomposant, elles fournissent du charbon très-divisé, qui agit aussi comme agent réducteur.)   P. C.

Les culots de zinc extraits des creusets refroidis sont souvent couverts d'une couche de gangue, que l'on sépare facilement par une deuxième fusion.

Les Chinois fabriquent le laiton en ajoutant directement à la calamine une certaine quantité de cuivre ; ce métal fond et s'allie au zinc réduit, pendant l'opération.

Le zinc est très-estimé des Chinois, à cause des qualités qu'il communique au cuivre par son alliage avec ce métal.

Il paraîtrait qu'on fait encore entrer le zinc dans la composition du bronze.

Le zinc se trouve dans le commerce sous forme de masses concaves, de lingots oblongs ou de lames minces ayant un pied de long sur cinq à six pouces d'épaisseur. Le zinc qui provient de Canton est considéré comme étant de qualité supérieure.

ARSENIC.

(Les minerais d'arsenic que l'on rencontre en Chine sont analogues à ceux qui se trouvent dans les assises géologiques des terrains de l'Europe; ce sont le protosulfure d'arsenic (orpiment) et le bisulfure (réalgar). Les minerais d'étain renferment fréquemment aussi des quantités notables d'arsenic que l'on sépare dans nos pays par le grillage; pendant cette opération il se forme de l'acide arsénieux, directement employé dans l'industrie. Les Chinois ne savent pas purifier leurs minerais d'étain par cette méthode si simple, et il en résulte que le métal obtenu, souvent arsénifère, est de mauvaise qualité.   P.

En Chine, on n'emploie l'arsenic que sous forme de sulfure ou d'acide arsénieux; on prépare ce dernier produit par le grillage de certains minerais arsénifères auxquels sont souvent associés le cobalt et le fer. On emploie, our exécuter cette opération, des fours semblables aux nôtres, à quelques modifications près. La capacité des fours est variable suivant la quantité de minerai qui doit subir le traitement. Le minerai est soumis à l'action de la chaleur et à l'influence d'un courant d'air, aspiré par une cheminée d'appel, que recouvre imparfaitement une espèce de marmite en fonte. Le sulfure se décompose, le soufre qu'il renferme se dégage à l'état de gaz acide sulfureux, tandis que l'arsenic oxydé se condense sur les parois froides de la marmite en fonte, à l'état d'une matière pulvérulente blanche. Cet acide arsénieux divisé se désigne sous le nom de *givre d'arsenic*.

Ce terme assez significatif de *givre* sert encore à désigner d'une manière générique certains composés, tels que la céruse, qui se produit sous l'action de l'acide acétique et du plomb soumis à l'influence de l'air et d'une douce température.

Quand le premier récipient de fonte est suffisamment rempli de *givre d'arsenic* ou d'acide arsénieux, on le remplace par un second et ainsi de suite. La matière ainsi condensée, est directement livrée à l'industrie, mais elle n'est jamais d'une grande pureté; elle renferme généralement de l'oxyde de fer qui provient des parois du vase de fonte, et on la purifie quelquefois par voie de cristallisation.

Les fours à grillage des minerais arsénifères sont toujours construits à une grande distance des lieux habités ou des champs en culture ; les vapeurs toxiques qui s'en dégagent vicient l'air et sont aussi dangereuses pour les hommes et les animaux que pour la plupart des végétaux.

Les ouvriers attachés à cette industrie ne travaillent pas d'une manière continue ; après deux opérations consécutives, ils cèdent à d'autres leur pénible besogne. Sans cette précaution indispensable, leur santé, rapidement ruinée, les rendrait impropres à tout travail. D'après les textes chinois, l'arsenic est employé avec succès pour préserver les racines des plantes de l'invasion des mulots. Il paraîtrait même qu'en plongeant les radicelles du riz, avant de les repiquer, dans une solution étendue d'acide arsénieux, on les garantit de la triple influence des moisissures, des plantes parasites et des insectes ; l'arsenic exercerait de plus une action salutaire sur le développement de la plante et sur l'abondance de la récolte.

L'art médical chinois emploie l'arsenic pour guérir les ulcères et quelques autres maladies particulières au pays.

CUIVRE.

Les mines de cuivre sont nombreuses en Chine ; suivant le Chan-haï-king (le Livre des montagnes et des mers), il existe quatre cent trente-sept montagnes qui fournissent ce métal, soit à l'état natif, soit à l'état de minerai. Les provinces qui livrent à l'industrie les plus grandes quantités de cuivre sont celles de l'Est, comprises entre le Sse-tchuen, et Koueï-tcheou ; elles exploitent le minerai que les vaisseaux des *barbares* amènent sur leurs côtes.

Les provinces les plus riches en minerai sont celles du Hou-kouang et du Kiang-si, les arrondissements de Heng et de Chouï fournissent une qualité de cuivre que l'on nomme Mong-chang-tong, et qui est souvent confondu avec les autres qualités : le Mong-chang-tong est très-dur, et le traitement des minerais d'où on le tire présente de grandes difficultés.

Le cuivre rouge, allié au zinc (nommé en chinois *plomb japonais*), donne le cuivre jaune; fondu avec l'arsenic, il se transforme en *cuivre blanc;* combiné, dans de certaines proportions, avec le zinc, il produit le *cuivre sonore* qui est employé dans la fabrication des instruments de musique; allié enfin avec un grand excès de zinc, il donne une substance métallique très-fusible qui peut servir au moulage.

Le cuivre natif est généralement disséminé en petits grains, dans une gangue pierreuse. La forme des petites pépites de cuivre est variable et leur couleur est tantôt jaune comme celle du laiton, tantôt rouge comme celle de l'oxyde de fer. Pour séparer ce cuivre des sables avec lesquels il est mélangé, on emploie un procédé très-simple; un lavage suffit pour entraîner la presque totalité de la gangue, et le résidu, soumis à une température élevée, abandonne le cuivre pur par la fusion.

Le cuivre natif est quelquefois mélangé de plomb, et pour opérer, dans ce cas, la séparation des deux métaux, on les fait fondre ensemble dans un fourneau muni de deux ouvertures superposées. On chauffe à la température du rouge naissant, le plomb entre seul en fusion, et s'échappe par l'orifice supérieur. Quand tout le plomb fondu est écoulé, on élève la température jusqu'à la fusion du cuivre, qui s'échappe par l'orifice inférieur. Le cuivre se trouve dans le commerce sous forme de lames carrées ou rectangulaires.

Pour transformer le cuivre rouge en cuivre jaune, on fait fondre ensemble dans le même creuset six livres de cuivre et six livres de zinc ; les creusets, fabriqués avec de l'argile, sont chauffés dans des fourneaux alimentés avec de la houille [1]. Quand on veut obtenir un alliage malléable, on combine le cuivre et le zinc avec une certaine quantité d'étain exempt de plomb.

Pour fabriquer les gongs ou tam-tams, on emploie un alliage formé de quatre-vingts parties de cuivre et de vingt parties d'étain ; pour obtenir des cymbales, on se sert du même alliage, mais il faut que les deux métaux constitutifs soient pris à un grand état de pureté. Quand on veut fabriquer des vases métalliques communs, on allie le cuivre et le zinc par parties égales ; quelquefois même on se sert d'un alliage contenant six parties de zinc et quatre parties de cuivre.

Parmi les minerais de cuivre qui se rencontrent en Chine, il faut signaler plusieurs minerais colorés en vert, comme la malachite, en bleu comme l'azurite ; on trouve aussi en grande abondance, dans certains pays, le sulfure de cuivre et quelques autres minerais dans lesquels le cuivre est associé à l'argent.

Pour séparer l'argent uni au cuivre, on fond l'alliage de ces deux métaux, avec du plomb. D'après l'auteur chinois, le plomb s'allie à l'argent, et le lingot obtenu après fusion renferme la totalité du métal précieux. Pour séparer le plomb de l'argent, on introduit dans un creuset un mélange de cendre de paille et de cendre de bois, lavée et séchée au soleil ; on ménage au centre une cavité dans laquelle on place le plomb argentifère. On chauffe à une haute température ; le plomb s'oxyde ; la litharge formée pénètre dans la masse de cendres,

---

1. On brûle dans ces fourneaux des pains de houille, formés de poussier de charbon de terre, mélangés d'argile et de colle de riz. Ces agglomérés brûlent longtemps, en fournissant une température égale ; ils proviennent de la province de Kiang-si.

et l'argent est bientôt isolé à l'état de pureté. (Ce procédé est analogue à l'opération que nous désignons sous le nom de coupellation.)

(Nous avons dû retrancher de ce chapitre beaucoup de faits mentionnés par le texte chinois; plusieurs d'entre eux semblent imaginaires, incomplets, et sont entachés d'erreurs au point de vue chimique ; il est de notre devoir de ne mettre sous les yeux du lecteur que des documents sérieux, et d'éviter de signaler des faits vagues ou douteux.)   P. C.

FER. — FONTE. — ACIER.

L'empire chinois renferme beaucoup de minerais de fer; ceux que l'on exploite sont de deux espèces distinctes :

1° Minerai nommé *fer en mottes* (peroxyde de fer hydraté) ou *fer d'aigle* : il se présente sous forme de rognons volumineux, friables, se réduisant en poussière par le choc ;

2° *Minerai de fer oxydé limoneux :* on le trouve dans les prairies à l'état de sable ; il s'extrait de la terre, pour ainsi dire, *au moyen de la charrue.*

Dans certaines provinces, comme celles du Chan-si ou de Pe-tche-li, on ne trouve que du fer *en sable;* dans d'autres, au contraire, telles que celles du Kiang-sou et du Fo-kien, on ne rencontre que du minerai en rognons ; il est rare que la même contrée renferme à la fois les deux sortes de minérai.

La province de Chan-si est la plus riche en fer; l'exploitation s'y exécute sur une grande échelle, comme dans le Kiang-nan.

(Les procédés employés par les Chinois depuis un temps immémorial pour le traitement des minerais sont analogues à ceux qu'on emploie en Europe depuis deux siècles seulement; nous allons les passer en revue, en examinant par quelles méthodes la fonte extraite du minerai est transformée en fer malléable, ou en acier [1]. Nous ne devons pas oublier que les arts industriels en Chine, comparés à nos grandes exploitations européennes, sont encore dans un état primitif; et si les principes des opérations ne diffèrent pas de ceux que nous mettons en jeu, les appareils employés sont toujours d'une étonnante simplicité. Les fourneaux sont d'une construction beaucoup moins régulière, moins soignée, que chez nous, et la fabrication ne peut jamais approcher du degré de précision qu'on obtient en Europe. Il n'y a pas lieu, du reste, de s'étonner de cette supériorité de notre industrie sur celle de la Chine; tandis qu'en Europe, la science guide d'une main sûre toutes les opérations des arts métallurgiques et les conduit, par une voie certaine, vers un but déterminé, dans l'extrême Orient, au contraire, la pratique n'est jamais doublée de la théorie, et de vieux usages, d'anciennes traditions, sont les seuls guides du fabricant. Le progrès paraît être inconnu en Chine; on y fait aujourd'hui ce qu'on y faisait jadis, et les résultats d'une industrie, qui pouvaient, à juste titre, passer autrefois pour merveilleux, sont actuellement bien au-dessous de ceux qu'obtient l'industrie européenne.)   P. C.

Les mines de fer s'exploitent à ciel ouvert, au moyen de machines simples et grossières; le minerai extrait est expédié vers les fabriques où il doit être traité.

Les fourneaux sont construits en briques réfractaires, avec de l'argile grasse mêlée de sel, et couvertes d'un enduit de même composition. Quand le four vient d'être construit, on le laisse longtemps sécher, on évite de le chauffer de

---

1. L'acier indigène, surtout celui qui vient de Han-keou, est encore préféré par les Chinois aux aciers anglais. Sa valeur commerciale est deux fois plus considérable que celle de ces derniers.   P. C.

suite, afin que la haute température qui doit s'y développer pendant les opérations métallurgiques n'y produise pas des crevasses en dilatant le ciment encore humide. A la partie inférieure des fourneaux, sont disposés des soufflets éner- giques de grande dimension, que quatre ou cinq hommes font mouvoir ; un rapide courant d'air traverse ainsi le foyer, active la combustion , et développe la haute température nécessaire à la réduction du minerai. Pendant l'opération, on bouche avec un tampon d'argile un canal situé à la partie inférieure du fourneau, et quand le minerai est réduit et fondu , la matière en fusion s'échappe par cet orifice, qu'on ouvre au moment voulu.

Les fourneaux sont alimentés, soit avec du charbon de bois, soit avec de la houille, combustibles qui, tout en déve- loppant la chaleur nécessaire, agissent comme agents réduc- teurs ; on les emploie indifféremment , suivant leur prix de revient dans la localité où sont établis les fourneaux : ceux-ci sont remplis de minerai, et le charbon est disposé en couches alternatives ; quelquefois, cependant, le combus- tible est amoncelé sur la grille, et recouvert d'une épaisse couche de minerai réduit en fragments. On enflamme le charbon, on active la combustion à l'aide de soufflets, et bientôt l'oxyde de fer est réduit par l'oxyde de carbone qui prend naissance.

On sait que les couches inférieures de charbon se trans- forment au contact d'un excès d'air en acide carbonique, qui fournit de l'oxyde de carbone en traversant la couche supé- rieure de combustible.

La fonte réduite se rassemble au fond du fourneau, et chaque jour on la recueille dans des formes de sable, en ou- vrant le canal disposé à cet effet à la partie inférieure de l'appareil. La coulée refroidie est refondue, épurée et livrée au commerce.

FER MALLÉABLE.

La fonte se transforme en fer malléable par les procédés suivants : On dispose, à côté du premier fourneau que nous venons de décrire, un deuxième fourneau à peu près semblable, mais dont les dimensions sont très-variables. On y introduit les *gueuses* de fonte, et une petite quantité de silice, ou de silicate. On élève la température au moyen d'un courant d'air : une partie du carbone et du silicium contenus dans la fonte brûle, tandis que le silicate de fer qui prend naissance facilite la réduction du fer. L'opération est terminée quand la masse, d'abord très-fluide, devient pâteuse ; on sait en effet que la température de fusion est plus basse pour la fonte que pour le fer. On dispose souvent les deux fourneaux à côté l'un de l'autre, de telle manière que la fonte obtenue dans le premier puisse s'écouler dans le second par petites portions, et au fur et à mesure que la fonte arrive dans le deuxième fourneau, on y ajoute les quantités nécessaires de silicate. Ce perfectionnement est très-avantageux ; il permet d'économiser une assez notable quantité de combustible, et de plus, la fonte se décarbure plus facilement sous l'action de l'air, qui n'agit à la fois que sur des petites quantités de métal fondu.

Le fer, en sortant du dernier fourneau, est immédiatement forgé, on le façonne en masses sphériques ou cubiques, et il est livré dans cet état à l'industrie.

On voit que les procédés usités en Chine, pour convertir le minerai en fonte, et pour transformer la fonte en fer, sont tout à fait analogues, sauf la forme et la disposition des appareils, à ceux que l'on emploie dans les Pyrénées, et qui sont connus sous le nom de *méthode catalane*.

Les textes chinois ne mentionnent pas d'autre mode de traitement des minerais de fer; nous devons en conclure que les procédés usités dans nos hauts fourneaux, qui exigent tant de constructions et de soins, sont tout à fait inconnus dans le Céleste Empire.

ACIER.

Pour obtenir l'acier, on prend le *fer cru* (fonte provenant de la première opération) et le *fer cuit* (provenant de la deuxième opération ou qui a subi l'affinage), et on en forme des bandes métalliques d'une longueur de huit à dix centimètres et d'une largeur de deux à trois centimètres. On les réunit au moyen de fils de fer, et on en forme des faisceaux que l'on introduit dans un fourneau en briques réfractaires ; on a soin de les placer entre deux couches de terre glaise, entourées de charbons incandescents. Sous l'influence de la chaleur, la fonte se liquéfie et vient *arroser* les bandes de fer cuit qui se transforme en acier (l'acier se nomme en chinois *fer arrosé*). Cette opération exige une grande habitude de la part des ouvriers qui l'exécutent; il faut avoir soin de bien régler la température, et de juger habilement du moment où le métal doit être retiré pour le soumettre au martelage.

Le martelage a pour but : 1° de rendre la masse métallique homogène; il est nécessaire, par conséquent, que le métal ait atteint le degré de malléabilité voulu ; 2° d'enlever, par le pilonage de la masse, les crasses, formées d'oxyde de fer et de scories.

Le martelage se fait à plusieurs reprises, tant que la matière possède encore un degré de viscosité suffisant.

On prépare encore l'acier en soumettant la fonte à la fusion, et en y incorporant une certaine quantité de fer. Quand elle est arrivée à la température voulue, lorsque le mélange des deux substances est intime, c'est-à-dire lorsque le fer et la fonte se sont unis pour produire de l'acier, il faut se hâter de retirer la masse du fourneau.

Les Chinois emploient l'acier pour fabriquer des couteaux, des pointes de flèches, et divers autres objets qui exigent une grande dureté. Ils savent préparer l'acier trempé: ils font rougir les pièces d'acier, et les plongent dans diverses huiles. L'acier trempé dans ces huiles est plus dur que l'acier trempé dans l'eau. L'opération de la trempe se fait à des températures variables; elle se répète un nombre de fois différent, suivant la nature et la qualité du métal qu'il s'agit d'obtenir.

(On sait que la fonte, le fer et l'acier diffèrent par les quantités de carbone qu'ils renferment; la fonte en renferme des quantités notables, le fer n'en contient que des traces; la combinaison de ces deux corps fournit donc un métal nouveau, l'acier, qui renferme une quantité de carbone intermédiaire. Il est probable que ce principe est la base du procédé chinois que nous venons de décrire, mais cependant il serait imprudent d'énoncer une affirmation à cet égard; la théorie de l'aciération n'est pas encore complétement établie; nos savants les plus distingués lui donnent des causes diverses; ils ne sont pas tout à fait d'accord sur cette question intéressante, nous devons donc nous garder d'émettre à cet égard des opinions prématurées.

La méthode employée en Chine pour produire l'acier, ne diffère des méthodes européennes que par la forme des appareils, et par le détail des opérations; mais le même principe préside aux différents procédés. En effet, nos deux anciennes méthodes les plus usitées consistent, soit à carburer le fer en le chauffant longtemps en présence de charbon, de cendres et de sel, soit à décarburer la fonte par l'affinage, c'est-à-dire en brûlant, par l'action des scories et de l'air, une partie du charbon qu'elle renferme. Le mélange des deux matières obtenues par les deux procédés fournit un acier particulier, connu sous le nom d'*acier damassé*.)   P. C.

Quand la surface du fer offre des nœuds (*pailles*), on les fait disparaître en couvrant le métal d'une huile épaisse, et en le soumettant de nouveau à l'action d'une haute température. Les nœuds sont produits par l'interposition d'oxyde de fer dans les couches métalliques superficielles; l'huile en se décomposant fournit du charbon qui réduit l'oxyde, et la matière devient alors homogène.

Les textes chinois font mention de l'oxyde particulier que nous connaissons sous le nom *d'oxyde des battitures*; ils disent que ce produit prend naissance au moment où les pièces de fer portées au rouge sont soumises au choc du marteau.

Quelques provinces de la Chine fournissent de l'oxyde de fer magnétique qui donne, au dire des auteurs, l'acier le plus estimé. Ce fait n'offre rien de surprenant; le minerai de fer magnétique est généralement d'une très-grande pureté; la fonte et le fer qui en proviennent doivent, par conséquent, fournir un acier remarquable par ses qualités.

MERCURE.

Les Chinois distinguent deux sortes de mercure : le mercure natif, qui se trouve en très-petites quantités dans les mines de cinabre, et le mercure artificiel obtenu par la distillation du cinabre. Ils emploient assez fréquemment le mercure en médecine et dans diverses industries, telles que la fabrication de miroirs métalliques, dont il sera question plus loin.

On l'emploie en médecine à l'état de bichlorure de mercure, pour combattre les maladies vénériennes, quoique l'on

Page 58.

井煉水銀

B. Broyage des minerais

B

鐵空管弓

此水頭人

固滑

鐵槽

硃砂

A

A. Alambic pour la
distillation du Cinabre

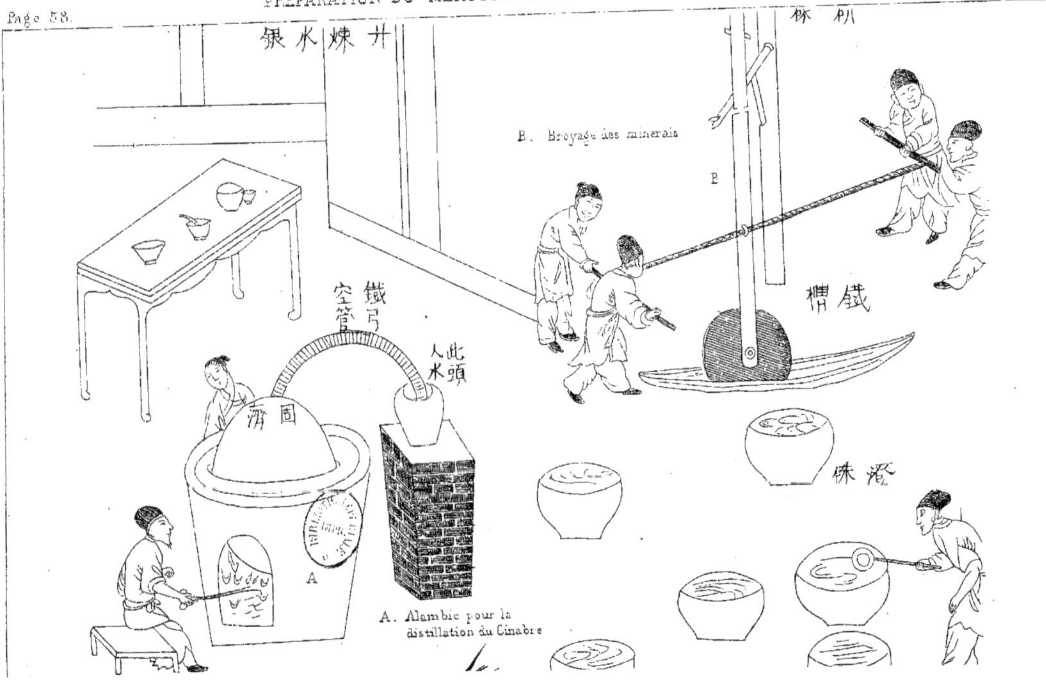

emploie aussi, dans ce genre de maladies, plusieurs racines dont les effets énergiques combattent, dit-on, avec succès les premiers accidents.

L'auteur chinois dit que les femmes s'en servent pour produire l'avortement. Pour obtenir ce résultat, dit-il, on fait bouillir du mercure pendant un jour dans de l'huile de chènevis, puis on forme avec ces matières des boulettes grosses comme de petites dattes. Ce médicament a pour effet de faire détacher le fœtus sans occasionner de ces accidents qui mettent en danger la vie de la mère. Le même auteur ajoute que l'on obtient de bons résultats avec les mêmes remèdes, dans des accouchements difficiles qui nécessitent chez nous l'emploi des fers ou de matières telles que le seigle ergoté, etc.

La méthode indiquée par l'auteur chinois pour transformer le cinabre (sulfure de mercure) en mercure métallique est la suivante :

On place dans une chaudière en fer une certaine quantité de cinabre mélangé d'un même poids de charbon. On ferme l'appareil avec un couvercle, muni au centre d'une ouverture dans laquelle on introduit l'extrémité d'un tube en fer dont l'autre extrémité se rend dans un vase rempli d'eau ; on lute soigneusement les joints avec de la terre glaise mélangée de sel marin, et on entoure le tube avec un lien de chanvre épais pour empêcher le refroidissement et la condensation du mercure avant qu'il n'ait atteint la partie qui plonge dans l'eau destinée à condenser le métal.

Les Chinois reconnaissent la pureté du mercure en calcinant dans un vase de fer une petite quantité du métal à essayer. Si le métal ne contient aucune substance étrangère, et principalement des métaux, il ne devra pas laisser de résidu, tandis que s'il est accompagné de cuivre, de plomb, d'argent, etc., le mercure seul, par l'action de la chaleur, se volatilisera et les métaux étrangers formeront un résidu plus ou moins considérable.

C'est, du reste, sur le principe de la volatilisation seule du mercure, lorsqu'il est mélangé ou amalgamé avec d'autres métaux, que sont fondées la dorure et l'argenture au mercure.

Le mercure forme, avec le chlore, deux combinaisons importantes : le protochlorure de mercure (connu dans le commerce sous les noms de calomel, mercure doux, etc.), et le bichlorure de mercure (désigné sous le nom de sublimé corrosif).

Pour obtenir le mercure doux ou calomel, les Chinois se servent d'une méthode un peu différente de celle qu'on a suivie en Europe pour la préparation de ce même corps.

Voici le procédé chinois tel qu'il est décrit d'après les textes :

On prend deux onces d'alun, une once de mercure et une once de sel marin; on broie le tout ensemble jusqu'à ce que le mélange soit assez intime pour que l'on n'aperçoive plus de particules brillantes du métal. On place ensuite ce mélange dans une espèce de creuset en fer dont on lute le couvercle avec un mélange de cendres, de sel et d'eau. Puis on chauffe la partie inférieure du creuset avec des morceaux de bois résineux et en ayant soin que la température ne s'élève que graduellement; en même temps on refroidit la partie supérieure du creuset au moyen de papiers imbibés d'eau qu'on y applique pendant toute la durée de l'opération. Lorsqu'elle est terminée, on ouvre le vase et on recueille le calomel qui s'est attaché au couvercle et aux parois du creuset, sous forme de poudre blanche légère.

La préparation du bichlorure de mercure ou sublimé corrosif n'est pas nettement indiquée, aussi le passerons-nous sous silence, de crainte de commettre des erreurs.

Les textes chinois ne mentionnent pas les différences qui existent au point de vue pharmaceutique et médical entre le protochlorure de mercure ou calomel et le sublimé corrosif, ils en connaissent seulement certains usages et savent que ce dernier est toxique, et qu'il faut agir avec prudence dans son emploi.

Les sels de fer sont, dit-on, employés par les Chinois comme antidote contre les effets toxiques des composés mercuriels.

Le cinabre ou sulfure de mercure se tire spécialement des provinces du Sse-tchuen et du Hou-kouang. Celui que l'on emploie pour polir les pointes de flèches, les miroirs métalliques, et pour les divers usages industriels de ce genre, a une grande valeur; on le choisit avec soin et on le livre au commerce tel qu'il se trouve naturellement, et on vend, sous forme de poudre, le minerai de deuxième qualité qui sert à fabriquer le mercure métallique, et pour obtenir des couleurs communes. Dans cet état, il a une valeur beaucoup moins grande que le produit naturel. Ce minerai se rencontre dans la terre, dans des terrains connus des Chinois sous le nom de *lit au cinabre*. Tantôt il affecte la forme de fragments ovoïdes, tantôt on le trouve en gros blocs recouverts de gangue. Souvent on ne prend pas la peine de broyer finement le cinabre de deuxième qualité, mais on l'emploie directement à la fabrication du mercure.

Quant à celui qui représente la première qualité et qui doit avoir la cassure brillante, on le broie dans un vase en fer au moyen d'un pilon terminé par une sphère aplatie. Cela fait, on introduit la poudre dans un vase rempli d'eau et, au bout de quelques jours, on enlève la partie de la matière qui, à cause de son grand état de division, s'est déposée la dernière et qui est préférable pour plusieurs usages.

Le mercure métallique subit parfois diverses opérations qui ont pour but de le transformer en vermillon, substance fréquemment employée par les peintres et les fabricants de laques.

Pour obtenir ce produit, on introduit dans un creuset en fer ou en terre six onces de mercure et quatre onces de soufre (avec addition d'une matière dont le nom chinois, est peu explicite et métaphorique, et dont nous n'avons pu déterminer la nature, n'ayant pas assisté nous-même, dans nos voyages, à cette curieuse préparation), on mélange le tout jusqu'à ce que la masse soit homogène et on l'introduit dans le creuset dont on assujettit vigoureusement le couvercle, soit au moyen de fils métalliques, soit au moyen d'une courte barre de fer qui pénètre dans deux oreilles disposées à cet effet sur les bords de l'appareil. On lute les joints et on place le creuset sur un trépied en fer, au-dessous duquel on allume du feu. Pendant l'opération, on refroidit la partie supérieure du creuset avec un pinceau mouillé. L'opération est terminée après une journée environ ; on détache le couvercle et on recueille le vermillon qui recouvre les parois du creuset, sous forme d'une poudre impalpable. On peut employer, pour une deuxième opération, le résidu qui reste au fond du creuset et qui renferme encore des matières utilisables.

Chaque livre de mercure ainsi transformé fournit quatorze onces de beau vermillon. Quand le vermillon est destiné à fabriquer de l'encre rouge, on le mêle avec de la colle animale (faite en général de peau de buffalo), et on le vend sous forme de petits bâtons. Ce vermillon est fort estimé chez nous ; les Chinois fabriquent encore aujourd'hui le vermillon le plus estimé, mais ce produit est d'un prix très-élevé. La qualité des huiles ou vernis avec lesquels on le mélange pour l'appliquer sur les meubles, modifie sa couleur et son éclat.

(Les vieux objets en laque qui font notre admiration aujourd'hui et qui sont très-estimés des Chinois eux-mêmes, qui ont perdu le secret de cette fabrication, renferment des quantités considérables de vermillon associé à diverses huiles et vernis siccatifs. Jusqu'ici on n'a guère pu se procurer de renseignements sérieux sur cette ancienne industrie qui date de bien des siècles. Les copies que les Chinois en font aujourd'hui sont loin d'égaler les anciens produits dont on les distingue aisément.)   P. C.

ALLIAGES.

Parmi les nombreux alliages dont se servent les Chinois,
nous ne décrirons que les plus importants, en insistant particulièrement sur quelques industries spéciales, telles que celles
des tam-tams et des miroirs.

MIROIRS.

On lit dans le texte chinois : Le métal des miroirs est généralement formé de cuivre et d'étain, alliés en proportions
égales ; à la surface de la plaque métallique, ainsi composée,
on produit un amalgame par l'addition de mercure, et on
obtient par le frottement une plaque polie qui reflète les
rayons lumineux. Autrefois (de 713 à 741), sous le règne des
Thang, on fabriquait les miroirs destinés au palais impérial
avec de l'argent et du cuivre, et on leur donnait le brillant
avec de la poudre de cinabre.

(Les miroirs sont d'un usage très-commun en Chine; ils
sont l'objet d'une industrie importante, aussi croyons-nous
qu'il n'est pas sans intérêt de compléter les documents succints du livre chinois par des détails que nous avons pris soin
de recueillir en Chine.

Les Chinois se servent quelquefois de miroirs analogues
aux nôtres; ils prennent des plaques de verre sur lesquelles
ils appliquent des feuilles minces d'étain, et ils forment ainsi
une surface réfléchissante. Ces miroirs sont généralement peu

estimés et on leur préfère les miroirs métalliques; il faut ajouter toutefois que le cristal est pour ainsi dire inconnu dans le Céleste Empire. Les verres étamés ne sont jamais complétement plans ni unis, ils déforment les objets qu'ils reflètent et en donnent des images complétement dénaturées.

Les miroirs les plus répandus sont formés d'une plaque métallique bien polie, qui est douée, quand elle vient d'être fabriquée, d'un très-bel éclat et d'une grande puissance de réflexion. Les Chinois et les Japonais surtout attachent une grande importance à la fabrication des miroirs, et y apportent les plus grands soins.

Pour confectionner ces objets de luxe, on commence par fondre des plaques métalliques carrées ou rondes, de dimensions variables, suivant le prix et la qualité de l'objet que l'on veut obtenir.

Nous avons analysé, avec le concours de M. Pellet, l'alliage employé dans la fabrication des miroirs. Voici quelle est sa composition :

Cuivre.	50,80
Étain .	16,50
Zinc.	30,50
Plomb.	2,20
	100,00

Les plaques sont quelquefois fondues et coulées dans des moules portant en creux des caractères qui apparaissent en relief sur le dos des miroirs. Les Chinois et les Japonais sont, du reste, très-habiles dans les diverses opérations de la fonte des métaux; ils n'ont à leur disposition ni machine à vapeur, ni laminoir, mais ils suppléent d'une manière très-ingénieuse aux imperfections de leur matériel. Ils préparent leurs moules avec une grande habileté, et savent former des plaques très-minces avec les métaux qu'ils veulent employer.

La pièce métallique, une fois fondue, est râpée et limée jusqu'à ce que sa surface soit parfaitement dressée; on procède alors au polissage. On commence par frotter la surface bien unie avec une poudre analogue à notre émeri, et on termine l'opération avec des morceaux de charbon de bois mouillés. Quand le métal est suffisamment poli, on y applique un amalgame qui présente, d'après nos analyses, la composition suivante :

Étain	69,36
Plomb.	0,64
Mercure.	30,00
	100,00

On étend l'amalgame au moyen d'une peau sur la plaque métallique et on frotte énergiquement pour opérer la combinaison des éléments en présence et pour chasser l'excès de mercure.

La qualité du miroir dépend du soin qui a présidé à son polissage, de l'homogénéité des surfaces et du temps plus ou moins long pendant lequel on a frotté la surface amalgamée. Des ouvriers habiles fabriquent quelquefois des miroirs remarquables qui reflètent très-nettement les objets sans les déformer.

Les miroirs ainsi préparés sont généralement montés sur des pieds en bois sculpté, et on les place dans les chambres de réception. Leur surface réfléchissante se ternit en quelques mois, sous l'influence des émanations sulfureuses, mais elle reprend ses propriétés par un nouveau polissage.)   P. C.

FABRICATION DES GONGS OU TAM-TAMS,

A UN-CHOUNG-LAN, PRÈS CHANGAÏ.

(L'art de fabriquer des gongs ou tam-tams remonte dans le Céleste Empire à la plus haute antiquité. Tout le monde connaît les sons amples et profonds que rendent ces instruments, bien supérieurs à ceux que nous produisons. Les essais tentés en Europe pour rivaliser avec les fabricants chinois ont toujours été infructueux. L'analyse chimique a bien révélé la composition de ces tam-tams, elle a indiqué la proportion relative de leurs éléments constitutifs, mais elle n'a pu donner des indications sur les détails de la fabrication et, pour employer une expression consacrée, sur les *tours de main* des ouvriers chinois.

On ignore jusqu'ici comment ces instruments sont fabriqués, comment les alliages sont fondus, coulés, et surtout martelés; c'est cependant le martelage qui exerce la plus grande influence sur la sonorité des gongs et l'ampleur de leurs vibrations. Pendant notre séjour en Chine, nous avons pensé qu'il y avait un véritable intérêt à suivre de près cette curieuse industrie, et nous avons dû vaincre plus d'un obstacle avant de pénétrer dans une fabrique de tam-tams; nous passerons sous silence les petites difficultés diplomatiques qui ont été soulevées à différentes reprises, et nous allons aborder directement les diverses phases de la fabrication.

Les marchands chinois recueillent avec soin les fragments des tam-tams brisés (ces instruments se cassent très-facilement lorsqu'ils sont employés par des mains inexpérimentées: et les musiciens chinois les frappent avec prudence, non pas

Page 66.

au centre, mais vers la circonférence. Un coup violent donné
au milieu d'un gong produirait une vibration trop rapide qui
pourrait briser le métal). C'est avec les débris de ces instruments qu'on en fabrique de nouveaux (nous n'avons pas eu
l'occasion de voir fabriquer de toutes pièces l'alliage primitif).
La première opération qui se pratique dans un atelier spécial
consiste à fondre les morceaux de métal dans un four. Il faut
chauffer quelques minutes ces débris, en évitant que la température ne dépasse le rouge sombre ; on rend ainsi le métal
cassant après son refroidissement, et on peut le briser en
fragments.

On choisit les morceaux les plus purs et on en prend un
poids déterminé que l'on mélange avec de la planure du même
métal, provenant du raclage des gongs récemment fabriqués.
Le mélange est introduit dans un creuset de terre réfractaire
de même forme que les nôtres, et on le chauffe dans un four
carré, assez grand pour contenir deux creusets renfermant
trois ou quatre kilogrammes d'alliage.

Les fours sont alimentés avec une espèce de charbon de
terre dur, à courte flamme, qui offre quelque ressemblance
avec l'anthracite. On dispose le combustible avec soin autour
des creusets, au moyen de grandes pinces en fer, que l'on
introduit par l'orifice circulaire du four. La combustion est
constamment activée à l'aide d'un soufflet formé d'une grande
boîte rectangulaire, horizontale, dans laquelle se meut un
piston qui sert à l'aspiration et au refoulement de l'air au
moyen de clapets en bois d'une grande simplicité. Les produits de la combustion se répandent dans l'atelier et s'échappent au dehors par de vastes ouvertures destinées au renou-
vellement de l'air.

Quand le métal est fondu, un ouvrier soulève le creuset
avec une pince en fer, il en verse le contenu et le présente
immédiatement à un autre ouvrier chargé de peser l'alliage ;
le creuset, à peine vidé, est de nouveau rempli ; la matière

qu'on y introduit est tassée et soumise aussitôt à la fusion. La température des fours est très-élevée, malgré l'intermittence du jeu des soufflets, grossièrement fabriqués ; c'est à la partie supérieure du four que l'on place les débris de gongs soumis à la cuisson. Ces morceaux d'alliages sont ainsi constamment léchés par les flammes qui s'échappent du foyer.

Quand le métal est fondu dans le creuset, il est bon de l'agiter avant de le couler, afin de rendre la masse homogène et d'éviter le phénomène de la liquation, tout en retirant en même temps, avec un crochet de fer, l'oxyde qui s'est accumulé à la surface. Ensuite, on verse le métal dans un moule formé d'un disque de fer soutenu par un bâti de pierre de cinquante centimètres de haut environ qu'on entoure d'un rebord de terre glaise roulée à la main sur une planche de bois, et affectant la forme d'un boudin de deux centimètres de diamètre environ. On frotte d'avance la surface du moule avec de l'huile de pois oléagineux. La plaque métallique, une fois graissée, est saupoudrée de sable fin et recouverte d'un chapeau conique en terre cuite, au centre duquel se trouve un orifice muni d'un entonnoir. Ce chapeau s'appuie sur le rebord d'argile, il empêche le métal qu'on verse par le trou central de se refroidir trop brusquement, et garantit en même temps l'ouvrier contre les gouttelettes de métal qui pourraient être projetées. La plaque de fer formant moule est toujours échauffée par des opérations précédentes, et l'alliage liquide que l'on verse à sa surface ne reprend pas immédiatement l'état solide. Dès que la solidification a lieu, on retire le chapeau de terre et le rebord d'argile ; le métal encore rouge offre l'aspect d'un disque de un centimètre d'épaisseur ; on frotte ses deux surfaces avec un balai de bois pour enlever les impuretés adhérentes, et on procède au premier martelage.

Cette opération s'exécute en plaçant le disque encore rouge, sur un tore en fonte, d'une hauteur de quinze cen-

timètres et d'un diamètre de vingt-cinq à trente. L'appareil
est disposé sur un billot de bois; on frappe sur le disque
au moyen d'un marteau dont la tête est sphérique; ce marteau est emmanché sur un long bambou très-flexible, ce
qui permet d'exécuter avec habileté un violent battage. Pendant qu'un ouvrier fait agir le marteau, un second ouvrier
dirige le disque au moyen de pinces, afin de lui faire recevoir
des chocs réguliers qui lui donnent une courbure uniforme.
(La flèche de courbure ainsi obtenue est d'environ six à sept
centimètres pour une plaque de trente-cinq centimètres de
diamètre). On reconnaît que le résultat voulu a été obtenu en
plaçant horizontalement la pièce martelée sur la plaque de fer
destinée au coulage, et en mesurant à vue d'œil la courbure
produite par le martelage.

La pièce ainsi travaillée est portée dans un second atelier
où se trouve un fourneau à fleur de terre alimenté par du
charbon de bois et présentant une surface de un mètre à un
mètre vingt centimètres de rayon. Le foyer, dans lequel le
charbon est placé en couches horizontales qui ne dépassent
pas sa partie supérieure, est muni d'un soufflet analogue à
celui que nous avons précédemment décrit, et la combustion
est activée par un violent courant d'air. Auprès du fourneau
est disposée une masse cubique de fer, jouant le rôle d'enclume et placée sur un billot de bois. A côté de l'enclume, un
ouvrier assis sur un siége élevé règle la position du métal sur
le foyer, apprécie la température qu'il doit atteindre, et guide
quelques instants après la pièce sur l'enclume pendant le
martelage qui succède à la cuisson. A sa droite est une grande
cuve pleine d'eau froide, disposée comme le foyer à réchauf-
fer, à fleur du sol; à sa gauche, se trouve une cisaille formée
d'une tige d'acier coudée et immobile, et d'une lame tranchante
mobile autour d'un tourillon et munie d'une poignée de bois.
La cisaille, solidement fixée au sol, sert à rogner les bords du
gong après sa fabrication.

Les pièces de métal provenant du premier atelier et ayant
déjà acquis une forme courbe par le premier martelage sont
placées sur le foyer et chauffées jusqu'à la température du
rouge sombre ; l'ouvrier surveille avec soin l'opération et
règle la température en promenant le gong sur le foyer, au
moyen d'un crochet de fer ; il a soin de bien agiter la pièce
et de la retourner fréquemment, pour chauffer également ses
deux surfaces. Quand la pièce a atteint le degré de température voulu, on la transporte sur l'enclume où elle est énergiquement martelée par cinq ouvriers munis de longs marteaux de fer, tandis que le contre-maître la retient au moyen
de pinces en fer, l'avance et la recule à son gré, pour que le
martelage soit bien régulier. Parmi ces cinq ouvriers, trois
seulement frappent successivement en cadence et de toutes
leurs forces ; les coups se suivent avec une admirable précision ; les deux autres frappent aussi à leur tour avec des
marteaux plus gros et plus lourds que ceux de leurs cama-
rades. Cette opération du martelage est réellement d'un grand
intérêt, on ne se lasse pas d'admirer l'habileté, la précision
de ces forgerons, qui frappent à quatre ou cinq une pièce de
petite dimension, qui manient des marteaux très-pesants,
très-volumineux, sans jamais se gêner mutuellement dans
leurs mouvements. (Voir la planche III.)

Quand la pièce est assez refroidie, ce que l'on peut juger
d'après le temps employé à la forger et les sons qu'elle rend
sous l'action des marteaux, on la réchauffe de nouveau, pour
la soumettre une seconde fois au martelage. Après cette deuxième opération, le gong a presque atteint sa dimension finale.
On le superpose alors avec cinq ou six autres, arrivés au
même degré de fabrication, on les chauffe sur le foyer et on
les martelle ensemble sur l'enclume.

Pendant cette opération, les cinq forgerons frappent tous
à la même place, tandis que le contre-maître fait régulièrement mouvoir sous les marteaux les pièces superposées,

et arrive ainsi à leur donner une épaisseur égale et une courbure uniforme. Une fois ce résultat obtenu, on continue toujours le martelage; seulement, tandis que les trois ouvriers
munis de longs marteaux en fer continuent leur travail, les
deux autres substituent à leurs marteaux plus pesants, des
maillets en bois, dont les surfaces frappantes sont plates. Le
battage se prolonge ainsi très-longtemps; nous l'avons, nous-
même, vu durer plus de trois quarts d'heure, pour obtenir
des tam-tams de cinquante centimètres de diamètre. On
sépare ensuite les pièces forgées ensemble et on les travaille
chacune isolément. On en coupe les bords à la cisaille, et on
achève de leur donner la forme voulue en les frappant avec
des marteaux de fer ou de bois. Dans cet état le métal froid
est très cassant et les rognures se brisent très-facilement
quand on essaye de les plier. Quand le gong est ainsi forgé,
on termine les bords, et on le chauffe au rouge sombre, pour
le plonger ensuite, pendant cinq à six secondes, dans la cuve
d'eau (au dire des Chinois, toutes les eaux sont bonnes pour
cette trempe).

Après la trempe, le tam-tam est porté à une extrémité
de l'atelier, où un ouvrier le frotte énergiquement, avec un
tampon d'étoffe, imbibé d'eau salée ; l'eau s'évapore et il
reste sur le métal une légère couche de sel. Dans cet état, le
tam-tam est reporté au feu; on le tourne dans tous les sens,
on le martèle, et, quand la partie centrale est terminée, on
ne chauffe plus que les bords pour leur donner la forme
voulue. Pendant ces dernières opérations de chauffage, pour
que le feu agisse plus également, et pour ne pas perdre inu-
tilement de la chaleur, un ouvrier spécial dirige un grand
couvercle en tôle, emmanché d'un bambou, au-dessus de la
pièce chauffée, et le retire de temps en temps, pour que le
contre-maître puisse surveiller l'opération ou retourner la
pièce.

Après cette nouvelle cuisson, le travail devient encore

beaucoup plus difficile ; la pièce est portée dans un atelier différent. Les dernières opérations consistent en un martelage particulier : les ouvriers forgerons doivent recourber les bords de l'instrument, ce qui exige de leur part une très-grande habileté et une admirable précision, car le moindre choc donné à faux pourrait déterminer une fente dans la plaque métallique. La pièce est enfin chauffée une dernière fois au rouge sombre et jetée dans l'eau froide, où elle séjourne pendant deux à trois minutes ; on la retire et on la frotte vivement avec un maillet de bois, dont on s'est servi pendant le martelage, pour enlever l'oxyde et les matières étrangères qui se trouvent à sa surface.

La pièce passe de là dans un troisième atelier ; un ouvrier la place par terre, et, muni de deux marteaux courts, frappe avec l'un d'eux, tandis que l'autre sert d'enclume. Cette opération a pour but de terminer complétement les bords, qui doivent être relevés. Un autre ouvrier s'empare de la pièce et la porte sur une enclume carrée d'environ vingt centimètres de côté, il la frappe avec un marteau court, pesant environ cinq cent grammes, et dont les deux têtes sont rondes. Les coups portés doivent être dirigés suivant des circonférences concentriques, en commençant par frapper autour du centre ; en dernier lieu, les coups sont quelquefois dirigés suivant les rayons. Les tam-tams terminés laissent, en effet, généralement voir les traces des coups de marteau qui ont servi à la dernière opération. Pendant ce travail, l'ouvrier frappe très-vigoureusement, mais ses coups sont pour ainsi dire retenus ; il doit être très-habile, et sa main doit posséder une certaine élasticité, afin que le marteau rebondisse, et que le choc soit de peu de durée. Cette opération très-délicate n'est pas toujours menée à bonne fin, il arrive quelquefois que la fabrication échoue pendant cette dernière phase, et que le gong soit brisé ; aussitôt que la pièce martelée est fendue, l'ouvrier s'en aperçoit par les sons qu'elle rend, et il la met au rebut.

La dernière opération consiste dans le nettoyage et le grattage des pièces ; elle s'exécute dans un quatrième atelier spécial : les tam-tams sont grattés avec des outils d'acier, que font agir des ouvriers assis par terre ; les instruments sont toujours grattés du centre à la circonférence. Suivant leur destination on les travaille sur toute la surface, ou sur une zone plus ou moins étendue.

Avant de livrer les tam-tams on commence par les faire résonner, et l'on vérifie leur qualité, l'épaisseur et l'uniformité du métal, par la nature et l'intensité du son.

Des analyses anciennes, pratiquées sur des gongs venus de Chine, n'avaient révélé que la présence du cuivre et de l'étain, dans la proportion de quatre-vingts parties du premier métal pour vingt du second. Nous avons récemment analysé avec le plus grand soin divers échantillons que nous avons rapportés ; nous avons obtenu les résultats suivants :

Cuivre.	82,00
Étain	17,00
Fer.	1,00
Nickel.	traces.
	100,00

La présence de nickel ne peut être constatée que si l'on opère sur plusieurs grammes de l'alliage.

Dans la fabrique dont nous venons de parler, les ouvriers, à l'époque où nous avons pu les voir à l'œuvre, ne travaillaient que pendant la nuit, à cause de la haute température des journées. Ils étaient payés à forfait et étaient tenus d'exécuter dans la nuit un nombre déterminé d'instruments. Les travaux étaient interrompus généralement à 7 heures du matin. Le contre-maître, chargé de la direction de toute la fabrique, était payé une piastre par jour (5 francs 50 environ). Les autres ouvriers recevaient une demi-piastre. Ils étaient

tous à peu près nus, car pendant l'été les nuits sont extrêmement chaudes en Chine.

On trouve dans le nord de la Chine, spécialement à
Pékin, des gongs beaucoup plus grands que ceux que nous
avons pu rencontrer ordinairement chez les marchands. Ces
gongs rendent des sons admirables ; ils ont quelquefois un
mètre et plus de diamètre ; ils sont, dit-on, confectionnés en
Cochinchine.

La fabrication des gongs, qui nécessite la réunion d'un
grand nombre d'ouvriers, astreints à un travail pénible et
régulier, ne s'exécute pas pendant les mois les plus chauds
de l'été. Les fabriques les plus célèbres se trouvent à Sou-
tcheou, ville remarquable par les nombreuses industries qui
s'y exercent.

Dans la fabrication pénible et minutieuse des gongs, nous
avons pu admirer l'habileté, la sûreté de main, la vigueur
des ouvriers chinois qui, au premier abord, semblent non-
chalants et apathiques ; leur activité et leur énergie sont
démontrées par le fait de ces longues opérations, que des
ouvriers européens ne sauraient peut-être pas mener à si
bonne fin dans le même intervalle de temps.

Les tam-tams sont d'un usage très-répandu en Chine ;
on les emploie dans les mariages, les enterrements, les fêtes
publiques ou religieuses, en un mot, dans toutes les cérémonies, ainsi que dans les visites des mandarins d'un grade
élevé.)   P. C.

D'après les textes chinois, les tam-tams ne rendent pas
tous le même son, et les Chinois distinguent ces instruments
suivant l'intensité des sons obtenus. Ils les divisent en deux
classes :

Sons mâles ;

Sons femelles.

Les gongs qui ont été martelés à plusieurs reprises sont
généralement doués du son mâle.

Page 74.

鑄佛佛像圖

A. Soufflerie

A

B. Petit Cubilot portatif

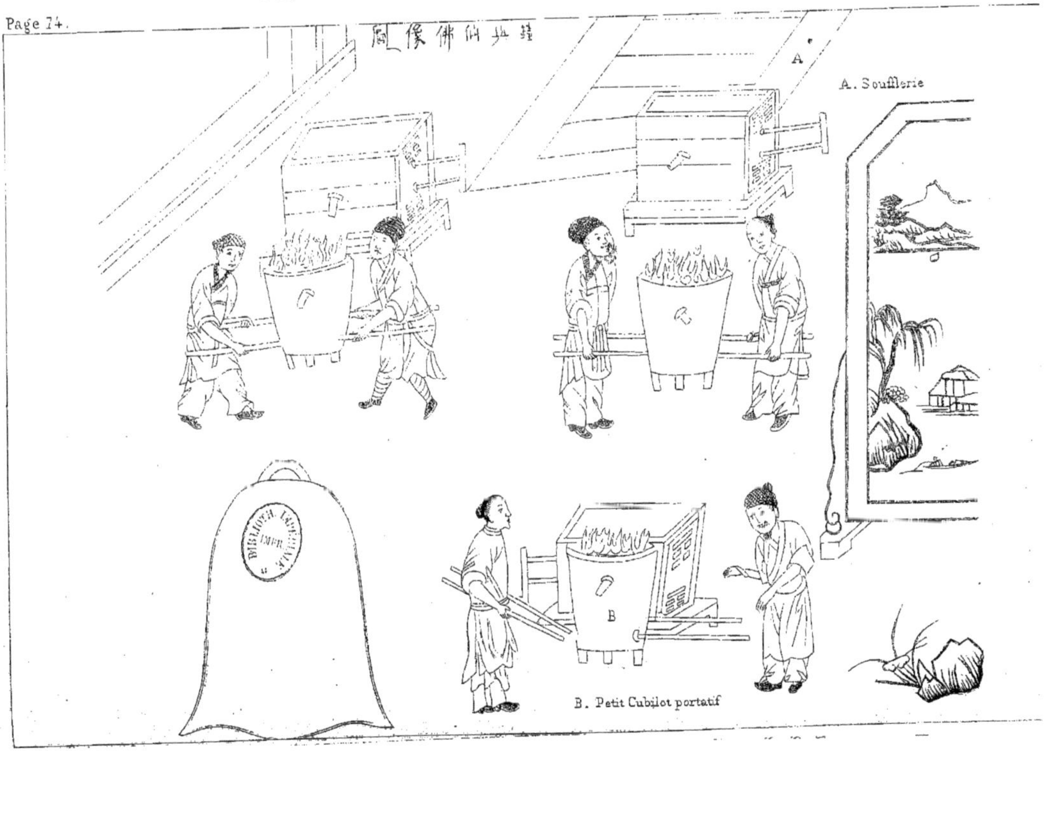

ALLIAGES DIVERS.

[Il existe en Chine un grand nombre d'alliages dont la composition varie suivant les usages auxquels on les destine. Tantôt ils sont formés de cuivre et d'étain, et, dans ce cas, on les forge quand ils sont encore à une température élevée, tantôt le cuivre et le zinc en sont les éléments constituants, et tantôt, enfin, ils sont le résultat de l'union de certains métaux avec l'arsenic ; dans ce dernier cas, ils prennent le nom de Pe-thong, ou cuivre blanc. Cet alliage Pe-thong est sonore, mais il est très-difficile à travailler, et les pipes, ou les objets divers qu'il sert à produire, sont d'un prix relativement très-élevé.]　　　　　　　　　　P. C.

CLOCHES.

Les cloches se fabriquent, soit avec du cuivre, soit avec de la fonte ; quant à celles qui sont réservées au Palais Impérial, elles offrent la composition suivante, d'après le texte chinois :

Cuivre.	47,000 livres.
Étain.	4,000 »
Or.	50 onces.
Argent.	120 »

(Pendant notre séjour à Han-keou, nous avons pu examiner de près une fonderie de cloches et de quelques autres pièces en fonte ; nous allons décrire rapidement les principales opérations de cette fabrication. Dans la fonte d'une grande cloche de deux mètres de hauteur environ, le moule était formé d'argile battue, saupoudréé intérieurement de charbon de bois et séchée au soleil. Ce moule était divisé en trois parties cylindriques, contenant à l'intérieur un autre moule destiné à former la partie interne de la cloche. On plaçait ces fragments de moules successivement les uns sur les autres, à mesure que le précédent était rempli ; la fonte était coulée par portions de quinze à vingt kilogrammes.

Ce procédé si grossier donnait cependant un bon résultat, la pièce possédait un beau son, et sa surface avait exactement pris l'empreinte des dessins creusés en négatif dans le moule.

La fonte était obtenue dans des espèces de petits cubilots à bec, en terre réfractaire, fixés sur un trépied et mis en communication avec la tuyère d'un soufflet à main que deux ouvriers pouvaient faire agir. Le soufflet est composé d'une caisse rectangulaire en bois dans laquelle se meut un piston de même forme ; des clapets disposés dans la boîte rectangulaire permettent à l'air de s'y introduire quand le piston se soulève ; quand il s'abaisse, l'air refoulé s'échappe par la tuyère. (Voir la planche IV.)

Les cubilots, évasés à leur partie supérieure, sont chargés de débris de fonte et de morceaux de charbon de terre ; on active la combustion par un courant d'air continu, et la fonte ruisselle bientôt à la partie inférieure de l'appareil. Quand les contre-maîtres pensent que la quantité de métal fondu est suffisante, ils font basculer le cubilot sur ses deux pieds de devant, et la fonte s'écoule par le bec, dans une poche en fer doublée de terre réfractaire qu'un ouvrier se hâte de vider, à l'aide d'un manche en bois, dans le moule où s'opère la coulée de la cloche. La poche vidée est remplie de nouveau et ainsi de suite jusqu'à la fin de l'opération. Quand nous avons assisté à cette fabrication à Han-keou, on employait trois cubilots qui fonctionnaient ensemble ; il ne fallut pas moins d'une nuit entière pour couler la cloche.

Nous avons vu fondre en même temps des bassines qui ne le cédaient en rien à celles que nous confectionnons en Europe. Les Chinois emploient presque exclusivement des vases de fonte, pour les usages domestiques, et ils ne fabriquent que très-rarement des objets en fer.)   P. C.

MONNAIES.

L'alliage des monnaies se compose de six à sept parties de cuivre rouge, et de trois à quatre parties de zinc (nommé en Chine *plomb japonais*). Les monnaies, une fois fabriquées, ne renferment pas une aussi grande proportion de zinc, car ce métal, très-volatil, s'échappe en partie sous forme d'oxyde, quand on le met en contact avec le cuivre fondu. Quelques faux monnayeurs fabriquent des monnaies qui renferment jusqu'à cinquante pour cent de zinc; mais, dans ce cas, les pièces ne sont pas sonores, et quand on les jette à plat sur un corps dur, elles ne produisent qu'un son mat et sourd. Quand au contraire elles sont d'un titre élevé, quand, par exemple, elles renferment neuf parties de cuivre pour une de zinc, elles rendent un son métallique et argentin, qui est caractéristique.

Les monnaies dont on faisait usage à l'époque où furent publiés les documents chinois où nous puisons ces faits, furent fondues entre 1624 et 1629. Elles contenaient du plomb, du cuivre, de l'étain et du zinc. Pour les couler, on employait des moules saupoudrés de porcelaine pulvérisée, qui empêche l'adhérence du métal quand la pièce est refroidie. (Notre planche se rapporte à l'extraction du zinc ou plomb japonais.)   —

BRONZE CHINOIS.

Le bronze chinois proprement dit s'obtient par la fusion d'une livre de cuivre, d'un trentième d'once d'étain, et d'un soixantième de plomb.

Voici encore trois autres compositions de bronzes, très-usitées :

1° Cuivre	. . . .	1 livre.
Plomb	. . . .	1/50 d'once.
Étain.	. . . .	1/20 d'once.
2° Cuivre	. . . .	1 livre.
Plomb.	. . . .	1/50 d'once.
Étain.	. . . .	1/10 d'once.
3° Cuivre	. . . . : .	100 parties.
Étain.	. . . .	30 parties.
Or.	. . . .	2/50 d'once.

Ce dernier alliage est employé pour fabriquer des vases, et quand la pièce est terminée, on lui donne une belle nuance en la plongeant dans un liquide formé de vinaigre, de vert-de-gris et d'eau.

Le bronze ordinaire est souvent coloré en nuances variées par le même procédé ; souvent aussi on l'expose à la vapeur du soufre fondu, mais dans ce cas les couleurs obtenues sont de qualité inférieure.

La plupart des vases communs qui servent aux usages domestiques sont formés de plomb et d'étain, dans la proportion de une livre du premier métal, pour dix onces du second. Cet alliage est encore employé pour faire des anses aux vases de fer et de cuivre, ou pour boucher les fentes des marmites ou des chaudières en fer.

Il est à remarquer que les Chinois font entrer le plomb dans la composition d'un grand nombre d'alliages. Nous devons, en terminant, rendre justice à leurs anciens bronzes, souvent très-élégants de formes et couverts de ciselures remarquables par leur fini.

Les amateurs connaissent tous ces magnifiques bronzes *niellés*, dont il n'existe plus, même en Chine, que de rares échantillons.

DORURE DES MÉTAUX.

[Nous indiquons ici sous toutes réserves des procédés mentionnés par les textes chinois pour la dorure des métaux ; quelques-unes des méthodes employées sont presque identiques à celles dont nous faisons usage ; quelques autres, au contraire, nécessitent des produits qui ne sont pas usités en Europe. Quoi qu'il en soit, nous avons banni de ce chapitre des recettes qui sont vagues et confuses et laisseraient trop de doute dans l'esprit des lecteurs.]   P. C.

Dorure du fer. — Pour dorer le fer, on mélange d'abord le suc du *Physalis Alkekengi* (coqueret) avec de l'ail et de la graisse ; on additionne le tout d'une certaine quantité d'eau, et on soumet le mélange à l'ébullition. Le fer qui doit être doré est plongé dans le bain en ébullition ; quand, après un temps d'une durée variable, le métal est bien décapé, on le sèche, et on colle à sa surface des feuilles d'or superposées, au nombre de trois à cinq. L'objet en fer ainsi préparé est chauffé, et, après refroidissement, il ne reste plus qu'à le brunir avec une pierre dure.

Dorure du cuivre. — On laisse séjourner les objets en cuivre pendant quelques jours dans le suc acide de poireaux ; on les plonge ensuite dans une solution bouillante de salpêtre additionné de suc de poires acides [1], et on les chauffe

1. (On ne doit pas s'étonner de voir les Chinois employer des fruits

enfin sur un feu de poussier de charbon de terre. Quand le métal est encore chaud, on le frotte avec du mercure, et on applique des feuilles d'or sur la surface amalgamée. On volatilise le mercure par la chaleur, et l'or seul reste adhérent en présentant son aspect ordinaire ; on achève de donner à la pièce dorée un beau poli à l'aide d'un brunissoir en agate.

Argenture et dorure d'objets divers. — Les textes chinois mentionnent l'usage des feuilles d'or, d'argent, de laiton, pour donner du prix à certains objets, ou pour embellir les feuilles de papier destinées à la fabrication des éventails et des paravents ; les auteurs s'étendent aussi sur la préparation de l'or et de l'argent en coquilles pour dorer la porcelaine. Ils parlent enfin de beaux effets obtenus par la sulfuration de l'argent ; des feuilles minces de ce métal, exposées à la fumée de la résine et du soufre en combustion, se recouvrent quelquefois de nuances irisées du plus bel aspect, et se colorent plus ou moins selon la durée de l'opération.

Les feuilles d'or et d'argent s'obtiennent par le battage. On distingue plusieurs qualités de feuilles d'or : celles qui sont douées d'une couleur jaune rougeâtre sont les plus estimées ; les feuilles jaunes ne viennent qu'en second rang, et les feuilles dont la nuance tire légèrement sur le vert sont considérées comme tout à fait inférieures. Les premières sont employées pour dorer au feu les lames d'épées et de sabres ; les secondes servent à dorer les vases métalliques ; elles sont encore de quelque usage pour les besoins de la médecine ; les dernières, enfin, sont plus spécialement destinées à enrichir les statuettes de Bouddha et des autres Dieux. Leur titre est moins élevé que celui des autres, et elles renferment quelquefois dix pour cent d'argent.

acides pour décaper les métaux. Les habitants du Céleste Empire ne savent guère produire que l'acide acétique, et les acides sulfurique, chlorhydrique, azotique, etc., qui jouent un si grand rôle dans notre industrie, leur sont inconnus.)

P. C.

Quand les objets dorés sont ternis, on peut leur rendre leur éclat primitif, en les chauffant après les avoir humectés d'un solution d'alun, et en les soumettant au brunissage.

COULEURS VÉGÉTALES ET MATIÈRES TINCTORIALES

(Parmi les arts qui ont atteint, en Chine, le plus haut degré de perfectionnement, il faut citer en première ligne l'art de la teinture ; depuis des siècles, les belles étoffes chinoises, si richement colorées, ont à juste titre excité l'admiration des Européens. Nous décrirons donc avec quelques détails cette branche importante de l'industrie, en suivant l'ordre indiqué dans le texte chinois, auquel nous empruntons de nombreux documents.)

Couleur rouge (Hong-hoa). *Carthamus tinctorius, Carthame.* — C'est sous la dynastie des Han (115 ans avant Jésus-Christ) que le carthame fut importé en Chine par le général Tchang-kien, qui en avait recueilli des graines dans les pays occidentaux qu'il avait visités avec une mission de l'empereur régnant. Le carthame se rencontre actuellement dans presque toutes les provinces de la Chine.

Les graines de carthame sont semées dans les premiers jours du second mois de l'année ; si on les semait avant cette époque, la tige, après avoir atteint à peine la hauteur d'un pied, périrait sous l'influence d'une quantité d'insectes analogues aux fourmis, qui, à certains mois de l'année, font invasion dans le sol et dévorent toutes les radicelles des plantes. Quand la plantation des graines de carthame est faite dans des terres grasses, il faut protéger avec soin les arbustes de l'agitation de l'air ; on sépare chaque rangée par des lignes de pieux reliés entre eux par des toiles contre lesquelles viennent se briser les efforts du vent. Cette précaution devient inutile dans les terres maigres, quand les tiges de carthame ne s'élèvent pas au delà d'une hauteur de un pied à un pied et demi.

Le carthame fleurit au milieu de l'été, et la fleur prend naissance au-dessus d'un bouton sphérique, hérissé d'épines; on la cueille au lever du jour, avant que le soleil n'ait évaporé, sous l'ardeur de ses rayons, la rosée qui couvre les corolles. Il faut se hâter de faire la cueillette, car en quelques jours la graine mûrit et la fleur se détruit; les fleurs se forment environ pendant un mois, et il faut avoir soin de les cueillir à mesure qu'elles apparaissent.

Les fleurs de carthame destinées aux besoins de la pharmacie sont conservées sans subir aucune préparation, mais il n'en est pas de même de celles que l'on destine à la teinture. Aussitôt qu'elles ont été cueillies, encore toutes humides de rosée, on les entasse dans un sac de toile, on les lave à l'eau froide, et on en extrait le suc en les comprimant par la torsion des sacs qui les renferment. Une fois débarrassées de la majeure partie de leur suc, les fleurs de carthame, retirées du sac de toile, sont mélangées avec de l'eau de riz aigri, et comprimées de nouveau; on les abandonne au repos pendant une nuit après les avoir placées sous une couche d'armoise verte. Il ne reste plus qu'à les pétrir pour en façonner des pains qui sont mis à sécher à l'ombre. Les pains de première qualité ont à peu près la largeur d'une pièce de monnaie; ceux que l'on fabrique dans les provinces de l'Ouest sont cylindriques, et leur diamètre est de trois à quatre pouces.

Les teinturiers emploient ces pains de carthame après les avoir mis en digestion dans l'eau pendant quelques jours et les avoir comprimés à plusieurs reprises dans le but d'en éliminer complétement le suc jaunâtre qu'ils renferment encore. Cette matière colorante jaune est utilisée dans la teinture de la soie, et elle sert comme base de certaines couleurs rouges; elle peut ainsi remplacer la décoction jaune du Lou-mo ou *Diervilla versicolor*, qui est employée au même usage.

Après cinq ou six jours de macération, les pains de carthame sont trempés dans une lessive de cendres de riz, et ils cèdent, par la torsion qu'on leur fait subir dans une toile, la matière colorante rouge qu'ils renferment. On obtient un bain rouge, qui, additionné de vinaigre de riz, peut directement servir à teindre des étoffes. Quand on veut préparer des bains riches en matière colorante rouge, on introduit les pains de carthame dans un sac de toile, qui est énergiquement pressé après avoir été mis en digestion dans une lessive alcaline de cendres de riz.

Le rouge de carthame prend une nuance plus foncée quand on l'additionne d'un certain vinaigre préparé avec des prunes; quand il est préparé dans le dernier mois de l'année, il passe pour avoir une qualité toute spéciale.

Cette matière rouge n'est pas uniquement destinée aux besoins de la teinture, elle entre dans la préparation du fard dont les dames chinoises font un fréquent usage.

Les auteurs chinois assignent à l'invention du fard une origine très-ancienne et ils le font remonter jusqu'à la dynastie des Tcheou, c'est-à-dire 1116 ans avant l'ère chrétienne; on le préparait alors avec le suc épaissi de carthame, mélangé de graisse ou de céruse. On emploie aujourd'hui à cet usage le marc de carthame, résidu de la préparation du principe colorant; il suffit de le réduire en poudre fine, et il donne un fard de bonne qualité. Les dames l'achètent dans des petits pots de porcelaine et elles en recouvrent leurs lèvres et leur visage, particulièrement sur les pommettes, a l'aide de pinceaux très-fins.

Le carthame est encore employé en Chine dans la confection du papier destiné aux cartes de visite; ce papier est d'abord trempé dans une solution d'alun et on l'introduit ensuite dans un bain de teinture de carthame qui lui communique une belle couleur rouge.

Le rouge de carthame n'est pas très-fixe; d'après les textes chinois, il disparaît au contact d'une dissolution alcaline concentrée, il serait encore altéré sous l'influence des émanations odorantes du musc.

MATIÈRE TINCTORIALE ROUGE

Extraite du Lithospermum erythroxylon.

Cette plante croît indifféremment au sommet des montagnes et au fond des vallées; on la cultive aussi dans les jardins particuliers. Sa tige est rouge et ses nœuds sont verts; ses fleurs, qui naissent dans le deuxième mois de la plantation, sont violettes et blanches; ses graines, de couleur blanche, semées dans le courant du troisième mois de l'année, mûrissent en automne. A cette époque, on coupe la plante, on la laisse sécher et on en détache les graines à coups de baguette : les racines arrachées du sol sont mises à sécher à l'ombre. Cette racine offre un aspect assez singulier; sa partie supérieure est couverte de poils blancs, et sa couleur, vive et brillante avant la floraison de l'arbre, devient terne et sombre à la chute des feuilles.

Le sol qui est le plus propre à la culture du *Lithospermum* est celui qui a servi à celle du millet, lorsqu'il vient d'être nouvellement défriché; il doit être élevé ou en pente, afin que les eaux pluviales glissent à sa surface sans y séjourner : on le laboure au printemps et à l'automne. Quand les semailles sont faites, il faut avoir soin de bêcher la terre et d'arracher toutes les mauvaises herbes nuisibles à cette culture; il faut aussi éviter le voisinage de matières organiques qui, par leur décomposition, produisent des gaz qui pourraient jaunir ou altérer la matière colorante. Grâce à ces précautions minutieuses, le *Lithospermum* prospère et se développe rapidement. Cet arbuste croît spontanément sur les montagnes et dans les vallées de Tchang-chan (Kiang-nan), et dans la province de Ho-nan.

Pour utiliser la matière colorante que renferme cette plante, on en fait bouillir les racines dans l'eau et on trempe les pièces de soie dans la décoction ainsi obtenue. L'étoffe est ensuite plongée dans une lessive faite avec les cendres des feuilles de l'arbre Ling (*Eurya japonica*).

Les racines du *Lithospermum,* après avoir été arrachées, sont réunies en faisceaux et disposées en lignes sur un terrain sec; on les charge de pierres et on les laisse sécher légèrement sous l'action des rayons solaires. Quand ce résultat est obtenu, on les place dans un endroit frais, généralement sur le toit d'un hangar, et on les enferme ensuite dans des chambres bien closes, dont toutes les ouvertures sont bouchées avec de l'argile. Ces racines se conservent très-longtemps dans ces conditions, et leur matière colorante n'est nullement altérée. Il n'en serait pas de même si on les abandonnait pendant longtemps à l'action de l'air et à l'ardeur du soleil; elles deviendraient trop sèches et cassantes et seraient impropres à la teinture.

BOIS DE SANTAL.

Le bois de santal vient des provinces de Kouang-si, de Hou-kouang et de la Cochinchine; on le trouve aussi au Cambodge, à Java, à Bornéo, dans le royaume de Siam et dans la presqu'île de Malacca.

On en distingue plusieurs variétés, désignées, suivant la couleur de l'écorce, sous le nom de santal jaune, blanc et rouge; les feuilles de cet arbre sont semblables à celles du Li-tchi (*Dimocarpus Litchi*), son bois est dur et odoriférant. Le santal blanc est le plus estimé, mais celui qui est spécialement destiné à la teinture est rouge.

Le bois, coupé en menus fragments, en copeaux minces, ou réduit en sciure, est mis à macérer dans de l'eau, et on obtient ainsi un bain de teinture qui donne à la soie une belle couleur rouge.

BOIS DE SAPAN.

Ce bois, réduit en minces copeaux, abandonne à l'eau bouillante une matière colorante rouge qui se distingue très-nettement du rouge de santal. D'après un auteur chinois, le sapan ne pousse pas en Chine; il croît seulement dans le royaume de Siam et en Cochinchine.

La décoction aqueuse ne doit pas être préparée dans des vases en fer, dont l'action modifierait la matière colorante rouge et la transformerait en une substance brunâtre. L'eau colorée par le bois de sapan est quelquefois additionnée de sulfate de fer ou de couperose verte; on plonge les étoffes dans ce bain et on les lave ensuite dans une lessive de cendres de l'*Eurya japonica*, dont nous avons déjà mentionné l'emploi.

La teinture de sapan, mêlée à une solution de sulfate de cuivre, donne une couleur violette d'une nuance remarquable.

GARANCE (RUBIA TINCTORIA).

(Thien-thsao.)

La garance se trouve en Chine, dans les vallées et sur les montagnes; elle se rencontre aussi dans les jardins particuliers, où elle est cultivée avec soin; elle commence à pousser vers le douzième mois et sa tige rampante atteint une longueur de quelques pieds: cette tige, creuse, fibreuse, est régulièrement divisée par des nœuds, situés les uns des autres à cinq ou six pouces de distance. De ces nœuds naissent des feuilles rugueuses, dont la partie supérieure, d'un beau vert tendre, fait contraste avec la partie inférieure, beaucoup plus foncée.

La garance, qui fleurit dans le septième ou le huitième mois, donne des fruits de la grosseur de ceux que fournit le poivrier; ils renferment des graines d'une petite dimension. C'est la racine rouge de la garance qui est employée comme matière colorante, mais on lui substitue souvent le bois de sapan.

HOANG-PE (PTEROCARPUS FLAVUS).

Cet arbre atteint une grande hauteur, et ses feuilles, qui ont beaucoup d'analogie avec celles du *Cornus sanguinea*, supportent les rigueurs de l'hiver sans jaunir. L'écorce du Hoang-pe est extérieurement blanchâtre, mais à l'intérieur elle est d'un jaune vif et elle abandonne à l'eau bouillante une matière colorante très-estimée. Elle possède en outre quelques propriétés médicinales.

GOMME-GUTTE. TENG-HOANG.

L'arbre qui produit la gomme-gutte croît sur les pentes escarpées des montagnes de la province du Hou-kouang. La fleur qu'il produit se détache de la tige et on la ramasse sur les rochers; elle est douée d'une couleur jaune du plus bel aspect, et les peintres en font un fréquent usage.

Pour obtenir la gomme-gutte, on pratique sur le tronc du Teng-hoang des incisions profondes au moyen d'un couteau; il s'en écoule bientôt une matière visqueuse qui n'est recueillie qu'une année après cette opération. La gomme-gutte ainsi obtenue est purifiée par fusion, les impuretés se rassemblent à la surface du liquide, et on les retire à l'aide d'une cuiller.

L'auteur chinois n'affirme pas que le Teng-hoang fournisse à la fois des fleurs jaunes colorantes et de la gomme-gutte; il ajoute qu'il se pourrait qu'on ait confondu en une seule espèce deux variétés distinctes.

SIAO-PE (BERBERIS THUMBERGII),

Ou Épine-vinette de Thumberg (d'après le docteur Hoffmann).

Cet arbuste croît entre les interstices des rochers qui couvrent la pente de certaines montagnes; ses fruits, rouges comme ceux du *Lycium chinense,* se terminent par une double pointe; son écorce, jaune à l'intérieur, est extérieurement blanche comme celle du *Pterocarpus flavus,* à laquelle elle est souvent substituée dans le commerce. Le bois du Siao-pe est employé par les menuisiers et les tourneurs.

(Il n'est pas très-certain que la désignation botanique que nous venons de donner au Siao-pe soit exacte, car le texte chinois semble décrire plusieurs espèces distinctes sous un même nom.)

HANG-LOU (DERVILLA VERSICOLOR).

On trouve cet arbre dans les vallées et sur les montagnes; ses feuilles, d'un vert pâle, ont un pédoncule rouge. Ses fleurs s'épanouissent dans le quatrième ou le cinquième mois,

elles sont très-petites, blanches, et fournissent des graines
d'une faible grosseur. Ses feuilles deviennent rouges à l'automne.

Le bois du Hang-lou, traité par l'eau bouillante, fournit
un extrait jaune employé en teinture, et il paraîtrait même,
d'après un auteur chinois, que cette couleur est employée
pour teindre le manteau impérial. (La couleur jaune est spécialement réservée à l'empereur pour ses habits de cour.)

KIANG-HOANG (CURCUMA).

Le curcuma croît abondamment dans les provinces du
Tche-kiang, du Kouang-tong et du Sse-tchuen. Ses feuilles
allongées sont pourvues de nervures qui les divisent comme
celles du bananier; elles tombent les unes après les autres
vers le milieu de l'automne. Sa racine rabougrie est jaune et
ressemble à celle du gingembre vert; elle est ronde et couverte de nœuds. On l'arrache vers le huitième mois et on la
coupe en tranches minces qui sont séchées au contact de l'air.
Quand on les fait macérer dans l'eau bouillante, elles abandonnent au liquide une matière colorante jaune, très-estimée
en teinture.

YO-KIN (CURCUMA LONGA).

Cette plante se rencontre dans le Kouang-nan (province
du Yun-nan), et dans le Kiang-si. Elle commence à pousser
vers le quatrième mois; sa tige naissante ressemble à celle du
curcuma, ses fleurs sont blanches à fond rouge, les graines
qu'elles produisent sont analogues à des petits pois, mais elles
ne sont pas comestibles. Sa racine, grosse comme le petit

doigt, est longue d'un pouce environ et paraît striée de lignes transversales.

Le Yo-kin se trouve aussi dans le royaume de Siam, et la matière colorante extraite des arbres qui croissent dans ce pays est spécialement réservée à rehausser la couleur des vêtements destinés à l'empereur; cette matière colorante est employée avec l'addition d'un acide, et les étoffes teintes sont séchées à l'ombre; les rayons solaires pourraient en altérer la nuance et l'éclat.

TI-HOANG (LITTÉRALEMENT JAUNE DE TERRE).

(Rhemnesia sinensis.)

Cette plante est très-répandue en Chine, mais l'espèce la plus estimée provient de la province du Ho-nan. Elle commence à pousser dans le second mois de l'année; sa tige est hérissée de petits poils blancs, et ses feuilles d'un vert foncé s'étendent jusqu'au sol, comme celles du *Brassia parva*, dont elles se distinguent cependant par leur épaisseur. Ces feuilles du Ti-hoang atteignent une longueur qui varie entre quatre pouces et un pied; elles sont comestibles et les Chinois en font une salade très-digestive. Les fleurs, dans leur développement complet, ressemblent à celles du *Sesamum orientale*; elles n'en diffèrent que par des points rouges et violacés dont elles sont tachetées. Les graines ont quelque analogie avec celles du froment. La racine est jaune comme la variété de carotte qui est douée de cette couleur (*Daucus carota*); elle est d'une longueur très-variable.

Le Ti-hoang se sème par racines, dans un terrain meuble et sablonneux. Le sol doit être labouré dans le douzième mois, et, pendant le premier mois de l'année suivante, on y fait passer la herse à plusieurs reprises. Il faut éviter que les eaux pluviales n'y séjournent, et on y pratique à cet effet des canaux d'une largeur de deux pieds, entre lesquels on dispose des planches assez larges et surélevées (culture dite en billons). Malgré ces précautions, quand la saison est pluvieuse, les plantes pourraient être exposées à l'humidité au moment de leur premier développement : on évite cet inconvénient en creusant de nouvelles rigoles de trois à quatre pouces de profondeur, dans le milieu des lignes de plantation.

Quand la semaille est faite, on couvre le sol d'herbes pourries qui y séjournent tout l'hiver; au moment où les premiers rejetons paraissent, on brûle toutes les herbes et les rejetons sont consumés; cette opération a pour but de faire pousser de nouvelles feuilles et de donner plus de vigueur aux racines. Dans le temps qui s'écoule entre l'époque de la plantation et le printemps, on procède au sarclage à trois ou quatre reprises différentes et on arrache enfin les plantes au bout d'une année. Il n'est pas rare de voir de nouveaux rejetons prendre naissance après l'arrachage, et dans ce cas, on les enlève vers le huitième mois, au moment de leur complet développement. Les racines du Ti-hoang, qui renferment la matière colorante, doivent être séchées au soleil ou au feu, suivant les terrains où elles se sont formées.

HOAÏ-HOA.

(Fleurs du Sophora japonica.)

Cet arbre ne donne, dit-on, des fleurs et des fruits qu'après dix années de développement. On récolte les boutons au moment où les fleurs vont paraître, et on les soumet à une ébullition dans l'eau. Ils se désagrégent sous l'action de la chaleur et ils forment une pâte qui, pétrie entre les mains, est livrée aux teinturiers sous forme de pains. Les fleurs arrivées à leur développement complet peuvent encore être employées, quand on les mélange avec la chaux ; dans tous les cas, la nuance obtenue est d'un beau jaune.

Un second auteur mentionne un traitement d'un autre ordre, pour extraire la matière colorante destinée à la teinture ; il dit que les fleurs du Hoaï-hoa doivent être grillées jusqu'à ce qu'elles aient pris une nuance plus foncée, et que c'est seulement alors qu'elles sont mises en digestion dans l'eau bouillante. Quand la liqueur obtenue est suffisamment épaissie par l'ébullition, on la jette sur un filtre de soie ; le liquide filtré, additionné d'alun et d'écailles d'huîtres pulvérisées, forme une masse pâteuse qui est façonnée en pains et séchée à l'ombre.

DERVILLA VERSICOLOR, SOPHORA JAPONICA.

(Écorce de châtaignier.)

La décoction aqueuse du *Dervilla versicolor*, à laquelle on ajoute une lessive de cendres de paille de riz, fournit une belle couleur jaune doré.

L'extrait des fleurs du *Sophora japonica* donne une nuance jaune qui produit avec l'indigo le *vert mandarin*.

L'écorce de châtaignier, enfin, fournit une décoction qui, mêlée de sulfate de fer, produit un beau noir.

LAN OU INDIGO.

(Indigofera tinctoria.)

Les Chinois distinguent cinq espèces de plantes qui produisent l'indigo. Les unes se reproduisent par les racines, et les autres au moyen des graines. La plus importante de toutes ces espèces est le Tcha-lan

On procède à sa récolte pendant l'hiver, en en coupant la tige ; on enlève les feuilles et on les jette dans un bassin en pierres cimentées, qu'on remplit d'eau de chaux. Sous l'influence de la chaux, les feuilles développent une matière bleue qui constitue l'indigo. On arrache ensuite les racines, on les fait sécher et on les enterre pour les conserver jusqu'au moment où elles doivent être plantées. Vers le printemps, on brûle toutes les herbes parasites qui ont envahi le sol destiné à la culture de l'indigo, puis, avec un instrument en fer dont l'extrémité est courbée en forme d'alêne, on pratique dans le sol des trous obliques et on y enfonce les racines. La plante ne tarde pas à pousser et à donner des feuilles.

Les autres espèces d'indigo se récoltent à l'état de graines que l'on sème dans les champs ou dans les jardins. La plante commence à croître vers le milieu du printemps, les tiges sont coupées vers le septième mois de l'année et sont conservées pour en extraire la matière colorante bleue.

(Un second auteur chinois donne quelques détails sur la culture et la fabrication de l'indigo, et nous croyons devoir reproduire ces documents assez intéressants.) Cette culture, dit-il, exige une terre de bonne qualité, qui doit être labourée trois fois. On fait tremper les graines dans l'eau jusqu'à ce qu'elles commencent à germer, et on les sème. Quand les tiges ont trois feuilles, on les arrose le matin, au lever du jour, et le soir à la tombée de la nuit. Dans le cinquième mois on profite de l'humidité du sol (les pluies sont fréquentes à cette époque) pour labourer la terre et arracher les jeunes plantes que l'on repique. Cette opération doit se faire très-rapidement, car il ne faut pas que la terre ait le temps de sécher. On plante trois tiges ensemble et on dispose ainsi des pieds régulièrement séparés par une distance de huit pouces. Dans le septième mois, on creuse en terre un fossé assez grand pour contenir cent bottes de tiges, et on le garnit intérieurement dans toute son étendue d'une couche d'argile et de paille hachée, épaisse de cinq pouces. On y jette de l'eau et on y introduit ensuite les plantes qui doivent fournir la matière bleue et on les maintient en contact avec le liquide pendant une, deux ou trois nuits, suivant la température de l'air. Passé ce temps, les tiges sont retirées du fossé et le liquide qui s'y trouve est additionné de chaux; on agite et on bat énergiquement le mélange; la matière bleue se dépose bientôt; on la recueille pour la placer dans des baquets où elle est séchée.

Un autre procédé d'extraction de la matière bleue pour les plantes de la petite espèce consiste à découper les tiges et les feuilles en menus fragments et à les laisser digérer dans une chaudière pleine d'eau bouillante. On enlève les impuretés et on introduit le liquide dans des jarres, où l'on jette des feuilles qui ont été trempées seulement dans l'eau froide et déchirées entre les mains; on additionne de chaux le mélange ainsi obtenu, et, suivant la proportion de cette dernière substance, on produit une couleur d'un bleu plus ou moins intense.

(L'indigo est d'un emploi très-général en Chine : il sert à teindre les étoffes de coton que porte le peuple, mais la nuance actuelle est moins belle que celle des temps passés, et les Chinois ne semblent pas apporter les mêmes soins que jadis à cette fabrication. Les divers échantillons d'indigo que nous avons recuelllis en Chine étaient toujours d'une qualité inférieure à ceux qui proviennent du Bengale; ils renfermaient un excès de chaux nuisible à la réussite des traitements que le teinturier doit faire subir à la matière avant de l'employer. Nous ne doutons pas cependant que l'indigo bien préparé suivant les méthodes usitées actuellement dans l'Inde ne puisse devenir une source de richesse et de prospérité pour le Céleste Empire.)

P. C.

COULEURS NOIRES.

(Tsao-kie. Mimosa fera.)

Les feuilles de cet arbre sont minces, longues et terminées en pointes; entre les branches on voit croître de nombreuses épines très-aiguës. Les fleurs acquièrent un développement complet en été, et les gousses sont employées en teinture. Ces feuilles écrasées et additionnées de sulfate de fer fournissent, dit-on, une belle couleur noire.

YEN-FOU-TSE.

(Nux gallæ tinctoriæ.)

Les arbres sur lesquels on trouve la noix de galle croissent en abondance sur les montagnes et les plateaux de l'est et du sud de la Chine; ils offrent quelque analogie avec le frêne (*Fraxinus sinensis*). Leurs feuilles sont opposites, elles sont longues, dentelées, leur face est d'un vert pâle et leur revers est blanc.

Les feuilles sont souvent recouvertes d'excroissances de grosseur variable, dues à la piqûre de petits vers. Ces excroissances sont recueillies vers le huitième mois, quand elles ont passé de la couleur verte à la nuance jaune; on les expose à la vapeur d'eau bouillante dans le but de détruire les insectes qui y sont contenus, et on les fait sécher.

La noix de galle ainsi préparée se vend directement aux fabricants de couleurs qui la réduisent en poudre, y ajoutent du thé et font bouillir le mélange obtenu jusqu'à consistance sirupeuse. Cette première opération terminée, ils ajoutent au produit pâteux de la lie de vin chinois, et ils le soumettent à la fermentation. Il ne reste plus qu'à le façonner en pains, à le sécher, et il est prêt à être employé.

Quelques écorces, celle du grenadier notamment, fournissent une teinture noire.

(Nous devons faire remarquer ici que l'auteur chinois oublie de mentionner l'addition indispensable d'un sel de fer, pour obtenir une couleur noire avec ces substances; nous avons vu cependant, en Chine, des ouvriers teindre des étoffes en noir par des procédés identiques au nôtre; ils employaient un mélange de teinture de noix de galle, ou d'écorce de chêne et de sulfate de fer. On se sert fréquemment en France de campêche mélangé avec une solution de bichromate de potasse pour produire une teinture noire de belle qualité, mais cette méthode n'est pas mentionnée dans les textes chinois.)   P. C.

PRÉPARATION DU BLEU D'INDIGO.

On choisit avec soin l'indigo doué d'une belle couleur bleu foncé et de reflets métalliques; on le réduit en poudre fine, et, à l'aide d'un tamis, on sépare les matières étrangères, telles que feuilles, débris organiques, etc.

La partie tamisée est chauffée dans une cuve contenant de l'eau et de la gélatine; par l'action de la chaleur le mélange s'opère, et, quand la cuisson a été suffisamment prolongée, on recueille seulement la partie supérieure du liquide presque entièrement coagulé, et on le fait sécher au soleil, ou sous l'action d'un foyer produisant une douce température.

Les auteurs chinois disent que cette opération n'est pas exempte de difficultés; elle exige une grande attention de la part de l'opérateur, qui doit éviter avec soin que la chaleur ne soit par trop intense ; la matière colorante peut facilement être altérée pendant cette opération[1].

(L'auteur n'a pas indiqué la méthode employée pour teindre les étoffes avec l'indigo. Nous nous sommes assuré qu'elle était analogue à celle que nous suivons en Europe). P. C.

FABRICATION DU VERT DE CHINE

A HAN-KEOU.

(Cette fabrication a déjà été décrite bien des fois, et l'on trouve dans la brochure publiée par M. Natalis Rondot, au nom de la chambre de commerce de Lyon, tous les documents qui ont paru sur ce sujet. Néanmoins, comme ces documents sont souvent contradictoires, nous avons pensé qu'il n'était pas sans intérêt de décrire d'une manière complète les procédés de fabrication de cette matière et son emploi pour la teinture, procédés que nous avons observés avec grand soin et à plusieurs reprises. De grandes jonques arrivent à Hankeou vers le mois de novembre, chargées de l'écorce des arbres destinée à la fabrication du vert; elle provient des provinces du Sse-tchuen et du Koueï-tcheou [2].

L'écorce est coupée en morceaux dans lesquels on trouve presque toujours de petits fragments de bois adhérents; car les Chinois, au lieu de l'enlever simplement, la séparent au moyen d'un couteau qui détache en même temps des parties de branches. On emploie en général deux et même trois espèces différentes d'écorces. On introduit ces fragments dans une chaudière formée d'une bassine de fonte surmontée

1. Nous laissons à l'auteur chinois la responsabilité des descriptions botaniques que renferment les chapitres précédents, ainsi que celles qui sont contenues dans les articles sur les arbres à cire.

2. Cette écorce provient de diverses espèces de rhamnus.

d'un baquet cerclé de bambou. On remplit presque entièrement la bassine, dont la partie supérieure arrive au niveau du fourneau, avec de l'écorce et de l'eau ordinaire ; on maintient le tout à la température de l'ébullition pendant plusieurs heures, afin d'épuiser la matière colorante. Ensuite on introduit le liquide et l'écorce dans de grandes jarres de terre en les y laissant séjourner jusqu'au lendemain ; la première opération de cuisson se fait en général le matin.

Lorsqu'on veut se servir du liquide, on introduit l'écorce dans des paniers de bambou placés au-dessus de jarres, et qui permettent au liquide de s'égoutter[1] ; puis on mêle à la liqueur une faible solution de carbonate de soude obtenu par la calcination et le lessivage de tourteaux de graines oléagineuses : ce carbonate de soude, qu'on trouve dans le commerce en cristaux assez volumineux, est impur et à très-bon marché. Le liquide, qui était déjà brun, prend une couleur encore plus foncée par l'introduction du carbonate de soude ; c'est dans cet état qu'on l'emploie. On le transporte au moyen de seaux dans les champs avoisinants, qui sont formés de vastes prairies couvertes d'une herbe assez abondante ; on plonge dans le liquide des pièces de coton ayant plusieurs mètres de long sur une largeur de 30 à 40 centimètres, puis on les retire, on les fait égoutter, et on les étend sur l'herbe.

Il faut choisir un temps qui ne soit ni trop chaud ni trop froid, sans cela l'opération ne réussirait pas. Nous l'avons vu pratiquer au mois de juin, de quatre heures et demie du matin à huit heures environ ; passé cette heure, le soleil deviendrait trop vif et altérerait le produit. C'est vers le milieu de ce mois que cesse la fabrication, qui ne pourrait se continuer avec les chaleurs intenses de l'été. Par l'action de

---

1. L'écorce séchée, épuisée par ce traitement, est employée pour l'alimentation des fourneaux.

l'humidité et du jour, la matière colorante subit probablement une espèce d'oxydation, dont le résultat est de lui donner une teinte verte assez foncée; aussi est-on tout surpris, lorsqu'on passe quelques heures après dans les champs où l'on a vu étendre les pièces de coton imprégnées d'une solution brunâtre, de les retrouver avec la teinte verte caractéristique du vert de Chine. Lorsque ces pièces sont sèches, on les plonge de nouveau dans le liquide, et on les étend sur l'herbe une seconde fois. Cette opération se pratique souvent de dix à quinze fois, jusqu'à ce qu'on ait obtenu la teinte voulue ; une fois ce résultat atteint, on roule les pièces de coton, et on les vend à d'autres fabricants qui en extraient le vert de Chine et livrent ce produit directement au commerce. Ordinairement ces derniers, auxquels appartient l'étoffe, payent une somme fixe pour la teinture de chaque pièce. Dans cette industrie, comme dans la plupart des industries chinoises, les diverses opérations concourant à une production unique sont faites par des industriels différents.

Pour extraire le vert formé à la surface des toiles de coton (car il n'y a que la partie exposée au soleil, et recevant directement l'action du jour, qui ait une teinte vert foncé, tandis que la partie en contact avec l'herbe n'éprouve qu'une coloration faible), on plonge l'étoffe dans l'eau bouillante jusqu'à ce que le vert de Chine se détache; on fait évaporer le liquide ainsi obtenu jusqu'à consistance sirupeuse, et l'on étend le résidu sur des feuilles de papier; la dessiccation se termine doucement à l'air. Aussi le vert de Chine se trouvet-il toujours dans le commerce en feuilles minces, gondolées comme du papier qui, après avoir été mouillé, aurait été exposé à une prompte dessiccation. Parfois aussi, dans certaines parties de la Chine, on se contente, pour arriver à un résultat plus rapide, de plonger à plusieurs reprises, dans le liquide qui, par l'évaporation, fournit le vert de Chine, de grosses mèches de coton qui s'imprègnent de la matière et que l'on sèche à l'air. Le vert de Chine préparé par cette méthode est d'une qualité plus ou moins bonne, suivant l'état de l'écorce et les soins apportés à la fabrication. Le prix de vente de ce produit au détail était, en 1865, de 225 francs le kilogramme.

Après cette étude, nous avons voulu nous rendre compte de la manière dont les Chinois emploient ce produit réservé presque exclusivement à la teinture de la soie; il est trop cher pour être employé sur d'autres étoffes, sur lesquelles du reste il ne donne pas de très-bons résultats en Chine.

Nous avons fait teindre devant nous un morceau de soie blanche; le procédé employé était le suivant :

On fait gonfler le vert de Chine dans de l'eau froide pendant environ une heure; puis on jette l'eau, et l'on écrase avec grand soin le produit dans un mortier de porcelaine jusqu'à ce que la matière soit bien homogène et ne présente plus de particules solides. On lave avec soin la pièce de soie à teindre et on la met sécher au soleil. On introduit de l'eau dans une terrine de bois et l'on y ajoute une petite quantité de sulfate de fer dissous; on y jette enfin un peu de vert de Chine écrasé comme il a été dit plus haut, puis on verse dans ce mélange de l'eau chaude qu'on a fait bouillir longtemps avec une graine qui donne à l'eau une teinte jaune assez intense. Pour préparer cette liqueur, on grille d'abord quelques instants la graine dans des bassines de fer; puis on la jette dans de l'eau qui prend une couleur jaune intense. Cette graine, dont nous ne connaissons pas la nature, se nomme en chinois *Kwe-ho*. Lorsqu'on a opéré le mélange par le brassage, on trempe dedans la soie, et on la retourne plusieurs fois dans le liquide; puis on étend sur une table une pièce de toile, et, en tenant par une extrémité la pièce de soie, on la frappe vigoureusement sur la toile; ensuite on replonge l'étoffe dans la teinture, et l'on recommence plusieurs fois cette opération, jusqu'à ce que l'on arrive à l'intensité de couleur voulue. Ensuite on met sécher à l'ombre les pièces teintes, et lorsque la dessiccation est terminée, on peut laver à l'eau, sans crainte que la couleur verte, fixée par ces diverses opérations, ne s'altère. Les Chinois prétendent qu'après le premier lavage de l'étoffe, il faut avoir bien soin de la faire sécher complétement, de peur de ne pas arriver à un résultat satisfaisant. Les étoffes ainsi teintes, avant d'être livrées au commerce, sont cylindrées au moyen d'un rouleau de pierre, que les Chinois font manœuvrer avec leurs pieds sur une surface courbe, sur laquelle ils introduisent une faible quantité de cire de Pé-la, qui donne du brillant à l'étoffe; on empêche le contact direct de la pierre et de l'étoffe au moyen d'épaisses lames de cuir : cette opération demande une grande adresse.

Aux environs de Han-keou, nous avons vu cinq fabriques différentes de vert de Chine : trois à Agnan, faubourg de Han-keou, et deux à Ou-tchang, résidence du vice-roi. Dans toutes nous avons vu suivre exactement ce même procédé.

Nous ajouterons, pour terminer, que nous avons eu la plus grande peine à obtenir les renseignements précis que nous venons de donner, les Chinois se refusant d'abord, par crainte de concurrence, à fournir les moindres détails sur cette industrie. Il faut du reste avoir été soi-même en Chine pour se rendre compte de la difficulté qu'éprouve le voyageur à distinguer la vérité au milieu des mensonges et des contradictions que contiennent toujours les réponses des Chinois.)   P. C.

GÉLATINE OU COLLE DE PEAU.

(On sait que les cartilages ou les os des animaux sont formés de plusieurs principes distincts : le phosphate de chaux, le carbonate de chaux, etc., et une matière organique qui se transforme en gélatine sous l'influence de l'eau bouillante. La peau des mammifères, soumise à l'action de l'eau en ébullition, abandonne à la longue au liquide un principe immédiat qui est de la gélatine.)

Voici comment les Chinois du district de O-hien (situé à l'ouest de Tong-ping-kien) préparent la gélatine, qu'ils désignent sous le nom de colle de peau : ils commencent par recueillir des peaux de buffalos, d'ânes, etc., et ils les laissent tremper dans l'eau pendant plusieurs jours. Ils grattent la surface avec une lame de métal, et ils la raclent avec soin, de manière à bien la nettoyer, et à séparer les poils, et les impuretés qui ne fournissent pas de gélatine.

(En Europe on active singulièrement ce nettoyage en employant un lait de chaux qui agit d'une manière très-efficace, mais les livres chinois ne mentionnent l'emploi d'aucune substance analogue pour cette opération).

Les peaux bien grattées sont plongées une seconde fois dans un bain d'eau, et soumises à un nouveau nettoyage; ensuite on les fait bouillir dans de grandes marmites, remplies d'une eau limpide et bien filtrée. On agite constamment le mélange, en ajoutant de temps à autre de nouvelles quantités d'eau, afin de remplacer le liquide qui s'évapore sous l'action de la chaleur, et de maintenir la solution au même niveau. Quand on juge que la matière organique a été suffisamment désagrégée, et qu'elle a fourni toute la gélatine qu'elle est capable de produire, on filtre le liquide, pour séparer les matières insolubles. La liqueur filtrée, recueillie dans un grand vase, se prend en masse par le refroidissement. La gélatine ainsi formée se sèche lentement au contact de l'air.

La gélatine ou la colle de peau de bonne qualité est légèrement colorée en jaune ambré; elle est généralement fournie par les peaux de buffalos; la colle préparée au moyen des peaux d'ânes ou de chameaux n'est pas aussi estimée.

VERNIS DE CHINE ET DU JAPON.

(Thsi.)

(L'arbre que les botanistes désignent sous le nom de *Rus vernicifera* est très-répandu en Chine et au Japon ; il offre un intérêt particulier en raison des produits qu'il fournit, et que les habitants de l'extrême Orient savent transformer en vernis de qualité remarquable. On sait en effet que les vernis chinois ou japonais semblent l'emporter par des propriétés spéciales sur tous les produits analogues de notre industrie.)

A une certaine époque de l'année, on pratique une incision à la partie inférieure du tronc de l'arbre à vernis on adapte un tuyau de bambou dans la cavité ainsi formée, et il s'en écoule bientôt un liquide visqueux, qui sert directement au vernissage des meubles.

Presque toutes les provinces de la Chine produisent des vernis analogues en très-grande abondance, mais les vernis préparés au Japon sont toujours beaucoup plus estimés.

Il existe plusieurs variétés distinctes d'arbres à vernis qui diffèrent par leur aspect et par la matière qu'ils produisent. Le suc ou le vernis de ces arbres offre une couleur qui varie entre le noir et le jaune plus ou moins foncé.

Il agit très-énergiquement sur la peau, et les vapeurs qu'il émet sont très-caustiques ; les ouvriers qui le recueillent doivent prendre des précautions minutieuses pour éviter tout contact avec une substance capable de produire de vives brûlures ou des ulcérations très-douloureuses.

Pour essayer le vernis japonais, on y plonge un morceau de bambou qu'on laisse sécher à l'air. Si le liquide s'évapore rapidement en abandonnant une matière noirâtre, il peut être considéré comme de bonne qualité.

Le vernis chinois ou japonais est parfois employé en médecine.

(Le vernis chinois est d'un prix très-élevé et nous en avons acheté à Han-keou une assez petite quantité moyennant 3 piastres (15 fr. environ) ; son action sur la peau est extrêmement énergique et les vapeurs qu'il émet sont très-dangereuses ; quand elles agissent même pendant peu de temps. sur les mains ou sur la figure, elles déterminent des irritations violentes, produisent des tuméfactions souvent suivies d'un douloureux érysipèle. Elles agissent surtout sur la figure, et le gonflement des joues ou des paupières est une des premières conséquences de leur action. Nous avons étudié ce produit dangereux dans un laboratoire des Arts et Métiers, et MM. Lhôte et Pellet, qui ont bien voulu nous prêter leur concours dans ces recherches, ont eu les mains et le visage très-gravement attaqués par ces vapeurs corrosives ; l'un d'eux fut même assez gravement incommodé pour être obligé de garder le lit pendant quelques jours.

Parmi les moyens les plus efficaces que nous avons employés pour prévenir l'action des vapeurs du vernis chinois, nous mentionnerons celui qui consiste à se frotter les mains et le visage avec une huile épaisse tenant du camphre en dissolution.

Les ouvriers chinois qui travaillent ce redoutable produit sont quelquefois forcés, après de nombreuses tentatives, d'abandonner une besogne qui compromet leur santé ; il en est quelques-uns cependant, doués sans doute d'une constitution exceptionnelle, qui s'accoutument aux exhalaisons du vernis, et sont, en quelque sorte, inaccessibles à son action corrosive[1].

Le vernis naturel s'emploie suivant les usages auxquels on

---

1. Nous tenons ces renseignements d'un fabricant de meubles de Ning-po.

le destine, soit directement, soit après avoir subi une cuisson, soit enfin mêlé à des huiles siccatives et à des matières colorantes (noir de fumée, vermillon, etc.)   P. C.

Il est surtout appliqué à la fabrication des laques.

LAQUES.

(Les bois destinés à être laqués doivent être polis avec le plus grand soin ; quand ils présentent quelques interstices, il faut les boucher avec un mastic formé d'argile et de colle de peau délayée dans l'eau ; les joints, s'il en existe, sont aussi couverts de cette pâte qui durcit à l'air et fait corps avec la plaque de bois.

Cette première préparation faite, on couvre la pièce à laquer de vernis cuit et coloré en rouge ou en noir. Pour étataler la laque, les Japonais se servent de pinceaux très-durs formés de deux pièces de bois de sapin plates et larges de 5 centimètres environ ; le pinceau proprement dit, confectionné avec des crins très-durs, est adapté au milieu du support de bois. A mesure que le pinceau s'use, on le taille comme nos crayons, et on met ainsi à découvert une petite longueur de crins. On laisse sécher la première couche de vernis, et on la couvre ensuite d'une seconde et ainsi de suite ; les couches se succèdent entre elles, et on les superpose en nombre variable, suivant la qualité de la laque qui doit être préparée. Quelquefois on remplace les couches inférieures par un mélange de terre glaise et de colle qu'on étale d'une manière uniforme et qu'on laisse sécher. On polit cette première couche très-soigneusement avec de la pierre ponce, et on y dépose alors le vernis de laque.

Quand l'objet laqué doit représenter des figurines ou des dessins en relief, on façonne ces dessins avec la composition d'argile et de colle que l'on applique sur la pièce en voie de préparation. On couvre les figures de minces feuilles d'étain, d'or ou de nacre, et on cache le tout sous une couche de vernis.

Les Chinois prétendent que le travail de la laque s'exécute avec succès pendant les saisons pluvieuses, et à l'époque des chaleurs la fabrication est interrompue.

En définitive, le vernis de Chine et du Japon est un produit très-remarquable, et il nous serait impossible de reproduire les admirables objets de laque dont il est la base fondamentale. Nous ne devons pas cependant en envier l'usage aux peuples de l'extrême Orient, car son maniement offre de graves inconvénients et quelquefois des dangers sérieux; il ne manque pas malheureusement en France d'arts insalubres, et il n'est pas à souhaiter de voir s'introduire dans notre industrie de nouvelles fabrications dangereuses.)   P. C.

ARBRES A CIRE.

Les Chinois élèvent les *insectes à cire* sur trois sortes d'arbres, dont deux sont bien connus en Europe. Ce sont le NIU-TCHING (*Rhus succedaneum,* suivant M. Adolphe Brongniart), le TONG-TSING (*Ligustrum glabrum,* suivant Abel Rémusat, *Notice des manuscrits,* t. XI, p. 284, n° 23; *Cf*. Thunberg, *Flora Japonica,* p. 17; Kaempfer, *Amœn. exot.,* 896 et 777, aux mots *Ibutta* et *Jubeta*), et le CHOUI-KIN, ou KIN des lieux humides, qui paraît être de la même famille que le MOU-KIN, ou KIN arborescent (*Hibiscus Syriacus* (Abel Rémusat, *loco citato,* n° 41. — *Cf.* Kaempfer, *Amœn. exot.,* p. 444, au mot *Mokksei,* et *Flora Japonica,* p. 272).

Arbre NIU-TCHING[1]. Cet arbre s'appelle *Niu-tching* (litté-

1. Extrait de l'ouvrage intitulé : *Cheou-chi-thong-khao.*

ralement *vierge-pur*); on le nomme encore *Tching-mou* (*pur-arbre*) et *La-chou* (*cire-arbre*). *Li-chi-tchin* (auteur d'un grand Traité de Botanique médicale) dit : Cet arbre brave le froid le plus rigoureux et reste toujours vert, c'est pourquoi on l'a appelé *Niu-tching* (mot à mot *vierge-pur*), comme pour le comparer à une vierge ou à une femme qui garde la chasteté. Dans ces derniers temps, on a commencé à placer sur ses branches les insectes appelés *La-tchong* (cire-insectes), ou insectes qui produisent la cire. Cet arbre s'appelle aussi *Tong-tsing* (*hiver-vert*). On lui a donné le même nom qu'à l'arbre *Tong-tsing* (*Ligustrum glabrum*), qui est d'une espèce différente, quoique appartenant à la même famille.

Tous deux naissent de graines et poussent avec une grande facilité. L'arbre *Niu-tching* a des feuilles épaisses, molles et allongées. Leur surface est verte, et l'envers est d'une teinte pâle. Elles sont longues de quatre à cinq pouces et sont extrêmement touffues. Dans le cinquième mois (juin), cet arbre donne une grande quantité de petites fleurs bleues et blanches. Dans le neuvième mois (octobre), les fruits sont formés. Ils ressemblent aux petits fruits appelés *Nieou-li-tse*. Ils sont disposés en grappes tellement nombreuses que l'arbre en est couvert. Avant d'être mûrs, ils sont verts ; à leur maturité, ils sont de couleur violette. L'écorce de l'arbre est blanche et onctueuse.

Arbre TONG-TSING. Le *Tong-tsing* (*Ligustrum glabrum*) s'appelle encore *Choui-tong-tsing* (eau-hiver-vert), c'est-à-dire le *Tong-tsing* qui croît dans les lieux humides et reste vert en hiver. Quelques auteurs l'appellent le *Tong-tsing* à petites feuilles. Cet arbre ressemble au *Keou-kou-tseu* (*Ilex aquifolium*, cf. Kaempfer, *Amœn. exot.*, 781), mais il est plus touffu. Son tronc devient tellement gros qu'il faut quelquefois deux personnes pour l'embrasser. Il s'élève jusqu'à environ 10 pieds. Les fibres de son bois sont blanches et déliées. Il est dur, lourd et susceptible d'un beau poli. Ses feuilles ressemblent à celles de l'arbre *Lou-tseu* (*Cratægus bibas*, Loureiro, *Flor. Coch.*, p. 391), mais elles sont plus petites. Elles ressemblent encore à celles de l'arbre *Tchun* (frêne), mais elles sont plus petites. Elles sont minces, étroites, arrondies à leur extrémité, brillantes et propres à teindre en rouge. On cuit dans l'eau les jeunes pousses de cet arbre, on les fait tremper ensuite pour enlever leur amertume, on les lave avec soin et on les assaisonne pour les manger.

Cet arbre fleurit dans le cinquième mois (juin), ses fleurs sont blanches, et ses graines ont la grosseur des *Teou* (*dolichos*). Leur couleur est rouge. On peut déposer sur cet arbre (*Tong-tsing*, *Ligustrum glabrum*), aussi bien que sur l'arbre *Niu-tching*, les insectes qui produisent de la cire.

Arbre CHOUI-KIN. Les feuilles de l'arbre *Choui-kin* ressemblent à celles du *Niu-tching*, mais leurs côtés sont dentelés ; elles naissent cinq par cinq. Cet arbre ne donne pas de fleurs. C'est certainement l'arbre que *Li-chi-tchin* appelle *Niu-la-chou* ou *l'arbre femelle qui produit de la cire*.

Dans le pays de Chou (*qui dépend de la province du* Ssé-tchuen), il y a un autre arbre sur lequel on place les insectes à cire, et qu'on appelle *Tcha-la*. Ses feuilles ressemblent à celles de la plante *Kio* (*Chrysanthemum Indicum*). Il croît encore plus rapidement que cette plante. Dès que l'arbre *Tcha-la* (littéralement *appliquer-cire*) a un an, on peut y placer les insectes à cire. Au bout de trois ou quatre ans, son tronc est gros comme une tasse à mettre du vin, mais bientôt il dépérit, et l'on ne peut ainsi en obtenir de la cire que pendant fort peu de temps. Cet arbre est d'une espèce différente du *Choui-kin*. Il pousse rapidement même lorsqu'on y applique des *insectes à cire*; mais il a de la peine à devenir un gros arbre. Dans le pays de *Chou*, on élève peu d'*insectes à cire* sur l'arbre *Niu-tching* (*Rhus succedaneum*). Le plus grand nombre vit sur l'arbre appelé *Tcha-la*. C'est pourquoi l'on doit préférer l'espèce d'arbre du pays de *Chou* (c'est-à-dire l'arbre *Tcha-la*).

Culture de l'arbre Niu-tching[1].— On sème les graines dans le dernier mois de l'année. Les premiers jets paraissent au printemps. L'année suivante on les transplante dans le quatrième mois (avril). Lorsqu'ils ont atteint la hauteur d'environ 7 pieds, on peut y placer les insectes à cire (*La-tchong*). On plante les arbres *Niu-tching* à peu près de la même manière que les mûriers. On les dispose en lignes longitudinales et transversales, en laissant entre eux la distance d'environ un *tchang* (10 pieds). Alors l'arbre grandit et acquiert de la force. Il faut entourer les racines d'excellent fumier, et labourer tout autour de l'arbre une fois par an. S'il y pousse des herbes, il faut les ôter avec le sarcloir ou la bêche. Par ce moyen les branches deviendront vigoureuses et l'on récoltera une grande quantité de cire.

CIRE D'ARBRE[2]. — Avant les dynasties des *Thang* et des *Song* (du VIIe au XIIIe siècle de notre ère), la cire blanche dont l'on se servait pour faire des bougies était produite par les abeilles. La cire blanche produite par les insectes appelés *La-tchong* ou *insectes à cire* n'a commencé à être connue que depuis la dynastie des *Youen* ou empereurs mongols, c'est-à-dire au milieu du XIIIe siècle. Maintenant, elle est devenue d'un usage général. On en récolte dans les provinces du *Ssé-tchuen*, du *Hou-kouang*, du *Yun-nan* et du *Fo-kien*, ainsi que dans les districts situés au sud-est des monts *Mëi-ling*, etc. Mais la cire d'arbre du *Sse-tchuen* et du *Yun-nan* est la plus estimée.

Siu-kouang-ki (auteur de l'ouvrage précédent) ajoute : « L'arbre *Niu-tching* donne de la cire blanche. C'est un fait « qui ne se trouve consigné dans aucun ouvrage historique

1. Extrait de l'ouvrage intitulé : *Pien-min-thou.*
2. Extrait de l'ouvrage intitulé : *Nong-tching-tsiouen-chou.*

« antérieur à la dynastie actuelle (il vivait sous les *Ming,* au
« commencement du XVIIe siècle). Maintenant cette cire
« abonde dans les provinces de l'est et du sud de la Chine.
« Précédemment, j'avais conçu des doutes à ce sujet. Je ne
« pouvais croire que cette cire n'eût pas été connue des an-
« ciens, et je supposais que leur silence tenait uniquement à
« ce qu'ils n'avaient pas eu le temps de faire une excursion
« lointaine pour le vérifier par eux-mêmes. Mais j'ai vu des
« habitants de l'arrondissement de *Wou-tcheou* qui m'ont ap-
« pris que c'était seulement depuis vingt ans qu'ils élevaient
« des insectes à cire. Dans l'arrondissement de *Ou-hing,* les
« cultivateurs me racontèrent que cet usage ne datait que
« d'une dizaine d'années. Dans mon pays même on ne le con-
« naissait pas non plus avant les cinq années qui viennent de
« s'écouler. Dans l'année *Keng-siu* (en 1610), j'ai commencé
« à planter une centaine de pieds de *Niu-tching,* et j'ai obtenu
« de la cire en suivant la méthode usitée aujourd'hui. Dans
« le village que j'habite, on voit aussi beaucoup d'insectes à
« cire (*La-tchong*) qui naissent d'eux-mêmes. La moitié des
« insectes qu'on place ici sur les arbres est prise dans l'ar-
« rondissement de *Ou-hing,* l'autre moitié se compose d'in-
« sectes indigènes. Les gens du pays assurent que ces derniers
« sont préférables. Il résulte de ce qui précède que ce pro-
« duit était inconnu des anciens. J'aurais eu le droit de rejeter
« un fait aussi extraordinaire si je ne l'avais pas vérifié de
« mes propres yeux. »

Récolte et épuration de la cire d'arbre[1]. — L'arbre *Tong-
tsing* peut venir de graine. Dès qu'il est dans toute sa force,
il convient d'y placer dans le cinquième mois les insectes à
cire qui y trouvent leur nourriture. Dans le septième mois
(août), on récolte la cire. Il ne faut pas la recueillir entièrement. Si l'on en laisse une certaine quantité, l'année suivante,

---

1. Extrait de l'ouvrage intitulé : *Song-chi-tsa-pou.*

dans le quatrième mois, on en verra sortir de nouveaux insectes à cire.

Lorsqu'on a recueilli la cire, on la fait d'abord sécher au soleil. Puis on couvre avec une toile l'ouverture d'un vase de terre, et l'on dépose la cire sur cette toile. Ensuite on place ce vase dans un chaudron de métal rempli d'eau bouillante. Bientôt la cire fond et tombe dans le vase de terre. Par le refroidissement elle durcit et offre une parfaite blancheur. Dès ce moment, elle est propre a faire des bougies. Quant aux parties les plus grossières, on les met dans un sac de soie que l'on jette dans l'huile bouillante. La cire pure se fond entièrement et se combine avec l'huile. On peut l'employer immédiatement à fabriquer des bougies.

Lorsqu'on a élevé pendant trois ans sur un arbre des insectes à cire, il convient de le laisser reposer pendant trois autres années.

L'arbre *Choui-tong-tsing* (le *Tong-tsing* des lieux humides), qui a de petites feuilles, est très-avantageux pour l'élève des insectes à cire.

Dans les pays de *Pa* et de *Chou* (qui dépendent de la province du Ssé-tchuen), on ne sème les graines de cet arbre (*Tong tsing*) qu'après les avoir fait tremper dans l'eau de riz pendant une dizaine de jours, et en avoir ôté la capsule (le péricarpe). Après une première éducation, on coupe l'arbre près du collet, et l'on y place de nouveau les insectes lorsqu'il a poussé des jets vigoureux. Lorsqu'un arbre a nourri ces insectes pendant une année, on le laisse reposer l'année suivante. Pour recueillir la cire, il est nécessaire de couper toutes les branches de l'arbre. On ne doit laisser aucun vieux rameau, c'est-à-dire aucun des rameaux qui ont nourri des insectes à cire.

La cire blanche d'insectes ne ressemble point à la cire blanche des abeilles. Elle est produite par de petits insectes qui se nourrissent du suc de l'arbre *Tong-tsing* (*Ligustrum glabrum*), et longtemps après le convertissent en une sorte de graisse blanche qui se répand et s'agglutine sur les branches de l'arbre. Il y a des personnes qui s'imaginent faussement que cette matière est une déjection de l'insecte.

Quand l'automne est venu, on enlève la cire en raclant les branches, on la fait bouillir dans l'eau et on la passe dans un filtre d'étoffe.

Ensuite on la met dans l'eau froide où elle se fige et forme une masse solide. Si on la brise, elle présente des veines brillantes et diaphanes comme la pierre blanche appelée *chi-kao* (*stéatite*). Si on la mêle à une certaine quantité d'huile, elle fournit des bougies qui sont bien supérieures à celles de cire d'abeilles.

Observation. —Suivant *Siu-kouang-ki*, les bougies faites avec la cire pure d'*insectes à cire*, sont dix fois plus avantageuses que les bougies ordinaires.

Si l'on y mêle un centième d'huile, elles ne coulent pas. C'est pourquoi cette espèce de bougie est devenue d'un usage général. Les arbres à cire se cultivent en grand nombre sans nuire aucunement à l'agriculture[1].

INSECTES A CIRE[2]. — Les insectes à cire sont d'abord d'une très-petite dimension. Après l'époque appelée *mang-tchong* (5 juin), ils grimpent aux branches de l'arbre, se nourrissent de son suc et laissent échapper une sorte de salive. Cette liqueur s'attache aux branches, et se change en une graisse blanche qui se condense et forme la cire d'arbre. Elle a l'apparence du givre. Après l'époque appelée *tchou-chou* (23 août), on l'enlève en raclant et on l'appelle alors *la-tcha*, c'est-à-dire *sédiment de cire*.

Après l'époque appelée *pe-lou* (7 septembre), cette cire se trouve agglutinée si fortement à l'arbre qu'il serait

---

1. Extrait de l'ouvrage intitulé : *Pen-tsao-louï-pien*.
2. Extrait du *Pen-tsao-kang-mou*.

fort difficile de l'enlever. On fait fondre cette matière et on la purifie en la passant dans une sorte de filtre en étoffe. Quelques fabricants la liquéfient à la vapeur et la font écouler dans un vase. Lorsqu'elle est figée et réunie en masse, elle forme ce qu'on appelle la *cire d'arbre*.

Quand les insectes sont petits (c'est-à-dire viennent de naître), ils sont de couleur blanche. Lorsqu'ils ont produit de la cire et qu'ils ont atteint *leur vieillesse*, leur couleur est rouge et noire. Ils se rapprochent entre eux et s'attachent par paquets aux branches des arbres. Dans le commencement, ils sont gros comme des grains de millet et de riz ; dès que le printemps est venu, ils croissent peu à peu et deviennent gros comme des œufs de poule[1]. Ils sont de couleur violette et rouge. Ils se tiennent par grappes et enveloppent les branches; on dirait que ce sont les fruits de l'arbre.

Lorsque cet insecte est sur le point de pondre, il se forme une coque (littéralement *une maison*) qui ressemble aux loges des mantes qu'on voit sur les mûriers. Cette coque s'appelle communément *La-tchong* (*cire-graine*), ou *La-tseu* (*cire-fils*). L'intérieur est rempli d'œufs blancs qui ressemblent à de petites lentes. On les trouve réunis par paquets qui en renferment plusieurs centaines. A l'époque appelée *Li-hia* (le 6 mai), on recueille ces œufs, on les enveloppe dans des feuilles de gingembre, et on les suspend à différentes distances aux branches de l'*arbre à cire*.

Après l'époque appelée *mang-tchong* (après le 5 juin), les œufs éclosent et les enveloppes s'ouvrent. Les insectes à cire sortent en rampant et se cachent d'abord sous les feuilles; ensuite ils grimpent aux branches, s'y installent et préparent la cire. Il faut nettoyer avec soin la terre qui se trouve au-

---

1. Peut-être l'écrivain chinois a-t-il mal observé. Ce qu'il a pris pour l'insecte grossi n'est sans doute que la boule de cire agglomérée autour de lui. (*Note du traducteur*.)

dessous de l'arbre, et empêcher que les fourmis ne mangent les œufs des insectes à cire.

VERNIS D'HUILE.

On rencontre en Chine et au Japon un arbre connu par les botanistes sous le nom de *Vernicia montana*, et qui donne des graines oléagineuses d'une qualité particulière. Ces graines, soumises au pressoir, fournissent une huile qui se transforme facilement en un vernis très-précieux, et qui est fréquemment employée, en mélange avec de la résine, pour calfater les bateaux et les rendre imperméables à l'eau.

Pour préparer le vernis dont nous faisons mention, on soumet à l'action d'une température modérée l'huile du *Vernicia montana*, additionnée de litharge, d'alun et de stéatite. On obtient ainsi une pâte sirupeuse qui est évaporée jusqu'à ce qu'elle soit suffisamment épaisse; les Chinois ont l'habitude de prolonger l'action du feu jusqu'à ce qu'un roseau, plongé dans la substance, se tienne debout, et ils considèrent alors l'opération comme terminée.

Avant de laisser refroidir ce vernis, on le colore, suivant ses usages, en bleu au moyen de sels de cobalt, en rouge avec le cinabre, en noir à l'aide du noir de fumée, en blanc en l'additionnant de céruse, en jaune enfin par son mélange avec la gomme-gutte. Pour le conserver, on l'emprisonne dans des vases hermétiquement fermés, qui doivent être maintenus dans un endroit humide ou même plongés dans l'eau.

PAINS DE CHARBON PARFUMÉ.

Les Chinois fabriquent de petits pains de charbon parfumé qui brûlent très-lentement à l'air et exhalent une odeur agréable et douce. Pour les préparer, ils triturent dans un mortier du charbon provenant de la carbonisation des os, avec des fleurs ou des feuilles odoriférantes (fleurs de carthame, etc.) ; quand le mélange est homogène, ils l'additionnent de sucs de riz glutineux, de manière à former un produit pâteux. La pâte introduite dans des moules en fer cylindriques ou coniques, puis séchée au contact de l'air, est prête à être livrée au commerce.

NOIR DE FUMÉE POUR LA PEINTURE.

On dispose au-dessus d'une lampe à huile en combustion une tasse ou un vase de porcelaine en forme de calotte sphérique. La flamme y détermine un dépôt abondant de noir de fumée que l'on enlève à l'aide d'une plume ou d'un pinceau. Pour l'employer en peinture, on y ajoute de la colle animale ou de la gélatine.

Le noir de fumée s'obtient aussi en brûlant des joncs, des herbes sèches, etc.; mais nous n'insisterons pas sur cette fabrication, que nous décrirons en traitant de l'encre de Chine.

COULEUR ROUGE A BASE DE FER.

(Les oxydes de fer naturels se présentent souvent sous l'aspect de substances d'un rouge plus ou moins intense, qui peuvent être employées en peinture. Les minerais de fer sont assez abondants dans l'extrême Orient, et les Chinois les emploient fréquemment pour préparer des matières colorantes.)

P. C.

Le minerai de couleur rouge, réduit à un grand état de division, est mélangé à de la gélatine en dissolution dans l'eau ; en délayant la pâte ainsi formée, on sépare une poudre rouge très-brillante qui monte à la surface du liquide, et qui est recueillie et soumise à la dessiccation.

Le rouge de cinabre se prépare à peu près de la même manière. Le sulfure de mercure délayé dans une eau gélatineuse se rassemble à la surface du liquide, et peut être employé quand on l'a suffisamment séché.

HUILES, SUIF VÉGÉTAL ET GRAINES OLÉAGINEUSES.

(La Chine produit une grande quantité de graines oléagineuses qui fournissent des huiles de différentes natures : les unes sont employées aux usages de l'alimentation, les autres s'appliquent à divers besoins industriels, et il en est enfin qui, par leurs précieuses qualités, sont presque uniquement réservées à l'art de la parfumerie.)   . P. C.

Les huiles comestibles les plus estimées sont celles que l'on extrait des graines du Hou-ma (*Sesamum orientale*), du Tsaï-po (*Raphanus sativus*), du Hoang-teou (*espèce de haricot*) et du Sang-tsaï (*Brassica Chinensis*). Celles qui proviennent des graines du Sou-ma (cette plante ressemble par sa forme au *Melissa Cretica*, et ses graines sont plus grosses que celles du *Hou-ma* ou *Sesamum orientale*) et du Tcha (*Tea Sinensis*) doivent figurer au second rang, et sont de qualité inférieure. On peut enfin faire figurer en troisième ligne l'huile de Hien-tsaï (*Amaranthus*) et celle du Ta-ma (*Cannabis sativa*).

Les matières grasses combustibles qui alimentent les lampes sont généralement extraites des graines de Kieou (*Stillingia sebifera* ou *arbre à suif*), de Yun-taï, de Ya-ma (*Strachys inugoma*), de Mien-hoa (*Cotonnier*) et de Hou-ma (*Sesamum orientale*).

La matière grasse du Thong (*Paullownia imperialis*) et

celle des graines de l'arbre à suif, broyées avec leur pulpe, viennent enfin en dernier ordre[1]. Cette substance est souvent employée pour la fabrication des bougies; mais comme son point de fusion est très-peu élevé (28° centésimaux environ), on la mélange, pour lui donner de la consistance, avec de la cire blanche; cette cire est généralement celle de Pé-la, qui est déposée (dit-on) sur les branches du *Fraxinus Sinensis,* par un petit insecte désigné sous le nom de *Coccus pela.* L'arbre à suif n'est pas la seule plante qui fournisse la matière des bougies chinoises; les huiles de Pi-ma ou de ricin (*Ricinus communis*), de Tchang-'o (*Camphrier* ou *Laurus camphora*) et du Tong-tsing (*Ligustrum obtusifolium*), mélangées avec de la cire, servent souvent encore à cette fabrication.

Dans le nord de la Chine, la graisse de bœuf est employée sur une vaste échelle, mais elle ne donne que des chandelles de qualité tout à fait inférieure.

Pour avoir une idée du rendement en huile donné par les diverses graines employées, on peut admettre que 1 chi (12 boisseaux chinois) de graines de Hou-ma, de Pi-ma et de Tchang, fournit environ 40 livres d'huile. Quant aux autres graines que nous avons énumérées, leur rendement est inférieur.

L'huile de Tsaï-po a une saveur excellente et passe pour être très-digestive; celle du Hoang-teou (haricot jaune) est douée d'un goût très-agréable. Cette dernière huile s'emploie dans la fabrication de l'encre d'imprimerie, elle sert encore à préparer du papier huilé, et on la mélange pour cet usage avec les fruits écrasés du Melia azedarach additionnés de cire jaune et de vermillon. Les tourteaux dont elle provient sont donnés en nourriture aux porcs, et ils contribuent, paraît-il, à les engraisser d'une manière notable.

1. Plusieurs des noms botaniques qui précèdent ont été fournis M. Stanislas Julien par M. le professeur Hoffmann de Leyde .

MÉTHODES GÉNÉRALES EMPLOYÉES POUR L'EXTRACTION DES HUILES.

Les procédés usités varient avec la nature des graines; celles-ci sont parfois directement soumises au pressoir, après avoir été suffisamment écrasées sous l'action du pilon ou du moulin; d'autres fois, il est nécessaire de les soumettre à une ébullition dans l'eau pendant un temps plus ou moins long.

Les pressoirs sont en bois, et il est nécessaire pour les confectionner de se procurer des troncs d'arbre d'un diamètre assez considérable pour que deux hommes ne puissent pas les embrasser avec les bras. On choisit de préférenee les bois durs, tels que ceux du camphrier, du santal ou du saule; ces deux derniers sont beaucoup moins recherchés, car leur dureté n'est pas très-considérable, et ils se pourrissent assez facilement au contact de l'air.

Dans les provinces où l'on ne rencontre pas d'arbres d'un diamètre suffisant, on réunit plusieurs troncs au moyen de frettes en fer, et on forme ainsi une pièce que l'on creuse à l'intérieur tout en laissant pleines les deux extrémités. On pratique dans la cavité même une gouttière communiquant avec une rigole inférieure, par laquelle l'huile s'écoule dans un récipient. Ce pressoir, placé dans une position inclinée, est fixé solidement dans une charpente, et on dispose vis-à-vis de sa cavité un bélier formé d'une pièce de bois suspendue à un tronc d'arbre; ce bélier, mis en mouvement au moyen d'une corde qui le supporte, vient frapper sur des coins de bois qui compriment la pulpe dans le pressoir et forcent l'huile à s'écouler. Les coins sont taillés dans du bois de santal ou de teck, leur surface est rugueuse afin qu'ils ne puissent pas glisser les uns contre les autres et ils sont cerclés de fer, comme le bélier qui les frappe. (Planche v.)

B
B
A

(Cet instrument, quelque primitif qu'il soit, est cependant
à peu près le seul qu'emploient les habitants du Céleste Empire. Les Chinois sont très-peu habiles à construire des
machines, et le bon marché des matières premières leur
permet de réaliser des bénéfices malgré les pertes considérables de matière utile dues à l'imperfection de leurs procédés naïfs.)   P. C.

HUILE DE RICIN.

Les graines de ricin sont semées avant le solstice d'été,
elles sont récoltées à la fin de l'automne. On commence par
les sécher au soleil, au moment de la récolte, et après les
avoir séparées de leur enveloppe, on les soumet à une espèce
de torréfaction dans une chaudière chauffée à une température peu élevée. On les écrase ensuite avec leur écorce au
moyen d'un pilon, et on les chauffe avec une petite quantité
d'eau. Les graines ainsi brisées sont introduites dans des sacs
en toile, auxquels on fait subir une pression énergique;
l'huile qui s'écoule est recueillie, et, soumise à l'action des
rayons solaires, elle abandonne un léger dépôt que l'on sépare par la décantation du liquide clair.

On peut encore la purifier, ainsi que l'huile de sésame,
par le procédé suivant. On mélange l'huile avec des tuber-
cules de Blactia coupés en tranches et cuits dans du poivre
de l'Inde; on expose le tout à l'action du soleil; l'huile s'éclair-
cit en vingt jours environ, et elle présente alors l'aspect d'un
liquide incolore. Pour s'assurer de sa pureté, on en laisse
tomber une goutte sur une feuille de papier, et on admet
qu'elle est de bonne qualité quand elle imbibe rapidement le
papier et qu'elle ne se répand pas circulairement à sa surface.

HUILE D'OLIVE.

L'auteur chinois auquel nous empruntons des renseignements décrit l'olivier et ses fruits, mais il ajoute que ses usages sont très-peu nombreux en Chine; on trouve sur les branches de cet arbre une résine de bonne qualité, qui sert, après avoir été soumise à une cuisson, au calfeutrage des navires.

HUILES DES GRAINES DE CHANVRE, ETC.

Les graines du chanvre sont lentement torréfiées dans des chaudières en fonte, cylindriques, d'un diamètre assez considérable et d'une hauteur de quelques centimètres seulement; on a soin d'agiter la matière, afin de renouveler constamment les surfaces, pour éviter la destruction ou l'altération de la matière grasse sous l'action d'une chaleur prolongée.

Les graines ainsi torréfiées sont concassées et soumises à l'action d'un moulin que font agir des ouvriers; quelquefois cependant il est mis en mouvement à l'aide d'un manége conduit par un buffalo. Les graines sont broyées dans une auge en pierre, doublée de plaques de fer, au moyen d'une meule qui, solidement encastrée dans une pièce de bois, peut être soulevée à différentes hauteurs pendant sa rotation.

Quand on traite les graines du cotonnier, on a recours de la même manière au moulin, seulement on sépare au moyen d'un tamis les graines qui n'ont pas été suffisamment écrasées, et on leur fait subir une deuxième opération; on les place sur un diaphragme à claire-voie disposé sur une chaudière au fond de laquelle on fait bouillir une certaine quantité d'eau.

La vapeur qui se dégage traverse la masse de la pulpe et en opère la cuisson ; on arrête l'opération quand cette vapeur se dégage très-abondamment de la partie supérieure de l'appareil. Une fois la pulpe bien cuite, on en forme des pains que l'on entoure de liens d'osier ou de fils métalliques, et on la soumet en cet état à l'action du pressoir. Par ce procédé, on peut agir sur une plus grande quantité de matière, tout en augmentant d'une manière sensible la force de pression. Il va sans dire que la quantité d'huile fournie par cette méthode est plus ou moins considérable suivant que l'opération est plus ou moins bien dirigée ; le rendement est favorisé par la bonne disposition des pains dans le pressoir, et par leur formation rapide quand la pulpe est encore chaude. On peut, quand l'opération est terminée, écraser de nouveau les tourteaux, les faire cuire à la vapeur et les soumettre à une seconde pression. Par cette deuxième opération, on ne peut guère obtenir que la dixième partie de la quantité d'huile précédemment extraite.

Les graines de l'arbre à suif ou de Thoung (*Paullownia impérialis*) ne sont soumises qu'à une seule pression, et on obtient ainsi toute la matière grasse qu'elles renferment.

L'huile contenue dans les graines de ricin et de Sou-ma (sorte de chanvre) s'extrait souvent par un autre procédé ; les graines grossièrement concassées sont jetées dans de l'eau que l'on soumet à l'ébullition dans une chaudière pendant plusieurs heures. La matière grasse se rassemble peu à peu à la surface du liquide, et on l'enlève à l'aide d'une cuiller. Comme elle est toujours mélangée d'une petite quantité d'eau, on la sèche dans une autre chaudière portée à une température supérieure à 100° centésimaux, et on l'enferme dans les vases où elle doit être conservée et expédiée. Ce procédé est loin d'être aussi favorable que celui du pressoir ; la quantité d'huile obtenue est moindre, et sa qualité est inférieure.

HUILE DE PARENCHYMES DE L'ARBRE A SUIF.

L'arbre à suif croît dans les plaines humides du midi de
la Chine, et ses rameaux s'élèvent à une grande hauteur; il
produit de belles feuilles qui sont utilisées dans la teinture
en noir.

Cinq mois après l'époque du premier développement de
ses feuilles, il donne naissance à de petites fleurs jaunes et
blanches; les fruits arrivent à la maturité dans un espace de
huit à neuf mois, et ils offrent l'aspect d'une petite cerise dont
la couleur passe du vert au noir : les corbeaux en sont, dit-on,
extrêmement friands.

Quand l'arbre est arrivé au terme de son développement,
et quand il devient vieux, le bas de son tronc entre en pour-
riture, et présente une cavité de la forme d'un mortier. Cette
bizarrerie lui a valu son nom de Ou-kieou-mo (littéralement
corbeau, mortier, arbre, c'est-à-dire en paraphrasant : arbre
dont le tronc pourri présente une cavité en forme de mortier, et dont les corbeaux aiment à manger les fruits).

On recueille les graines de l'arbre à suif, et on les fait
cuire à la vapeur dans un appareil semblable à celui que nous
avons précédemment décrit; on les broye dans un mortier de
pierre de 1 pied de profondeur, au moyen d'un pilon taillé
dans la pierre de savon[1] qui présente une surface résistante
mais douce; ce pilon ne pèse pas moins de 40 livres, et il est
fixé perpendiculairement à un bras de levier, mobile autour
d'un axe situé dans un plan horizontal.

(Pour faire agir cet instrument, un ouvrier, placé sur une
estrade, monte sur l'extrémité du levier, et par son poids, soulève le pilon placé à l'autre extrémité; en abandonnant le

---

1. Stéatite ou pierre savonneuse (silicate de magnésie).

levier pour se replacer sur l'estrade, il détermine la chute du pilon dans le mortier. L'ouvrier se tient en équilibre à l'aide de tiges de bambou, fixées horizontalement aux murs du hangar où l'appareil est disposé, et qu'il ne cesse de tenir des deux mains. Cet appareil est usité dans une grande partie de la Chine, et nous l'avons vu fonctionner avec succès, pour écraser un grand nombre de graines et même des corps assez durs; il n'est pas possible cependant par ce procécé de frapper plus de 6 à 7 coups à la minute. Quelquefois on perfectionne ce système en accouplant deux leviers munis de pilons, à côté l'un de l'autre, et un homme peut les faire fonctionner ensemble, en appuyant alternativement ses pieds sur l'un et sur l'autre.) Planche VI. P. C.

L'action exercée par le pilon sur les graines de l'arbre à suif en détache le parenchyme charnu qui les recouvre; on sépare et on recueille ce parenchyme à l'aide d'un crible; on lui fait subir une deuxième cuisson, et on le soumet enfin au pressoir, comme pour les graines, dont nous avons parlé plus haut. Cette opération terminée, il reste encore à extraire l'huile contenue dans les graines qui ont été débarrassées de léur parenchyme. On emploie à cet effet un petit moulin en pierre dure, capable de résister à l'action du feu, et on l'entoure de charbons ardents; quand il est arrivé à la température voulue, on y écrase les graines en faisant rapidement tourner la meule; la matière se couvre bientôt d'une pellicule noirâtre qui est chassée par un ventilateur. Une fois l'opération terminée, les graines broyées sont introduites dans le pressoir après avoir été cuites à la vapeur, et elles fournissent une huile limpide d'une grande pureté. (Pl. VI.)

(L'huile de l'arbre à suif est employée pour l'alimentation, mais elle est surtout consacrée à l'éclairage; on la place dans une petite lampe, ou mieux dans une soucoupe de terre, dans laquelle plonge une mèche; quand cette mèche est allumée, elle produit une lumière assez vive. On voit que cet appareil élémentaire offre de l'analogie avec nos veilleuses de nuit.)

La matière grasse extraite des parenchymes de l'arbre à suif sert à confectionner des chandelles; on fend longitudinalement un bambou cylindrique après en avoir extrait la moelle, on dispose une mèche dans son axe, et on réunit les deux moitiés séparées, à l'aide de cordes en osier. On obtient ainsi un moule cylindrique dans lequel on verse la matière grasse en fusion; quand elle est refroidie, on sépare les deux moitiés du cylindre et la chandelle est fabriquée. La matière adhère assez énergiquement au bois, et il faut avoir soin d'éviter cette adhérence, en laissant les moules s'imbiber au contact de l'eau, et en ne les employant que très-humides. Les moules en bambou sont fréquemment remplacés par des moules en carton qui fournissent identiquement les mêmes résultats.

Les corps gras que nous venons de mentionner ne sont pas les seules substances employées pour l'éclairage; les Chinois se servent pour cet usage d'une quantité considérable de cire d'abeilles. Cette substance se trouve dans le commerce, en Chine, sous forme de blocs carrés, et au Japon, sous forme de disques cylindriques de 2 centimètres d'épaisseur; mais la cire qui se trouve au Japon ne diffère en rien de celle que l'on rencontre dans le Céleste Empire.

Pour compléter l'énumération des matières combustibles servant à l'éclairage, nous devons mentionner encore la cire de Mo-la, ou cire d'arbre, qui est extraite des graines de l'arbre à vernis (*Rus toxicodendron*), la graisse de bœuf et le spermaceti ou blanc de baleine; mais ces matières grasses ne sont pas très-usitées, car elles dégagent par leur combustion une odeur très-désagréable, les Chinois ignorant les moyens de les purifier convenablement.

FABRICATION DES BOUGIES

A Ning-po.

Les Chinois emploient deux méthodes d'éclairage distinctes. La première méthode consiste à faire brûler des huiles très-communes et très-peu coûteuses, dans des petits vases en porcelaine ou en fer, au moyen de mèches poreuses. Les mèches qui servent à cet usage sont formées de la moelle flexible d'une herbe marécageuse, dont la cuticule épidermique s'enlève facilement à la main. Cette plante est très-abondante au bord des cours d'eau si nombreux en Chine.

Ce mode d'éclairage n'est guère employé que par les pauvres, ou, s'il est usité quelquefois chez des habitants aisés, ce n'est que pendant la nuit, en guise de veilleuse.

La seconde méthode consiste à employer des bougies, qui, d'un prix assez élevé, sont presque uniquement réservées aux classes riches de la société chinoise. Ces bougies sont essentiellement formées d'une cire naturelle, connue en Europe sous le nom de suif végétal, unie à une quantité plus ou moins considérable de graisse animale, selon la valeur et la qualité du produit. On les fabrique au trempé; les mèches, suspendues en grand nombre à des cadres de bois, sont plongées dans le bain de matière fondue, jusqu'à ce qu'elles se soient recouvertes de la quantité voulue de substance combustible.

Les mèches qui entrent dans la fabrication des bougies sont formées d'un petit roseau creux autour duquel on enroule une spirale de la moelle de l'herbe marécageuse, dont nous avons parlé précédemment[1]. Quand la mèche est

---

1. On emploie aussi pour cet usage des feuilles de papier poreux roulées en petits cylindres.

entourée d'une épaisseur suffisante de cire, c'est-à-dire quand la bougie est terminée, on la plonge quelquefois dans un bain de cire blanche de *Pe-la*. Elle se transforme ainsi en un produit blanc considéré comme étant de qualité supérieure.

Cette cire de pé-la, sécrétée par un petit insecte très-abondant dans la province de Sse-tchuen, se rencontre généralement sur les branches du frêne. L'insecte à cire, le *Coccus-pela*, dépose une matière blanche à l'extrémité des branches, et il en produit quelquefois des couches d'une assez grande épaisseur. Les Chinois recueillent ces branches, et ils les entassent dans des chaudières en fonte remplies d'eau bouillante ; la cire qu'elles renferment entre en fusion, se rassemble à la surface du liquide, et y forme un gâteau qui est séparé après son refroidissement et sa solidification.

La cire de pé-la est quelquefois très-blanche ; quand on la casse, elle présente dans son intérieur un aspect lamelleux et brillant analogue à celui du spermaceti. Son point de fusion est à peu près le même que celui de la cire d'abeilles. La cire de pé-la est douce au toucher comme l'acide stéarique, et elle ne tache pas le papier.

Son point de fusion est de beaucoup supérieur à celui de la cire végétale employée à fabriquer les bougies, et les Chinois en font plus spécialement usage à l'époque des chaleurs de l'été. Les bougies confectionnées au moyen de cette substance sont d'un prix un peu plus élevé que toutes les autres, mais elles se préparent plus facilement, elles sont beaucoup plus propres aux usages domestiques, et la consommation en est assez considérable.

Les bougies chinoises sont tantôt blanches et tantôt colorées. A l'époque des fêtes publiques, on brûle en signe de réjouissance des bougies rouges, et les fabricants sont appelés alors à en produire de très-grandes quantités. Ils les préparent très-facilement, en plongeant des bougies blanches dans des bains de cire colorée en rouge par l'orcanette. On les retire après quelques secondes d'immersion et elles sont recouvertes d'une couche mince d'une couleur rouge magnifique. L'orcanette épuisée, légèrement exprimée, est employée comme matière combustible.

Les bougies rouges sont les plus estimées en Chine; cependant on en fabrique aussi de bleues et de vertes par un procédé semblable. On incorpore par le brassage, dans le bain de cire, certaines matières minérales diversement colorées, qui proviennent généralement de Canton.

Les bougies ainsi colorées ne sont pas directement livrées au commerce; elles passent auparavant entre les mains d'ouvriers spéciaux qui en découpent l'extrémité supérieure et dégagent la mèche, cachée sous une couche de matière colorante.

Les bougies chinoises n'ont pas tout à fait l'aspect de celles que nous employons; la mèche de roseau n'est pas coupée à ras à leur base inférieure, mais elle la dépasse au contraire de quelques centimètres. Cet appendice sert à piquer la bougie sur les flambeaux de fer dont se servent les Chinois; ces flambeaux sont toujours munis d'une pointe de fer, et la bougie peut brûler jusqu'à la dernière limite, sans qu'il soit nécessaire d'avoir recours aux *brûle-tout* quelquefois usités en Europe. Les habitants du Céleste Empire sont, du reste, très-généralement économes, et ils s'efforcent toujours de tirer un bon profit des matières qu'ils emploient.

Les bougies dont nous avons décrit la fabrication sont toujours bien inférieures à celles que nous produisons; elles brûlent en dégageant une odeur très-désagréable, leur lumière n'est pas très-éclairante, leur flamme est un peu fuligineuse; elles coulent très-facilement, et il faut constamment les moucher comme des chandelles; la mèche brûle

très-incomplétement, et se transforme en un résidu char-
bonneux qui nuit à l'éclat de la lumière.

Les Chinois, qui ignorent complétement nos procédés de
fabrication des bougies stéariques, se plaignent de ces nombreux inconvénients, et ils seraient heureux de pouvoir employer un mode d'éclairage plus avantageux. Les bougies
jouent un certain rôle dans l'extrême Orient; il n'est pas de
fête où elles ne soient employées, et à l'époque du jour de
l'an, on en consomme des quantités considérables; les diverses
cérémonies religieuses du culte de Bouddha s'exécutent, enfin,
à la lueur de nombreuses bougies qui sont alors couvertes
de maximes formulées en lettres dorées[1].

Les bougies se donnent souvent à titre de présent, mais
elles atteignent alors des dimensions monumentales; elles sont
couvertes d'inscriptions, et quelquefois travaillées et sculptées.
On trouve dans le commerce, à Pékin, des bougies de cire de
pé-la qui n'ont plus la forme d'un cylindre uni; elles sont
moulées dans des formes spéciales, et couvertes de figures
ou de personnages, qui leur donnent l'aspect de véritables
objets d'art[2].

Pendant un voyage que nous fîmes dans une partie de la
Chine où les produits européens étaient presque inconnus,
nous avions l'habitude de faire quelques présents aux Chinois
avec lesquels nous étions en relation, et jamais cadeau n'avait
plus de succès que les bougies stéariques de France; les mandarins eux-mêmes, à qui nous en avons donné, ne pouvaient
modérer leur admiration, en voyant brûler ces bougies tout
au long, sans qu'il fût nécessaire de les moucher

La graisse, le carbonate de soude et le soufre sont des

---

1. Pour écrire sur les bougies, on y trace d'abord les lettres à l'aide
d'un pinceau imbibé de colle ou de gélatine, et on y applique des feuilles
minces d'or ou de cuivre.

2. Les bougies de luxe atteignent quelquefois le prix de 100 à 160 sa-
pesnes (50 à 65 centimes) et même plus.

produits abondants en Chine, et il serait cependant bien facile de fabriquer dans l'extrême Orient des bougies identiques aux nôtres, avec le concours de ces substances[1].   P. C.

FABRICATION DE L'ENCRE DE CHINE.

(On a souvent essayé de fabriquer en France de l'encre de Chine, mais les résultats obtenus n'ont jamais été complétement satisfaisants, et l'encre de provenance chinoise, bien supérieure comme qualité aux produits français, a toujours été préférée par les dessinateurs. Bien que la consommation de l'encre de Chine ne soit pas très-considérable, la France ne doit pas, s'il se peut, rester tributaire des fabricants chinois, et laisser à un pays arriéré le monopole d'une industrie que nos ressources de toute espèce nous permettraient d'établir dans d'excellentes conditions. Aussi décrirons-nous avec tous les détails et le soin nécessaires les procédés employés par les Chinois dans la fabrication de leur encre, procédés à l'aide desquels il serait facile d'obtenir des produits de bonne qualité, à un prix de revient relativement faible.

Nous avons pu pendant un assez long séjour en Chine, notamment à Shang-haï, examiner par nous-même la méthode suivie par les ouvriers indigènes, et dans ce qui va suivre nous ajouterons nos observations personnelles aux notes intéressantes traduites des textes chinois par M. Stanislas Julien.)   P. C.

A une époque très-reculée, les Chinois, ne connaissant

---

1. On obtient, en effet, les acides stéarique et margarique qui, mélangés, constituent les bougies, par la décomposition, au moyen de l'acide sulfurique, des savons gras de soude.

pas encore l'encre proprement dite, écrivaient avec un morceau de bambou trempé dans du vernis noir. Plus tard on employa une liqueur épaisse tenant en suspension des particules d'une certaine pierre noire réduite en poudre fine. Enfin, sous la dynastie des Weï et des Tsin (220 à 419), on commença à fabriquer l'encre sous la forme de boules, avec le noir de fumée obtenu par la combustion incomplète de vernis et de branches de pin : depuis lors, les procédés de fabrication, imparfaits dans le principe, se perfectionnèrent peu à peu, et cette branche d'industrie, favorisée par un empereur protecteur des arts et des sciences, prit une grande extension dans toute la Chine.

Les Chinois emploient aujourd'hui de l'encre en bâtons, ils la délayent dans de l'eau ou du thé, et y trempent l'extrémité de pinceaux très-fins, dont ils se servent pour écrire. La qualité de cette encre est très-variable et dépend de la nature des matières premières employées et des soins apportés à la fabrication. Les produits les plus estimés sont ceux qui se font avec le noir de fumée obtenu par la combustion de la graisse de porc : les autres corps dont on tire un noir utilisable pour la préparation de l'encre sont : d'abord les huiles et graisses communes, puis les bois résineux et les résines elles-mêmes. Les bois de pin et de plusieurs autres arbres énumérés par les textes chinois donnent aussi de très-bons résultats.

Préparation du noir de fumée. — Autrefois on faisait usage de fours droits et hauts d'environ dix pieds. Ces fours présentaient un large ventre, se terminant par un tuyau placé à la partie inférieure de l'appareil ; on surmontait ce conduit de cinq bombonnes, communiquant ensemble par la partie inférieure, et auxquelles on joignait souvent cinq autres disposées en étage. Selon les qualités à donner à l'encre, on réunissait tous les produits condensés dans ces récipients, où on les fractionnait suivant la grosseur des grains entraînés par

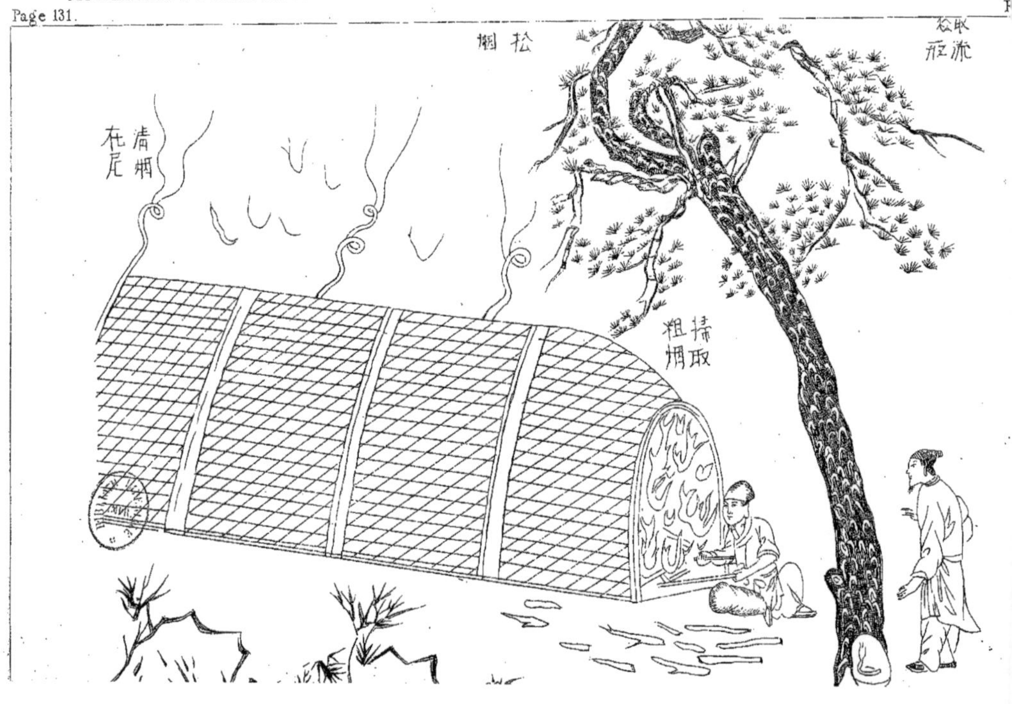
松煴
取松
流疵
在清
尼煴
掃取
粗煴

le tirage, pendant la combustion incomplète des matières résineuses renfermées dans le four.

Aujourd'hui, dit le texte chinois, on remplace ces appareils par des fours dormants, c'est-à-dire construits sur le sol, sur une longueur égale parfois à cent pieds sur cinq de largeur. Les petits fours de ce genre ont huit pieds et les grands quarante pieds. Le col et l'ouverture ont deux pieds environ, et la totalité du corps du four mesure souvent cinquante pieds.

Le noir de fumée condensé à l'extrémité du four est le plus fin et le plus propre à la fabrication de l'encre ; quant à celui qui est le plus rapproché de l'endroit où s'opère la combustion, il est trop grossier pour être employé. La grosseur des grains du noir dépend évidemment de la qualité des matières que l'on a brûlées et de la rapidité plus ou moins grande de la combustion. (Planche VII.)

Pour former avec le noir de fumée une masse compacte et résistante, on y mêle une espèce particulière de colle dont la préparation est une des opérations les plus importantes de la fabrication de l'encre de Chine. La colle la plus estimée des Chinois s'obtient en faisant macérer sept à huit jours, dans de l'eau de riz, des bois de cerf dont on a enlevé la partie supérieure et que l'on soumet ensuite à une longue ébullition.

(On ajoute souvent de la colle faite avec des peaux de buffalos et de la colle de poisson. Cette dernière espèce de colle se fabrique avec l'estomac et les vessies natatoires de plusieurs poissons de mer. Ces matières offrent les mêmes propriétés que la vessie de l'esturgeon (acipenser), employée chez nous pour la préparation de la colle de poisson. Pour préparer la colle, on soumet ces vessies à une longue ébullition, puis on les bat violemment pendant plusieurs heures avec de lourds marteaux de fer. La substance se désagrége, se ramollit et se dessèche. Il suffit alors de la faire bouillir pendant quelques instants au bain-marie, pour obtenir une colle très-solide et très-résistante.) L'encre de Chine se fabrique pendant les mois les plus froids de l'année ; la chaleur de l'été amènerait la fermentation de la colle et rendrait le travail plus difficile. On mêle souvent à la colle destinée à fabriquer les encres de première qualité, de l'ambre, du musc et certaines autres matières odoriférantes.

Nous reviendrons plus tard sur l'odeur particulière qu'affectent les encres chinoises et qu'on retrouve rarement dans les encres de provenance française.

Avant de se servir du noir de fumée, il est nécessaire de le tamiser au moyen de sacs en soie, afin que les grains soient d'égale grosseur et que l'encre soit parfaitement homogène. On commence par faire fondre la colle, puis on la verse sur le noir de fumée, et on l'y mélange intimement en pétrissant le tout avec les mains. La colle et le noir s'emploient, d'après les textes chinois, à poids égaux. Il est très-important, à ce qu'il paraît, d'observer cette proportion qui influe considérablement sur la qualité de l'encre de Chine. On ajoute souvent au mélange une petite quantité de vernis de Chine cru ou cuit (suc du Toxicodendron vernicifera). Le tout est mis dans un mortier de fer et battu violemment avec des pilons. Il est nécessaire que le mélange soit très-intime, sans cela les bâtons d'encre de Chine se fendilleraient et seraient promptemen hors de service.

Il ne faut pas cependant que la matière soit battue pendant un temps trop prolongé ; elle perdrait aussi de ses qualités.

L'ouvrier doit apprécier la durée qu'il est convenable de donner au battage de la pâte.

Lorsque l'encre a été battue trop longtemps, on l'enveloppe d'un morceau de papier, et en la tenant à la main, on la soumet à l'action d'un feu doux. Dans ce cas, on lui donne un nom particulier qui signifie que « *la chaleur a rendu la matière collante.* »

Mais cette encre ne vaut pas celle qui a été fabriquée sans être soumise à cette opération. La pâte dans laquelle on a fait entrer de la colle de bois de cerf doit être mise rapidement en bâtons. Quand on a employé la colle de buffalos, il vaut mieux laisser le mélange à l'air, pendant une journée ; ensuite on place la masse sur une enclume, et cinq ouvriers armés de longs marteaux la frappent de quatre à cinq cents coups. La matière, ayant acquis une grande fermeté, passe dans les mains de l'ouvrier mouleur.

Les moules sont formés d'une pièce de bois portant une cavité destinée à recevoir la matière et à lui donner la forme voulue. Les pains sont plus faciles à mouler lorsqu'ils sont de petite dimension ; ils risquent moins de se fendiller et de s'infléchir pendant le séchage ; aussi les bâtons d'encre de qualité supérieure sont-ils toujours assez petits.

Lorsque les pains sont moulés, on les dessèche au moyen de cendres de bois, de chaux pulvérulente ou de balles de froment. La cendre s'emploie de préférence ; on commence par la tamiser, puis, entre deux lits de cendre, on place les pains enveloppés de papier fin.

Le procédé est le même quand on emploie de la chaux ; mais dans ce cas, il faut prendre encore plus de précautions ; si la chaux absorbe rapidement l'humidité, l'encre se fendille et ne peut plus se vendre que comme un produit de qualité inférieure. Les pains, ainsi entourés de cendre ou de chaux, se placent dans une espèce d'étuve petite et bien close, dans laquelle on entretient un feu doux pendant plusieurs jours. Certains fabricants ne prennent pas toutes les précautions que nous venons d'indiquer, et se contentent de laisser les pains à l'air jusqu'à ce que la dessiccation soit complète.

Les textes chinois indiquent plusieurs manières de délayer l'encre dans l'eau. On peut la délayer en promenant le bâton au fond d'une soucoupe contenant une petite quantité d'eau, en frottant le bâton avec le doigt humide, avec un pinceau humecté d'eau, ou bien avec la surface d'une pierre un peu rugueuse.

L'encre de bonne qualité doit se délayer facilement et former sur le papier des teintes uniformes sans aucun dépôt apparent de matière solide ; les bâtons de qualité supérieure ont un reflet brunâtre. Un reflet noir, bleu ou gris, dénote des produits de qualité inférieure. La surface des pains doit rester brunâtre, même plusieurs années après leur fabrication. Cette qualité se trouve dans les encres anciennes dont on rencontre en Chine de rares échantillons. Les nombreux spécimens qui se trouvaient au palais d'été de l'empereur à Pékin ont été malheureusement dispersés. Ces anciens bâtons d'encre sont généralement renfermés dans des boîtes élégantes que les mandarins offraient souvent comme cadeaux à l'empereur.

On peut encore reconnaître la qualité d'un pain d'encre de Chine d'après le son qu'il rend quand on le frappe doucement sur un corps dur : le son doit être sec ; s'il est mat, c'est que la matière n'est pas assez homogène et que le produit est de qualité inférieure.

L'encre la plus estimée est celle dont la densité est la plus considérable. Les Chinois disent que la valeur du noir de fumée dépend de sa légèreté, et la valeur de l'encre, de sa lourdeur.

L'encre ancienne a plus de prix que l'encre de fabrication récente ; en vieillissant, elle durcit et acquiert du brillant, qualité toujours très-recherchée ; aussi ne doit-on l'employer que trois ans après sa fabrication.

Dans le cas où l'encre ancienne aurait été altérée par l'humidité, on peut lui rendre sa qualité première en la broyant avec de l'eau et de la colle ; pour que cette opération puisse se faire avec succès, il est nécessaire que l'encre renferme lors de sa fabrication une quantité considérable de colle, et qu'elle ait été séchée avec beaucoup de précautions.

Pour conserver l'encre ancienne, il faut la mettre dans des pièces aérées, l'exposer souvent au soleil et la frotter avec la main pour l'empêcher de perdre son poli.

On ajoute quelquefois au noir de fumée qui constitue l'encre de Chine certaines matières mentionnées par les textes chinois; ce sont : certaines écorces, telles que celle du *Fraxinus longicuspis*, du grenadier, le musc, la corne de rhinocéros, le vinaigre, le carbonate de cuivre, la gomme-gutte, l'huile de croton tiglium, le vernis, la menthe, le gingembre, les gousses de chélidoine, etc.

M. Stanislas Julien a trouvé, dans un texte chinois, la description d'un procédé destiné à obtenir un noir de fumée très-fin, procédé qui diffère de celui que nous avons indiqué plus haut. Voici en quoi consiste cette méthode, que l'on emploie assez rarement :

On mêle de l'huile de *Cannabis sativa* avec du riz glutineux, puis on introduit dans le mélange plusieurs mèches que l'on allume; on recouvre le tout d'une calotte en terre cuite portant au centre une petite ouverture.

De temps en temps, on soulève cette calotte, on détache le noir de fumée déposé sur les parois, et on le broie.

Pour préparer l'encre, on fait bouillir des gousses de *Mimosa fera* avec du riz glutineux réduit en poudre fine, on y ajoute du camphre et du musc, et on mélange le noir de fumée avec le liquide ainsi obtenu.

(Les notes que l'on vient de lire ont été rédigées d'après des extraits de textes chinois. Ces textes, qui traitent de la fabrication de l'encre de Chine, sont déjà assez anciens. Mais comme le Chinois conserve les mêmes usages et les mêmes traditions pendant de longues années, les procédés usités aujourd'hui diffèrent peu des procédés anciens. Néanmoins on a introduit dans la fabrication certaines innovations qui permettent d'obtenir une encre moins fine, il est vrai, mais d'un prix de revient assez faible.)

Nous avons pu étudier la fabrication de l'encre dans plusieurs parties de la Chine, et nous avons résumé nos observations personnelles dans une note insérée au *Bulletin de la Société d'agriculture.*

Nous allons reproduire cette courte notice. Les personnes qui voudraient se livrer à l'industrie dont nous nous occupons pourront y puiser d'utiles renseignements.

Certaines opérations que nous décrirons ont une grande analogie avec les procédés que nous avons mentionnés plus haut ; mais, au risque de faire quelques répétitions, nous avons voulu donner un exposé complet de la fabrication de l'encre de Chine telle qu'elle se pratique de nos jours.   P. C.

PROCÉDÉS ACTUELS DE FABRICATION DE L'ENCRE DE CHINE

A Shang-haï et à Han-keou.

L'encre de Chine, si renommée et si différente des imitations de provenance européenne, se fabrique en Chine par des procédés fort simples. Malgré les difficultés que rencontre l'Européen qui veut pénétrer dans les fabriques, nous avons pu étudier cette industrie d'une manière complète dans plusieurs localités.

Dans certaines parties du nord de la Chine où les huiles et les graisses sont assez abondantes, on fabrique du noir de fumée d'après des procédés analogues à ceux qu'on emploie chez nous. C'est cette matière qui est la base de l'encre de Chine. On commence par faire cuire dans l'eau de la colle forte obtenue au moyen de la peau de buffalos, cette colle est de bonne qualité et sert à de nombreux usages en Chine. Lorsque le gonflement de la colle a eu lieu, on la met de côté, on l'étend sur des planches et on l'y laisse sé-

journer jusqu'à ce qu'on l'utilise. Elle peut se conserver
en été pendant plusieurs jours; la faible altération qui se
manifeste quelquefois à sa surface n'empêche pas son emploi;
on met recuire, dans de grands bassins de fonte, cette colle
qui se dissout rapidement, vu son gonflement préalable; puis
on ajoute le noir de fumée en quantité suffisante pour obtenir
une pâte molle. Quand on a opéré par le brassage le mélange
intime de ces matières, on y verse une petite quantité d'huile
de pois, et on entretient la température à 50 ou 60°, jusqu'à
ce que l'on juge que la pâte est homogène ; on retire alors la
masse de la bassine et on la sépare en plusieurs gâteaux plats
pesant environ 6 ou 700 grammes chacun. Ces gâteaux restent plusieurs jours dans cet état : pendant ce temps, la pâte
vieillit et devient meilleure, au dire des fabricants; parfois
même, vu la chaleur et l'humidité qui règne en été à Shang-
haï, les gâteaux se recouvrent de moisissures, mais néanmoins
on s'en sert encore et l'encre obtenue est de bonne qualité.
Des ouvriers spéciaux sont occupés uniquement de la fabrication de la pâte ; pendant ce temps, d'autres moulent les pains
de la manière suivante : l'ouvrier est assis devant un établi et
a devant lui le moule ; à sa gauche est une petite balance, et
à sa droite, sous l'établi, se trouve un fourneau rempli de
cendres chaudes. Les gâteaux d'encre de Chine se durcissent
par le refroidissement et ne sont plus malléables, il faut que
l'ouvrier les place au-dessus des cendres chaudes quelques
instants, puis, quand ils sont ramollis, il les pétrit vigoureusement dans le creux de la main. Derrière l'ouvrier, se trouve
un banc, à l'extrémité duquel est un grand levier articulé par
une charnière. Ce levier a la longueur du banc. L'ouvrier, tenant le moule à la main, le remplit de pâte, soulève le levier
et place au-dessous son moule, puis il le rabaisse et s'assied
sur l'extrémité du levier qui comprime ainsi très-violemment
la matière destinée à former l'encre de Chine. Dans cette position, il introduit de la pâte dans un nouveau moule, ensuite

il se relève, retire le moule soumis à la compression, remet le second à sa place, et ainsi de suite.

Ces moules sont formés d'une pièce de bois en forme de parallélipipède, munie aux deux extrémités de deux poignées ; le centre de ce moule est percé d'un trou rectangulaire dans lequel on place deux coins de bois, en forme de pyramides tronquées, dont chacune des faces représente en négatif les dessins et les lettres que l'on veut imprimer sur les deux faces du pain d'encre de Chine. L'ouvrier prend une quantité déterminée de pâte ramollie, l'introduit dans le moule fermé à sa partie inférieure, par un des coins, la recouvre avec le second et met le moule sous le levier. Quand le moulage a eu lieu, en frappant le moule sur la table, le coin inférieur chasse le pain d'encre que l'on enlève et que l'on met sécher. On opère plus rapidement pour les encres communes ; le moule contient deux plaques de bois entre lesquelles on met une quantité de matière suffisante pour former à la fois cinq à six pains au moins. Des parties pleines réservées dans le moule tracent des lignes profondes dans la pâte, de sorte qu'au sortir du moule on n'a plus qu'à la diviser à la main, ce qui se fait très-rapidement. Puis, après une dessiccation de cinq à six jours, suivant la température, on réunit à plat une grande quantité de pains dans des cadres de bois ; on passe à leur surface un tampon de linge mouillé, pour les unir, et on les termine en les frottant avec une espèce de gratte-brosse en crin très-dur qu'on a auparavant imprégné de cire du coccus-pé-la, étendue à chaud sur une plaque de pierre. Cette cire donne aux pains, par le frottement, un aspect très-brillant, et empêche l'encre de salir les mains quand elle est humide.

La différence entre les diverses encres de Chine provient de plusieurs causes dont la plus importante est la qualité du noir de fumée. Pour les encres communes, on emploie le noir de fumée obtenu par la combustion d'huiles ordinaires ; pour les encres de première qualité, on emploie le noir de fumée obtenu au moyen de la graisse de porc.

L'odeur particulière de l'encre de Chine s'obtient en mélangeant à la pâte, pendant le brassage dans la chaudière, du camphre de Bornéo et du musc, matières excessivement chères en Chine. Du reste, l'encre de Chine ordinaire ne possède aucune odeur et par conséquent ne renferme aucune de ces deux matières. Les lettres dorées qui couvrent souvent les pains s'obtiennent en relief au moyen de creux pratiqués dans le moule ; puis, lorsque le pain est sec, on passe sur les lettres de l'eau tenant de la gélatine en dissolution, et on applique l'or ou le cuivre en poudre avec un pinceau. L'or est tenu en suspension dans cette eau gélatineuse. Certains petits pains coûtent en Chine jusqu'à 6 à 7 francs pièce.

Cette industrie, que nous avons vue établie sur une grande échelle à Shang-haï et à Han-keou, emploie un nombre considérable d'ouvriers et est fort curieuse dans ses détails. Le Chinois y donne des preuves de son adresse et de son activité patiente. D'après les renseignements pris sur place, le même mode de fabrication existe au Japon, néanmoins les Japonais préfèrent l'encre chinoise à la leur. Cela provient probablement de la plus ou moins bonne préparation du noir de fumée, car la gélatine préparée par les Japonais est assurément aussi bonne que celle que fabriquent les Chinois. P. C.

ENCRES DE COULEUR.

Encre jaune. On emploie quelquefois, pour peindre et pour faire des ornements, des couleurs préparées dans ce but et que l'on met sous forme de pains ou de tablettes, comme on fait pour l'encre de Chine.

Nous allons indiquer la composition de quelques-unes de ces encres.

ENCRE ROUGEATRE

Obtenue avec l'orpiment (sulfure d'arsenic).

On réduit en poudre fine l'orpiment naturel en choisissant celui qui a la plus belle couleur, on le mélange avec de l'eau et on recueille la partie qui, à cause de son état de division, reste en suspension dans le liquide. On ajoute de l'écorce de fraxinus longicuspis, des fruits du gardenia et des gousses de mimosa fera, de la graine de croton tiglium et une faible quantité de colle animale : on broie intimement le mélange et on le façonne en pains que l'on fait sécher à l'ombre, après les avoir moulés comme on le fait pour l'encre de Chine.

ENCRE ROUGE POUR EMPREINTE DE CACHETS.

Pour préparer cette encre, on mélange du cinabre de bonne qualité avec de l'huile de ricin, on broie le tout dans un mortier jusqu'à ce qu'on ne voie plus l'huile surnager à la surface du mélange, et lorsque ce résultat a été obtenu, on ajoute au mélange des filaments d'armoise. On pile le tout jusqu'à ce que les filaments soient désagrégés aussi complétement que possible.

Cette matière a pour but de donner à l'empreinte plus de relief qu'elle n'en aurait si on n'employait que le cinabre et l'huile de ricin.

PAPIER.

A une époque très-reculée de l'antiquité, les Chinois écrivaient sur des tablettes très-minces de bambou, qu'ils

faisaient soigneusement sécher au feu. Il existe encore de
nombreux spécimens de ces tablettes, que l'on conserve
religieusement dans les pagodes, où depuis la plus haute antiquité on garde les écrits sacrés et les documents historiques.
Plus tard, on fit usage de pièces de soie d'une espèce particulière, appelée *soie-papier*; enfin un inventeur célèbre
nommé Tsaï-lun remplaça les tablettes de bambou, lourdes,
incommodes à manier, et la soie d'un prix très-élevé, par
différentes espèces de papier. Il se servait d'écorces d'arbre,
de fils de chanvre, de vieille toile, de filets de pêche, qu'il
soumettait à une longue ébullition dans l'eau; il broyait ensuite ces matières jusqu'à ce que, désagrégées par l'action du
pilon, elles fussent réduites en une bouillie épaisse, qui formait la pâte à papier. Les résultats de cette mémorable invention furent présentés à l'empereur régnant en Chine, vers
l'an 153 de notre ère; le souverain comprit toute l'importance du produit nouveau, et grâce à l'accueil qu'il fit à l'inventeur, grâce à la protection qu'il lui donna, l'usage du
papier se répandit rapidement dans tout le Céleste Empire.

Le nom de Tsaï-lun est resté célèbre en Chine, un temple
est élevé à sa mémoire, et plus de mille ans après sa mort
on lui offrait des sacrifices. Cette coutume était encore en
vigueur à l'époque où parut le livre chinois dont nous ex-
trayons ces curieux documents.

Les matières employées pour la fabrication du papier dans
les diverses provinces de la Chine sont, d'après les textes
chinois : le chanvre, les jeunes pousses de bambou, l'écorce
de mûrier, le rotin, les algues marines, la paille de riz ou de
froment, les cocons de vers à soie et l'écorce du Broussonetia
papyrifera.

(Nous ne nous étendrons pas sur des procédés particuliers
d'un intérêt médiocre, et nous parlerons presque exclusivement de la fabrication du papier de bambou (*Bambusa arun-
dinaria*) qui comprend à elle seule toutes les autres méthodes,

et qui offre un caractère d'actualité particulier, aujourd'hui que les industriels se préoccupent si vivement en Europe de substituer aux matières textiles, telles que le chanvre et le coton, diverses succédanées d'origine ligneuse.) P. C.

Tout le papier de bambou consommé en Chine se produit dans les parties méridionales du Céleste Empire; mais c'est dans la province de Fo-kien que la fabrication s'exécute sur la plus vaste échelle.

Quand les jeunes pousses de bambou commencent à paraître, on visite toutes les plantations, et on choisit de préférence les arbustes qui sont à la veille de donner des branches et des feuilles. Vers le 5 juin, les bambous sont abattus, on en coupe les tiges en morceaux de 5 à 7 pieds de longueur, que l'on jette immédiatement dans un bassin creusé dans le sol et rempli d'eau; on a soin d'empêcher que ce réservoir ne se tarisse, en l'alimentant constamment avec l'eau des ruisseaux environnants que l'on y dirige à l'aide de tuyaux de bambou. Quand les fragments de bambou ont trempé plus de cent jours, on les bat avec un maillet, et on enlève l'écorce verte qui couvre le bois dans toute son étendue. Au-dessous de l'écorce, on trouve une matière filamenteuse qui ressemble à celle de la plante appelée Tchou-ma (*Urtica nivea*).

Ces morceaux de bambou ainsi préparés sont chauffés dans une cuve en bois, remplie d'eau additionnée de chaux éteinte; cette cuve de bois ne reçoit pas directement la chaleur du foyer; on la place dans une cuve en métal, qui a généralement 2 pieds de diamètre; cette dernière cuve est encastrée dans un mur circulaire en maçonnerie, et sa capacité est telle, qu'elle peut contenir 10 *chi* d'eau (le chi équivaut à 10 boisseaux).

On entretient ordinairement le feu pendant huit jours et huit nuits; quand ce temps est écoulé, on découvre la cuve, et

Page 142.

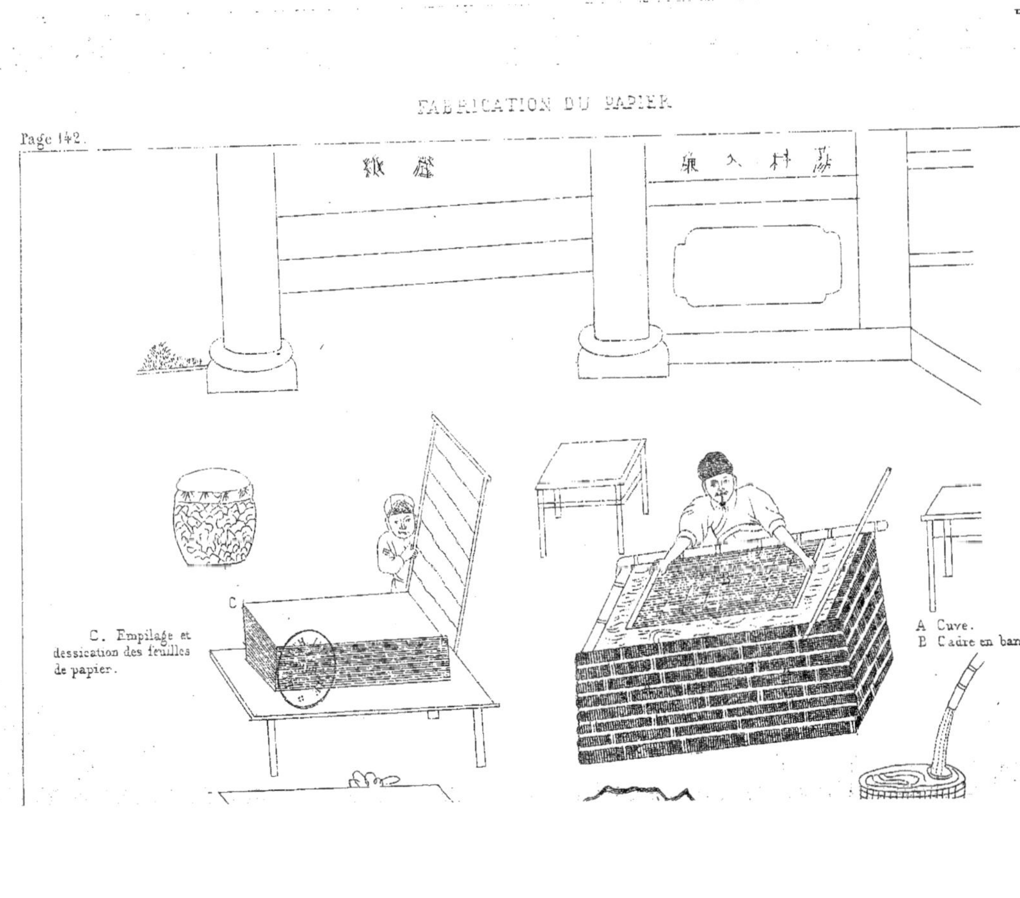

蕩簾
刷上初入簾
C. Empilage et
dessication des feuilles
de papier.
C
A Cuve.
B Cadre en bam

l'on en retire les filaments de bambou, qui sont soigneusement lavés à l'eau.

Le fond et les parois intérieures du bassin sont garnis de planches de bois parfaitement ajustées, afin que la terre molle ne se mêle pas à l'eau et ne puisse pas la salir (on ne prend généralement pas cette précaution pour le papier commun).

Les filaments de bambou, après avoir été soumis à l'action de la chaux éteinte et de l'eau bouillante, sont plongés dans une lessive de cendre de bois, et sont ensuite placés dans une chaudière et recouverts d'une couche de cendres de paille de riz d'un pouce d'épaisseur. On remplit cette chaudière d'eau, on fait bouillir le liquide, et, après cette opération, les filaments ligneux sont plongés de nouveau dans une lessive de cendre de bois, et ainsi de suite pendant dix jours environ. Après avoir subi cette série d'opérations, les filaments de bambou commencent à se pourrir et ils répandent une odeur désagréable; on les soumet alors à l'action de pilons qui agissent dans de grands mortiers (dans les pays montagneux, les cours d'eau sont utilisés comme force motrice et mettent en mouvement un mécanisme très-simple disposé à cet usage).

Quand la matière a été désagrégée de manière à former une bouillie consistante, on la verse dans une auge en bois, dont la grandeur est variable suivant la *forme* et la dimension du papier qu'on doit produire; on y jette une petite quantité d'eau qui s'élève environ à 2 ou 3 pouces au-dessus de la pâte, et on y mélange enfin une certaine substance liquide qui a pour propriété de tarir le liquide et de blanchir la pâte[1].

Les formes destinées à lever les feuilles de papier sont faites au moyen de filaments de bambou de la grosseur de fils de soie, et tressés en une sorte de tissu qui se monte sur un cadre de bois formé de barres légères, assemblées en rectangle. L'ouvrier prend la forme des deux mains, il la plonge

---

1. Il est très-probable que cette substance produit du chlore.

dans la pâte et la retire après un temps variable, suivant l'épaisseur qu'il veut donner à la feuille de papier. Les ouvriers habiles savent ainsi produire presque infailliblement des feuilles minces ou épaisses. L'eau mélangée à la pâte de bambou adhérente au tissu de bois s'échappe par les quatre côtés du cadre et retombe dans la cuve ; l'ouvrier fait alors tomber la feuille de papier sur une table, où l'on superpose ainsi peu à peu un millier de feuilles semblables ; on place sur le tas ainsi formé une planche que l'on serre contre la table avec une corde, passée dans des traverses de bois, le papier se trouve vigoureusement pressé et il achève de s'égoutter. Il ne reste plus ensuite qu'à enlever les cordes, à retirer les feuilles une à une à l'aide d'une pince en cuivre et à les soumettre à la dessiccation.

La dessiccation s'opère dans un four formé de deux murs parallèles en briques, de manière à simuler une sorte de ruelle dans laquelle est percée à la partie supérieure une petite ouverture. On y entasse des combustibles qui sont enflammés et répandent une chaleur uniforme dans le four tout entier. A l'aide d'une brosse, on applique alors extérieurement les feuilles de papier, qui se sèchent rapidement et qui sont aussitôt mises en rames.

Cette sorte de papier de bambou se fabrique spécialement dans la province de Sse-tchuen ; le fleuve Yang-tse-kiang est de toutes parts sillonné de jonques qui le transportent dans les ports importants, où il est l'objet d'un commerce très-actif.

PAPIERS DE PROVENANCES DIVERSES.

Le papier de bambou n'est pas le seul que les Chinois savent produire ; ils en fabriquent encore avec un grand nombre d'autres substances, et nous devons en mentionner

quelques-uns qui offrent le plus grand intérêt par leur origine. C'est ainsi que nous citerons les papiers suivants :

Papier fabriqué avec les algues marines.

Papiers d'écorce d'arbres odorants.

Papier jaune de chanvre. On commença à se servir de ce
papier pour publier les décrets impériaux en l'an 715 de
notre ère.

*Papier destiné aux écrits sacrés de la collection boud-
dhique;* ils étaient teints avec l'écorce du *Pterocarpus flavus*
qui les préserve de la destruction occasionnée par les vers.

Papier de vingt pieds de long, épais comme plusieurs
doubles de soie (*texte chinois*). Ce papier, au sujet duquel on
ne trouve pas de renseignements positifs, était probablement
fabriqué, comme l'ont pensé les anciens missionnaires jésuites,
en versant la pâte à papier sur de longues tables munies de
fentes longitudinales, rendues absorbantes par des doubles
feutres, ou d'autres matières poreuses.

Papier de Corée, fabriqué avec des cocons de vers à
soie.

Papier d'écorce de glaïeul et de Broussonetia papyrifera.

*Papiers présentant, par transparence, l'image d'un dieu
indien* (fabriqués, dit-on, par l'interposition dans la pâte de
feuilles minces revêtues de dessins).

Papier blanc de toile de chanvre, employé pour les édits
impériaux, les lettres de grâce, etc.

Papier coréen, d'écorce de pin.

*Papier de résidus de métiers à tisser et de rognures de
soie.* Ce papier était fort estimé.

Papier de racines et d'écorce de mûrier.

Papier de rotins.

Certains papiers chinois, et surtout les papiers de Corée,
qui offrent beaucoup d'analogie par leur fini, leur beauté et leur
solidité, avec les papiers japonais, sont lisses et polis sur les
deux faces. Les Chinois arrivent à ce résultat en polissant

d'abord la surface des feuilles sèches, et en y passant de lourds cylindres qu'ils font agir à la main.

PAPIERS TEINTS ET COLORÉS.

Les Chinois emploient une grande quantité de papiers teints, soit pour fabriquer des cartes de visite, soit pour orner leurs appartements et leurs lanternes. Ces papiers sont préparés en y appliquant diverses couleurs avec lesquelles on mélange une solution d'alun ou de colle animale; ils ne sont généralement colorés que d'un seul côté. Dans quelques cas on est obligé de superposer les couches de couleurs broyées à l'eau, et chaque opération est suivie alors d'un alunage : le travail est dans ce cas très-minutieux, aussi la valeur des papiers peints est-elle très-variable suivant la nuance qu'ils offrent, la perfection des dessins dont ils sont revêtus, et les frais de main-d'œuvre qu'a nécessités leur fabrication.

Les matières colorantes employées pour la teinture des papiers sont : le cinabre, la céruse, le minium, le vermillon et les décoctions de bois, de plantes et de diverses fleurs, telles que : le sapan et le percefeuille mélangés, les fleurs de *Sophora japonica* grillées jusqu'à ce qu'elles aient obtenu une belle nuance rouge, l'indigo (*Polygonum tinctorium*), les fleurs de carthame (*Carthamus tinctorius*), le campêche (*Hematoxylon campechianum*), l'écorce du gland, le *Rhus succedaneum*, les fleurs de mauve (pour teindre le papier avec cette plante, on la fait bouillir dans de l'eau, on y ajoute du talc et de l'alun, puis on passe le papier à la surface du bain, en le tenant avec un cadre en bois), l'écorce de *Pterocarpus flavus*, etc.

COLLAGE DU PAPIER.

Le papier est collé de diverses manières, suivant ses usages ; quelques papiers d'écorces d'arbres ou de plantes résineuses sont quelquefois collés naturellement sans qu'il soit nécessaire d'y ajouter aucune substance étrangère. Les Chinois, du reste, sont moins exigeants que nous sous le rapport de la blancheur de leur papier, qui est toujours beaucoup plus coloré que le nôtre.

Les habitants du Céleste-Empire connaissent plusieurs procédés pour coller le papier.

Ils font tremper dans de l'eau du riz gélatineux pendant 12 heures, et ils l'écrasent ensuite en y ajoutant une nouvelle quantité d'eau ; le liquide sirupeux ainsi obtenu est passé sur un filtre de soie et additionné de farine de pois oléagineux (Dolichos) qui renferme jusqu'à 16 0/0 d'huile. Le mélange, brassé soigneusement jusqu'à ce qu'il soit bien homogène, est chauffé jusqu'à l'ébullition ; on y ajoute une petite quantité de cire jaune et d'alun, et on laisse refroidir quand l'action de la chaleur a été suffisamment prolongée. La colle est alors prête à être employée ; on l'étend sur le papier à l'aide d'un pinceau et on la laisse sécher spontanément à l'ombre.

Dans quelques autres cas, on se sert de gélatine et d'alun, mais les Chinois prétendent que cette méthode est défectueuse, qu'elle ne donne pas de bons résultats et qu'elle offre enfin l'inconvénient de restreindre le nombre des matières colorantes qu'on pourrait appliquer sur le papier. Ce mode de collage s'effectue de la manière suivante :

On pile des gousses noires de févier de la Chine (*Mimosa fera*), on les fait tremper dans l'eau pendant 24 heures, et on les soumet à l'ébullition. Le liquide obtenu est filtré et

passé sur les feuilles de papier que l'on fait sécher à l'air :
il ne reste plus qu'à y verser une couche d'alun et elles peuvent alors recevoir des matières colorantes.

Le collage des papiers se fait enfin quelquefois avec des
sucs végétaux additionnés d'alun.

PAPIER SERVANT DE CARREAUX AUX FENÊTRES,
PAPIER DESTINÉ AUX PARAPLUIES, ETC.

Les Chinois ne connaissent pas le verre, et leurs fenêtres
sont closes avec une espèce particulière de papier spécialement employé dans le nord de la Chine. On choisit de préférence des papiers forts qui sont parfois d'un prix assez
élevé. A Pékin on se sert de papier de coton. Ces papiers
subissent une préparation préalable ; on les soumet d'abord,
après les avoir humectés, à l'action de la vapeur d'eau et on
les couvre ensuite d'un enduit formé d'huiles de *Sterculia
tomentosa* et de graines de chanvre mélangées de céruse et de
graines décortiquées de ricin (*Ricinus communis*). On les
roule autour d'un cylindre de bois et on les recouvre d'une
seconde feuille de papier. Après cette opération, on les bat
à coups de marteau, dans le but de bien étendre l'enduit,
de le faire pénétrer uniformément dans toute la masse
et d'éviter la formation de taches. Le papier ainsi préparé
est très-solide, et il est appliqué contre les fenêtres où il joue
le rôle de vitres.

Le papier destiné à garnir les parapluies se prépare d'une
manière analogue. On mélange de l'huile de *Sterculia tomentosa* avec de l'huile de chanvre, de l'huile de croton (*Croton
tiglium*) et une petite quantité de farine. On applique cette
composition sur le papier que l'on fait sécher. Les parapluies
confectionnés avec ce papier résistent assez longtemps à l'ac-

tion de la pluie et du soleil, mais ils sont lourds et incommodes. On en fabrique cependant quelquefois qui joignent l'élégance à la solidité ; on se sert alors de diverses espèces de papier d'écorce de *Broussonetia papyrifera*.

PAPIER D'ÉCORCE DE BROUSSONETIA.

D'après les textes chinois, c'est en général vers la fin du printemps que l'on enlève l'écorce de ces arbres. Quand ils sont vieux, on les coupe et on enfouit sous la terre le tronc qui dépasse encore le niveau du sol. L'année suivante, on voit croître de nouvelles pousses dont l'écorce est préférable à celle des anciennes tiges. On mélange généralement l'écorce de *Broussonetia* avec 40 0/0 d'écorce de bambou, et on fait bouillir le tout dans une eau additionnée d'eau de chaux, jusqu'à ce que la désagrégation de la matière soit bien opérée ; on y ajoute quelquefois du chaume de riz. Le papier d'écorce de *Broussonetia* se nomme en Chine *papier de soie*, parce que, lorsqu'il est déchiré, on voit apparaître des fibres blanches analogues à celles de cette dernière substance.

On emploie aussi pour le même usage l'écorce d'*Hibiscus Rosa sinensis* et de mûrier ; ce dernier papier sert encore à recueillir les graines de vers à soie.

Quand on veut fabriquer des papiers de grande dimension, il faut quelquefois deux ou trois ouvriers pour soulever les feuilles sans les déchirer. Les feuilles ainsi obtenues sont collées avec de l'alun quand elles sont destinées à la peinture, Cette opération a pour but, dans ce cas, d'empêcher les poils de papier de se hérisser et de gêner le peintre dans son travail. Ces feuilles sont couvertes de dessins tracés à l'aide de la plume ou du pinceau, et quelquefois elles se transforment en véritables objets d'art d'un grand prix.

Il existe au Japon des fabriques dans lesquelles les ouvriers ne se servent pas de formes ; quand la pâte est terminée, ils chauffent sur un brasier une large pierre poreuse, et y appliquent une couche de pâte à papier au moyen d'une brosse, formée de pinceaux juxtaposés. La feuille ainsi formée est enlevée après dessiccation.

USAGE DU PAPIER.

(Le papier reçoit en Chine un grand nombre d'applications. Un de ses usages les plus curieux est celui qu'on en fait pour se procurer du feu ; le papier de bambou, contenant une petite quantité de résine, a la propriété de brûler sans flamme, quand on le roule en cylindres minces et allongés ; il peut sous cette forme remplacer l'amadou, dont nous nous servions si fréquemment autrefois. Ces sortes d'allumettes carbonisées à une extrémité s'allument au contact de l'étincelle qui jaillit d'un briquet à pierre, on active l'ignition en soufflant avec la bouche. Pour éteindre ces allumettes, on étouffe la flamme dans un petit étui de bambou, et elles conservent ainsi une pointe carbonisée qui peut se rallumer facilement. On a prétendu que ce papier était imprégné de salpêtre (nitrate de potasse), mais cette assertion n'est pas exacte, comme nous avons pu le constater en analysant divers échantillons. Ce moyen primitif de se procurer du feu est général en Chine, où l'usage des allumettes chimiques européennes est à peine connu, excepté dans les villes du littoral et dans quelques grands centres de population.

Les Chinois avaient autrefois et ont encore aujourd'hui l'habitude de brûler certaines substances en l'honneur de leurs ancêtres ; tantôt ils enflamment, dans leurs cérémonies, des allumettes parfumées, tantôt ils font brûler du papier.

Les marchands vendent, à cet effet, de grandes quantités d'objets formés de papiers couverts de feuilles d'étain et affectant la forme des lingots d'argent usités en Chine comme monnaie; les Chinois brûlent ces papiers étamés, à certaines époques de l'année, en témoignage de leur respect pour les morts. Ce papier se nomme *papier à brûler*. Tous les peuples ont leurs superstitions, et l'usage dont nous venons de parler, qui semble au premier abord devoir prêter à rire, n'offre rien cependant de plus ridicule que certaines pratiques usitées chez les nations qui prétendent marcher à la tête de la civilisation.

Une des plus importantes applications du papier dans le nord de la Chine est celle qu'on en fait pour remplacer les carreaux. Nous avons déjà parlé précédemment de cet usage, mais nous devons ajouter ici que les fenêtres garnies de papier résistent assez longtemps aux intempéries des saisons. Le verre est d'un prix très-élevé en Chine, et il n'est employé que dans certains cas pour des objets de luxe, tels que lanternes, miroirs, etc. Le papier destiné aux fenêtres se fabrique généralement en Corée; il offre quelquefois une grande dimension, et sa solidité est égale à celle d'une forte étoffe. Nous avons eu occasion d'examiner plusieurs échantillons de ce papier, qui doit sans doute une partie de sa solidité à son peu de blancheur; la matière qui le constitue n'a pas été altérée par l'action des lessives alcalines et par l'espèce de décomposition que subissent les papiers ordinaires au contact de la chaux. Les papiers à vitre, suivant leur prix, sont bruts et à gros grains, ou polis et satinés au moyen de cylindres que l'on passe à leur surface au moment de leur dessiccation. Quelquefois même on les polit avec une pierre assez dure et rugueuse. Dans cet état, le papier de bonne qualité peut valoir 60 à 75 centimes le mètre carré.)   P. C.

Il va sans dire que le papier, outre les usages précédents, sert à écrire, à faire les livres, etc.

On utilise en Chine comme en Europe les débris de vieux papier ; on les ramasse dans les rues et on les recueille pour une nouvelle fabrication.

A une certaine époque, le papier était très-cher, et on ne pouvait en fabriquer que de très-petites quantités ; c'est alors que l'on recueillit les vieux chiffons pour les transformer en pâte à papier. Après avoir décoloré le chiffon, on le faisait pourrir dans de l'eau, et on obtenait une pâte à papier d'assez bonne qualité. On s'épargnait ainsi diverses opérations qui sont nécessaires quand on fabrique le papier pour la première fois. Cette pratique n'était pas usitée dans le midi où le bambou a toujours été très-commun.

(Nous devons faire remarquer que les Chinois emploient depuis dix-huit siècles pour fabriquer le papier divers succédanés du coton et du chanvre, que nous cherchions, il y a quelques années seulement, à substituer aux matières textiles, ou du moins à y ajouter pour diminuer le prix trop élevé de la matière première. Les textes chinois parlent même d'écorces d'arbres, d'algues, qui servent à fabriquer un excellent papier, et on sait que les tentatives faites en Europe pour réaliser une semblable fabrication n'ont jamais conduit à des résultats propres à modifier sérieusement notre grande industrie papetière.)   P. C.

DOCUMENTS SUR L'ART D'IMPRIMER

A l'aide de planches en bois, de planches en pierre et de types mobiles, inventé, en Chine, bien longtemps avant que l'Europe en fît usage.

Suivant Klaproth (*Mémoire sur la boussole*, p. 129), le premier usage des planches stéréotypes en bois remonterait au milieu du xe siècle de notre ère. « Sous le règne de

Ming-tsong, de la dynastie des *Thang* postérieurs, dans la deuxième des années *T'chang-hing* (932 de J.-C.), les ministres *Fong-tao* et *Li-yu* proposèrent à l'académie *Koue-tseu-kien* de revoir les neuf *King* (livres canoniques), et de les faire graver sur des planches, pour les imprimer et les vendre. L'empereur adopta cet avis; mais ce ne fut que sous l'empereur *Thaï-tsou,* de la dynastie des *Tcheou* postérieurs, dans la deuxième des années *Kouang-chun* (en 952), que la gravure des planches des neuf *King* (ou livres canoniques) fut achevée. On les distribua alors, et ils eurent cours dans tous les cantons de l'empire. »

M. Klaproth fait observer que « l'imprimerie, originaire de Chine, aurait pu être connue en Europe environ cent cinquante ans avant qu'elle n'y fût découverte, si les Européens avaient pu lire et étudier les historiens persans; car le procédé de l'impression employé par les Chinois se trouve assez clairement exposé dans le *Djemma'u el-tewarikh* de Râchid-eddin, qui termina cet immense ouvrage vers l'an 1310 de J.-C. »

Nous ajouterons que l'Europe aurait pu connaître l'imprimerie huit cent soixante ans avant qu'elle ne fût découverte dans nos contrées, si, quelques années avant le commencement du VIe siècle elle eût été en relation avec la Chine. Grâce à ce procédé, quelque imparfait qu'il fût dans l'origine, il eût été possible de reproduire, à peu de frais, en nombre immense, les chefs-d'œuvre de l'antiquité grecque et romaine, et d'en préserver un grand nombre d'une perte aujourd'hui irréparable.

L'usage de la gravure sur bois, pour reproduire des textes et des dessins, est, en Chine, infiniment plus ancien qu'on ne l'a cru jusqu'ici. Nous lisons, en effet, ce qui suit dans l'Encyclopédie chinoise, *Ke-tchi-king-youen*, liv. XXXIX, fol. 2 : « Le huitième jour du douzième mois de la treizième année du règne de *Wen-ti,* fondateur de la dynastie des *Souï* (l'an 593 de J.-C), il fut ordonné, par un décret, de recueillir tous les dessins usés et les textes inédits, et de les graver sur bois pour les publier. Ce fut là, ajoute l'ouvrage que nous citons, le commencement de l'imprimerie sur planches de bois; l'on voit qu'elle a précédé de beaucoup l'époque de *Fong-ing-wang* ou *Fong-tao*, à qui l'on attribue cette invention, vers l'an 932. »

Cette citation se trouve reproduite dans une autre Encyclopédie chinoise, intitulée *Po-t'ong-pien-lân*, liv. XXI, fol. 10. Suivant un autre recueil, intitulé *Pi-tsong*, l'imprimerie sur bois prit naissance dès le commencement du règne des *Souï* (581 de J.-C.); elle se répandit sensiblement sous les *Thang* (618 à 904), prit une grande extension sous les cinq petites dynasties (907 à 960); enfin, elle arriva à sa perfection et à son plus grand développement sous la dynastie des *Song* (960 à 1278).

Un savant chinois du milieu du xɪᵉ siècle, que nous aurons l'occasion de citer tout à l'heure à propos des types mobiles, ne rapporte pas, il est vrai, la date précise de l'invention, mais il la fait positivement remonter à plus de quatre cents ans avant *Fong-in-gwang*, à qui beaucoup d'écrivains chinois, et, après eux, plusieurs savants d'Europe, ont fait honneur de cette découverte. Il est même permis de penser que cette invention était déjà connue et en usage avant 593, puisqu'on dit que l'empereur ordonna *alors* d'imprimer avec des planches en bois. Si c'eût été un art tout à fait nouveau, on n'eût pas manqué d'en faire connaître l'origine et l'auteur.

IMPRESSION SUR PLANCHES DE PIERRE GRAVÉES EN CREUX.

La découverte de ce procédé, qui eut lieu entre l'invention des planches stéréotypes en bois et celle des types mobiles en pâte de terre cuite, n'a pas été connue, que nous sachions, des missionnaires français ni des savants d'Europe.

On commença d'abord, au milieu du iie siècle de notre ère, à graver sur pierre des textes anciens, pour en maintenir la correction, qu'altéraient chaque jour l'ignorance ou la négligence des copistes; mais, à cette époque reculée, on ne paraît pas avoir encore songé à faire servir ces planches gravées à reproduire et multiplier les principaux monuments de la littérature chinoise.

On lit dans les Annales des Han postérieurs, biographie de *Tsaï-yong* : « Dans la quatrième année de la période *'Aï-ping* (175 de J.-C.), *Tsaï-yong* présenta à l'empereur un mémoire dans lequel il le priait de faire revoir, corriger et fixer le texte de *six livres canoniques*. Il l'écrivit lui-même en rouge sur des tables de pierre, et chargea des artistes habiles de le graver en creux. On plaça ces tables en dehors des portes du grand collège, et les lettrés de tout âge venaient chaque jour consulter ces planches pour corriger leurs exemplaires manuscrits des six livres canoniques. »

Les caractères de ces textes gravés étaient écrits *à l'endroit*, et, par conséquent, n'auraient pu servir à en multiplier des copies, puisque après l'impression les signes chinois seraient venus en sens inverse. La seule destination de ces planches était, on le voit, de servir à conserver l'intégrité des textes. Sous plusieurs dynasties suivantes, ces mêmes planches furent successivement reproduites et copiées, tantôt en une seule écriture, tantôt en trois caractères différents. Les historiens nous apprennent qu'il était accordé un an aux étudiants pour étudier les six livres dans chaque écriture; au bout de trois ans, ils devaient être en état de les lire couramment sous ces trois formes.

Ce ne fut que vers la fin de la dynastie des *Thang* (904) que l'on commença à graver des textes sur pierre, *en sens inverse*, pour les imprimer en blanc sur fond noir. *'Eou-*

yang-sieou s'exprime ainsi dans son recueil archéologique, intitulé *Tsi-kou-lo :* « Par suite des troubles qui eurent lieu sur la fin de la dynastie des *Thang, Ouen-tao* ouvrit les tombes impériales, et s'empara des livres et des peintures qu'on y avait renfermés. Il dépouilla les enveloppes et les rouleaux de l'or et des pierres précieuses qui les ornaient, et les abandonna sur place. De là vint que les manuscrits autographes des hommes les plus renommés des dynasties des *Weï* et des *Tsin*, que les empereurs conservaient précieusement, s'égarèrent et tombèrent en des mains indignes.

« Dans le onzième mois de la troisième année de la période *Chun-hoa* (992), l'empereur *Thaï-tsong* ordonna, par un décret, de graver sur pierre et de reproduire par la voie de l'impression tous les manuscrits de ce genre qu'on avait pu acheter et recueillir. On les imprimait à la main[1] sans qu'elle fût salie par l'encre. »

Dans l'encyclopédie intitulée *Tchi-pou-tso-tch'aï*, on a reproduit un petit ouvrage en deux livres, où sont décrits minutieusement toutes les inscriptions antiques et tous les autographes d'hommes célèbres qui furent imprimés de la sorte (c'est-à-dire en blanc sur fond noir), depuis l'an 1143 jusqu'en 1243 de J.-C.

« On imprimait avec des planches de bois gravées, à une époque où la dynastie des *Thang* (fondée en 618) n'avait pas encore jeté de l'éclat. (Allusion à l'emploi des planches stéréotypes en bois, sous la dynastie précédente.) Depuis que *Fong-ing-wang* eut commencé à imprimer les cinq *Kings* (livres canoniques), l'usage s'établit de publier par le même procédé tous les livres de lois et les ouvrages historiques.

« Dans la période *King-li* (entre 1041 et 1049 de J.-C.),

---

1. L'auteur veut dire qu'après avoir *encré* la pierre et y avoir étendu le papier, on passait la main sur le revers de la feuille pour qu'elle reçut uniformément l'impression. Aujourd'hui les Chinois se servent d'une brosse douce, et obtiennent ainsi un tirage plus régulier.

un homme du peuple (un forgeron, — *même ouvrage*, liv. XIX,
fol. 14) nommé *Pi-ching*, inventa une autre manière d'imprimer avec des planches appelées *ho-pan* ou *planches* (formées
de types) *mobiles*. (Cette expression s'emploie encore aujour-
d'hui pour désigner les planches de l'imprimerie impériale
qui se trouve à *Péking*, dans le palais *Wou-ing-tien*.) En
voici la description :

« Il prenait une pâte de terre fine et glutineuse, en formait
des plaques régulières, minces comme les pièces de monnaie
appelées *Thsien*, et y gravait les caractères (les plus usités).

« Pour chaque caractère, il faisait *un cachet* (un type); puis
il faisait cuire au feu *ces cachets* (ces types) pour les durcir.

« Il plaçait d'abord, sur une table, une planche en fer, et
l'enduisait d'un mastic très-fusible composé de résine, de
cire et de chaux.

« Quand il voulait imprimer, il prenait un cadre en fer
(divisé intérieurement et dans le sens perpendiculaire par des
filets de même métal, — *on sait que le chinois s'écrit de haut
en bas*), l'appliquait sur la planche de fer, et y rangeait les
types en les serrant étroitement les uns contre les autres.
Chaque cadre rempli de types ainsi assemblés formait une
planche.

« Il prenait cette planche, l'approchait du feu pour faire
fondre un peu le mastic, puis il appuyait fortement sur la
composition une planche de bois bien plane (c'est ce que nous
appelons *un taquoir*), et, par ce moyen, les types (s'enfonçant
dans le mastic) devenaient égaux et unis comme une meule
en pierre.

« S'il se fût agi d'imprimer seulement deux ou trois exemplaires d'un même ouvrage, cette méthode n'eût été ni com-
mode, ni expéditive; mais lorsqu'on voulait tirer des dizaines,
des centaines et des milliers d'exemplaires, l'impression s'o-
pérait avec une vitesse prodigieuse. D'ordinaire, on se servait
de deux planches en fer (de deux *cadres* ou *formes*). Pen-

dant qu'on imprimait avec l'une des deux planches, l'autre
se trouvait déjà garnie de sa composition. L'impression de
celle-ci étant achevée, l'autre, qui était déjà prête, la rem-
plaçait de suite. On faisait alterner ainsi l'usage de ces deux
planches, et l'impression de chaque feuille de texte s'effectuait
en un clin d'œil [1].

« Pour chaque caractère, on avait toujours plusieurs
types semblables, et jusqu'à vingt épreuves, afin de reproduire
les mots qui pouvaient se trouver plusieurs fois dans la même
planche. Lorsqu'on ne se servait pas de ces doubles, on les
conservait enveloppés dans du papier.

« Les caractères étaient classés par ordre tonique, et tous
ceux de chaque ton étaient disposés dans des casiers particuliers. S'il se rencontrait, par hasard, un caractère rare qui
n'eût pas été préparé d'avance, on le gravait de suite, on le
faisait cuire avec un feu de paille, et l'on pouvait s'en servir
à la minute.

« La raison qui empêcha l'inventeur de faire usage de
types en bois, c'est que le tissu du bois est tantôt poreux,
tantôt serré, et qu'une fois imprégnés d'eau, ils auraient été
inégaux, et que, de plus, ils se seraient agglutinés au mastic
de manière à ne pouvoir plus être enlevés (pour servir à une
nouvelle composition). Il valait donc beaucoup mieux faire
usage de types en pâte de terre cuite. Lorsqu'on avait achevé
le tirage d'une planche, on la chauffait de nouveau pour faire
fondre le mastic, et l'on balayait avec la main les types, qui
se détachaient d'eux-mêmes sans garder la plus légère parti-
cule de mastic ou de saleté.

« Quand *Pi-ching* fut mort, ses compagnons héritèrent

---

1. Les Chinois n'impriment que deux pages à la fois, sur un seul côté
du papier, qu'ils plient en deux avant le brochage. La partie blanche qui
se trouve entre les deux pages porte ordinairement le titre de l'ouvrage,
le numéro et la section du livre, et, plus bas, le chiffre de la page
double.

de ses types, et les conservent encore précieusement. »

On voit, par ce dernier passage, que l'inventeur des types mobiles en Chine n'eut pas d'abord de successeur, et que l'on continua à imprimer, comme auparavant, avec des planches de bois gravées.

Ce retour bien naturel à l'ancien mode d'imprimer ne tenait certainement pas à l'imperfection du procédé de *Pi-ching*, mais à la nature de la langue chinoise, qui, étant dépourvue d'un alphabet formé d'un petit nombre de signes, avec lequel on pût composer toute sorte de livres, mettait l'imprimeur dans la nécessité de graver plusieurs fois autant de types qu'il y a de mots différents, et d'avoir (suivant la division des sons en cent six classes) cent six casiers distincts, renfermant chacun un nombre énorme de types plusieurs fois répétés, dont la recherche, la composition, et la distribution après le tirage, devaient exiger un temps considérable. Il était donc plus aisé et plus expéditif d'écrire ou faire écrire, comme aujourd'hui, le texte qu'on voulait imprimer, de coller ce texte sur une planche en bois, et d'en faire évider au burin les parties blanches. Depuis cette époque, jusqu'à nos jours, les imprimeurs chinois ont continué à imprimer avec des planches en bois, ou avec des planches stéréotypes de cuivre, gravées en relief. Mais, sous le règne de l'empereur *Khang-hi*, qui monta sur le trône en 1662, des missionnaires européens, qui jouissaient d'un grand crédit auprès de ce monarque, le décidèrent à faire graver deux cent cinquante mille types mobiles en cuivre, qui servirent à imprimer une collection d'ouvrages anciens, qui forme six mille volumes in-4°, et dont la Bibliothèque royale de Paris possède plusieurs parties considérables (l'*Histoire de la musique*, en soixante livres ; l'*Histoire de la langue chinoise et des écritures des différents siècles*, en quatre-vingts livres , et l'*Histoire des peuples étrangers connus des Chinois*, en soixante quinze livres). Cette édition peut rivaliser, pour l'élégance des formes et la beauté de l'impression, avec les plus beaux ouvrages publiés en Europe. Quelques années après, on commit la faute de faire fondre et de détruire ces deux cent cinquante mille caractères en cuivre. Ce fait regrettable nous est fourni par la préface d'un petit ouvrage sur l'agriculture (*Thsan-sang-tsi-yao*), imprimé plus tard, par le même procédé, dans l'établissement typographique du palais impérial appelé *Wou-ing-tien*, dont nous allons parler avec quelque détail.

Il existe, dans le palais impérial de *Péking*, un édifice appelé *Wou-ing-tien*, où l'on imprime, chaque année, un grand nombre d'ouvrages avec des types mobiles obtenus, comme en Europe, à l'aide de poinçons gravés et de matrices.

La Bibliothèque impériale de Paris possède plusieurs éditions d'une finesse et d'une beauté admirables, qui portent le cachet de cette imprimerie, dont les types mobiles ont reçu de l'empereur le nom élégant de *tsiu-tchin*, c'est-à-dire perles assemblées.

Le rapport officiel qui précède une de ces éditions nous apprend un fait très-intéressant, dont l'observation pourra peut-être donner lieu, en Europe, à des expériences et à des résultats d'une sérieuse importance. Nos poinçons en acier et nos matrices en cuivre entraînent de grandes dépenses, et sont exposés à se détériorer rapidement par l'oxydation. Les Chinois ont paré à ce double inconvénient en gravant leurs poinçons en bois dur et d'un grain fin (ce qui coûte, pour chaque type, de 5 à 10 centimes), et s'en servent pour frapper des matrices dans une sorte de pâte de porcelaine qu'on fait cuire au four, et où l'on fond les caractères, destinés à imprimer, avec un alliage de plomb et de zinc, et quelquefois avec de l'argent. Reste à savoir comment l'on peut réussir à *justifier* (comme l'on dit en termes de fondeur) des matrices d'une telle matière. Il est permis de penser que la *justification* de ces matrices ne laisse rien à désirer, car les résultats typographiques que nous avons sous les yeux (par exemple, l'édition en petit texte du *Chouï-king-tchou*, ou *Livre des Rivières, avec un Commentaire*, qui a été communiquée à M. Arago par l'auteur de la présente notice), sont de nature à satisfaire les juges les plus compétents et les plus difficiles.

Nous ne terminerons pas cet article sans exposer les motifs qui décidèrent l'empereur *Khien-long* à fonder, en 1776, l'imprimerie en types mobiles du palais *Wou-ing-tien.* Ce monarque éclairé ayant rendu un décret, en 1773, pour faire graver sur bois et imprimer aux frais de l'État dix mille quatre cent douze des ouvrages les plus importants de la littérature chinoise, un membre du ministère des finances, nommé *Kin-kien*, considérant qu'il faudrait un nombre énorme de planches pour imprimer cette vaste collection de livres, et que les frais de gravure seraient immenses, proposa à l'empereur d'adopter le système d'impression en types mobiles, et lui soumit les modèles de ces types, disposés sur seize planches et accompagnés de tous les renseignements nécessaires pour la gravure des poinçons en bois, la frappe des matrices, la fonte et la composition.

L'empereur approuva ce projet par un décret spécial, et ordonna d'imprimer, suivant le plan de *Kin-kien*, ces dix mille quatre cent douze ouvrages, dont le catalogue descriptif et raisonné, publié par ordre impérial, forme cent vingt volumes in-8°. Ce précieux ouvrage, intitulé *Sse-kou-thsiouen-chou-thsong-mo-ti-yao*, existe à la Bibliothèque impériale de Paris, et nous y avons puisé (liv. XCII, fol. 50) les détails qui précèdent.

Dans ces derniers temps, l'imprimerie en types mobiles appelés *paï-tseu* (ou caractères composés) a fait des progrès sensibles en Chine, et l'on finira peut-être, dans un avenir prochain, par renoncer à l'usage des planches de bois gravées. Nous possédons à Paris plusieurs grands ouvrages publiés d'après ce procédé, par exemple : un Traité sur l'art militaire (*Wout-hsien-heou-pien*) en 24 volumes ; un Dictionnaire tonique des noms de villes (*Li-taï-ti-li-yan-pien*), en 16 volumes in-4° ; une Description géographique du globe, d'après les auteurs chinois et européens (*Haï-koué-thou-tchi*), en 20 volumes in-4°, etc. Ces éditions, il est vrai, sont loin d'avoir la même pureté que celles qui sortent des presses impériales, mais elles sont fort nettes et beaucoup plus correctes que celles qui proviennent de planches en bois, les auteurs où les éditeurs chinois ayant maintenant, comme nous, l'habitude de revoir les épreuves du texte jusqu'à ce qu'il leur paraisse tout à fait exempt de fautes typographiques.

RENSEIGNEMENTS SUR LA PLANTE TEXTILE TCHOU-MA

(Urtica nivea).

« Pour semer le *tchou-ma* dans le troisième ou le quatrième mois, on choisit de préférence une terre sablonneuse et légère. On le sème dans un jardin ; si l'on n'a pas de jardin, on peut adopter un terrain situé près d'une rivière ou d'un puits. On bêche la terre une ou deux fois ; ensuite, on forme des plates-bandes larges de un pied et longues de quatre pieds ; après quoi, on bêche encore une fois. On tasse la terre superficiellement, soit avec le pied, soit avec le dos de la bêche, et lorsqu'elle est un peu ferme, on l'égalise avec un râteau. La nuit suivante, on arrose les plates-bandes, et le lendemain, avec un râteau à petites dents, on relève la terre, puis on la nivelle de nouveau.

« Ensuite, on prend un demi-*ching* (260 centilitres) de terre humide et un *ho* (52 centilitres) de graines, et on les mêle ensemble. Avec un *ho* de graines, on peut ensemencer six à sept plates-bandes. Après avoir semé, il n'est pas néces-

saire de recouvrir les graines de terre, car, si on le faisait,
elles ne germeraient pas convenablement.

« On prend quatre bâtons, dont l'extrémité inférieure est
taillée en pointe, et on les enfonce en terre en les alignant,
deux d'un côté de la plate-bande et deux de l'autre; l'on s'en
sert pour appuyer une sorte de petit toit de deux ou trois
pieds de haut, que l'on recouvre d'une natte mince.

« Dans le cinquième ou sixième mois, lorsque la chaleur
du soleil est devenue forte, on recouvre cette légère natte
d'un paillasson épais. Si l'on ne prenait pas cette précaution,
les germes de la plante seraient détruits par la chaleur.

« Avant que la plante ne germe, ou lorsque les premiers
germés commencent à paraître, il ne faut pas arroser. A l'aide
d'un balai trempé dans l'eau, on mouille le toit des nattes, de
manière à tenir humide la terre qu'il recouvre. Chaque nuit,
on enlève les nattes afin que les jeunes pousses reçoivent la
rosée.

« Dès que les premiers germes ont paru, si l'on voit des
germes parasites, il faut les arracher immédiatement. Lorsque la plante a acquis deux ou trois doigts de hauteur, le toit
n'est plus nécessaire. Si la terre est un peu sèche, on l'arrose légèrement jusqu'à la profondeur de trois pouces.

« On choisit alors une terre un peu forte, et l'on forme
d'autres plates-bandes pour y établir les jeunes plants. La
nuit suivante, on arrose les premières plates-bandes où sont
encore les jeunes sujets; puis le lendemain matin, on arrose
les nouvelles plates-bandes qui les attendent. On les enlève
avec la bêche en conservant une petite motte de terre autour
de chaque pied, et on les transplante (on les repique) à la distance de quatre pouces les uns des autres. On bine fréquemment.

« Au bout de trois à cinq jours, on arrose une fois; puis,
au bout de dix jours, de quinze jours et de vingt jours, on
arrose encore.

« Après le dixième mois, on les recouvre d'un pied de fumier frais de bœuf, d'âne ou de cheval.

« Lorsqu'on cultive le *tchou-ma* (*Urtica nivea*) pour la première fois, l'on se sert de graines. Après qu'il est venu de semis, les anciennes racines donnent spontanément de nouveaux jets. Au bout de quelques années, les racines se croisent et s'entrelacent, et il faut séparer les tiges et les replanter.

« Aujourd'hui, dans les pays de *An-king* et de *Kien-ning*, beaucoup de personnes détachent avec un couteau des portions de racines et les replantent. Ceux qui n'ont pas pu se procurer de la graine imitent aussi le procédé usité pour obtenir des plants de mûriers provenant de marcottes. Les résultats de cette pratique sont extrêmement rapides.

« Mais dans les pays où il n'existe pas de racines de *tchou-ma*, et où il serait difficile d'en faire venir de loin, il convient de recourir à la graine.

« Dès que les jeunes plants ont quelques pouces de hauteur, on les arrose avec de l'eau mêlée par moitié de jus de fumier. Après avoir coupé les tiges, il faut arroser immédiatement; mais cet arrosage doit avoir lieu la nuit ou par un temps couvert; car si l'on arrosait en plein soleil, la plante se rouillerait. Il faut bien se garder de faire usage de fumier de porc.

« Le *tchou-ma* peut être planté tous les mois; mais il faut que *ce soit dans un terrain humide:*

« Lorsque les touffes du *tchou-ma* sont très-fournies, on creuse la terre tout autour, et l'on en détache les nouveaux pieds que l'on transplante ailleurs. Alors le pied principal végète avec plus de vigueur. Au bout de quatre ou cinq ans, les pieds anciens se trouvant extrêmement fournis, on les divise et on les replante sur d'autres plates-bandes.

« Quelques personnes se contentent d'abaisser les longues tiges, et obtiennent des marcottes par le procédé ordinaire.

« Quand une plate-bande est trop garnie, on en établit une nouvelle qui est bientôt suivie de plusieurs autres. De cette manière, les plants se multiplient à l'infini.

« On choisit d'avance une terre grasse qui a été bien labourée en automne, et on la fume avec du fumier fin. Le printemps suivant, on transplante. La meilleure époque est celle où la végétation commence ; la seconde époque (sous le rapport de la convenance) est celle où les nouvelles pousses paraissent ; la troisième époque (c'est-à-dire la moins convenable) est celle où les tiges sont déjà grandes.

« On espace les nouveaux plants d'un pied et demi, et, quand ils ont été bien entourés de terre, on arrose.

« En été et en automne, il faut profiter du moment où la terre vient d'être humectée par la pluie. On peut aussi transplanter les jeunes tiges dans des lieux voisins, mais il est essentiel de conserver une motte de terre autour de chaque pied.

« Pour multiplier les plants de *tchou-ma,* on sépare avec un couteau des portions de racines de trois ou quatre doigts de longueur, et on les couche par deux ou trois dans de petites fosses éloignées l'une de l'autre d'un pied et demi. On les entoure de bonne terre et l'on arrose ; on renouvelle cette irrigation trois ou cinq jours après. Quand les nouvelles tiges ont acquis une certaine élévation, on bine fréquemment.

« Si la terre est sèche, on arrose. S'il s'agit de transporter ces plants au loin, il faut que la racine conserve sa terre première, bien enveloppée de feuilles de roseau. On les enferme, en outre, dans une natte pliée de manière à les préserver de l'air et de la lumière. On peut alors les transplanter, en toute sécurité, à une distance de plusieurs centaines de lis (dizaines de lieues).

« La première année, quand la plante a atteint la hauteur d'un pied, on fait une récolte ; on en fait une autre la seconde année. Les fibres des tiges coupées sont bonnes à filer.

« Chaque année, dans le dixième mois, avant de couper
les rejetons qui dépassent la racine, on couvre la terre d'une
couche épaisse de fumier de bœuf ou de cheval. Dans le second mois, on enlève le fumier avec un râteau, afin que les
nouveaux sujets puissent sortir librement. Au bout de trois
ans, les racines se trouvent extrêmement fournies ; si l'on ne
transportait pas une partie des plants qui viennent en touffes
serrées, ils s'étoufferaient les uns les autres.

« Chaque année, l'on peut faire trois récoltes. A l'époque
où l'on coupe les tiges, il faut que les petits rejetons qui sortent du pied de la racine aient environ un demi-pouce de
haut. Dès que les grandes tiges sont coupées, les rejetons
poussent avec plus de vigueur, et donnent bientôt une seconde récolte. Si les jeunes pousses étaient trop hautes, il ne
faudrait pas couper les grandes tiges ; mais les rejetons ne
pourraient prospérer et nuiraient au développement de ces
grandes tiges.

« Vers le commencement du cinquième mois, on fait une
première récolte ; une deuxième au milieu du sixième mois
ou au commencement du septième mois ; enfin une troisième
au milieu du huitième mois ou au commencement du neuvième mois. Les tiges de la deuxième récolte croissent plus
rapidement que les autres ; leur qualité est infiniment préférable.

« Après la récolte, on couvre de fumier les pieds de
tchou-ma, et l'on arrose immédiatement ; il faut bien se
garder d'arroser en plein soleil.

« Lorsque la récolte des tiges est finie, on prend un couteau de bambou, ou un couteau de fer, et on les fend à partir
de l'extrémité. On enlève d'abord l'écorce ; puis, avec le couteau, on ratisse la couche inférieure qui est blanche et recouverte d'une pellicule ridée qui se détache d'elle-même. On
trouve alors les fibres intérieures ; on les détache et on les
amollit dans de l'eau bouillante. Si l'on teille le *tchou-ma* en

hiver, on fait tremper d'avance les tiges dans de l'eau tiède ;
ce qui les rend plus faciles à fendre.

« La première couche du *tchou-ma* est grossière et dure,
et n'est bonne qu'à faire de l'étoffe commune ; la deuxième
est un peu plus souple et plus fine ; la plus estimée est la
troisième couche, qui sert à fabriquer une étoffe extrêmement
fine et légère.

« On réunit les tiges et l'on en forme de petites bottes
que l'on place sur le toit de la maison pour qu'elles soient
humectées par la rosée de la nuit, et séchées ensuite par la
chaleur du soleil. Dans l'espace de cinq à sept jours, elles
acquièrent d'elles-mêmes une blancheur parfaite. Si le temps
est couvert ou pluvieux, on les met sécher dans un lieu couvert et exposé à un courant d'air. Si elles étaient mouillées
par la pluie, elles deviendraient immédiatement noires. »

Un autre auteur dit : « Après le teillage des filaments,
on les lie en écheveaux, on les arrondit en cercle, et on les
fait tremper pendant une nuit au fond d'une terrine pleine
d'eau, puis on les file sur le tour. Cette opération achevée,
on les fait tremper encore dans une eau de cendres de bois
de mûrier.

« Après les avoir retirés du vase, on les divise par paquets de cinq onces ; on prend alors, pour chaque paquet,
une tasse d'eau pure que l'on mêle avec une égale quantité de
chaux pulvérisée, et on les dépose, dans un vase, au milieu
de ce mélange pendant une nuit.

« Le lendemain, on les débarrasse de la chaux et on les
fait bouillir dans une eau de cendres de tiges de blé : ils deviennent ainsi blancs et souples. Après les avoir bien séchés
au soleil, on les fait bouillir encore une fois dans de l'eau
pure ; en outre, on les agite dans une autre eau pour achever
de les nettoyer, et enfin on les fait sécher au soleil.

« Cela fait, on les soude bout à bout sur le tour pour
obtenir de longs fils, on en forme la chaîne et la trame,

et l'on en fabrique de l'étoffe par les procédés ordinaires. »

Un autre auteur dit : « Après avoir filé les filaments du *tchou-ma*, on les fait bouillir dans de l'eau de chaux, et, quand ils sont refroidis, on les lave avec soin dans une eau pure. Ensuite, à l'aide d'un treillis de bambou, placé à la surface de l'eau, on les étale par couches égales, afin que, pour ainsi dire, ils soient à moitié humectés par en bas, et à moitié séchés supérieurement. A l'approche de la nuit, on les retire, on les égoutte et on les fait sécher; on continue de même le lendemain et les jours suivants, jusqu'à ce que les fils aient acquis une parfaite blancheur. C'est alors seulement qu'il convient de les employer au tissage.

« Suivant un autre procédé, il y a des personnes qui, après le rouissage ordinaire, filent le *tchou-ma* et en fabriquent de la toile. Elles diffèrent en cela de celles qui ne rouissent le *tchou-ma* qu'après le filage.

« Il y en a d'autres qui prennent les filaments bruts, les exposent la nuit à la rosée, et le jour aux rayons du soleil; puis, quelques jours après, les filent au tour, et ne les blanchissent qu'après le tissage.

« D'autres enfin, à l'exemple de ceux qui travaillent la plante *Ho*, coupent les tiges, ne tissent les filaments qu'après les avoir ramollis par la vapeur de l'eau bouillante, et ne s'occupent plus de les blanchir. De tels filaments donnent une toile plus souple et plus nerveuse.

« Lorsqu'on veut recueillir des graines de *tchou-ma* pour le semis, on doit préférer celles qui proviennent des premières pousses. Dans le neuvième mois, après l'époque *Choang-kiang* (après le 2 octobre), on recueille les graines et on les fait sécher au soleil; ensuite on les mêle avec une égale quantité de sable humide, et on les met dans un panier de bambou que l'on recouvre soigneusement avec de la paille. Cette précaution est nécessaire, car, si elles gelaient, elles ne germeraient pas. Les graines de la deuxième et de la troisième pousse ne sont pas bonnes à semer. Au moment de faire des semis, on les éprouve avec de l'eau; on emploie celles qui ont été au fond, celles qui flottent à la surface n'ont aucune valeur[1].

« On sème avant la première moitié du premier mois. Les meilleures graines sont celles qui sont tachetées de points noirs. Après les avoir semées, on les recouvre avec de la cendre. Si on les sème dru, les plants de *tchou-ma* viendront faibles et grêles : ils acquerront, au contraire, de la force et de la vigueur si les graines sont clair-semées. Dès que les feuilles ont paru, l'on arrose avec du fumier liquide. Dans le septième mois, on récolte les graines, on les met dans une toile de chanvre et on les suspend dans un lieu exposé au grand air : cela facilite et hâte la germination. »

RENSEIGNEMENTS SUR DES GRAINES D'UNE PLANTE TEXTILE

Envoyées de Chine par un missionnaire français.

« La plante *Ko* s'appelle aussi *Hoang-kin*, *Lou-ho* et *Khi-thsi*. On la rencontre partout, mais surtout dans les provinces de *Tche-kiang* et de *Kiang-nan*. Elle vient aussi bien dans les lieux incultes que dans les champs cultivés. Elle commence à pousser au printemps, et étend sa tige, qui est de couleur violette, jusqu'à la longueur de 1 ou 2 *tchang* (3 à 6 mètres). On récolte les tiges, et, après une préparation convenable, on en tire des filaments textiles. Sa racine est violette en dehors et blanche à l'intérieur; elle acquiert la grosseur du bras et la longueur de 2 ou 3 mètres. Ses feuilles sont trilobées, comme celles de l'arbre *Fong*, mais elles sont plus longues; leur surface est verte, et leur revers d'une

---

1. On emploie en France le même procédé pour la culture de la pomme de terre et de la betterave, en substituant à l'eau une solution de sel marin. P. C.

teinte pâle. Dans le septième mois, cette plante donne des fleurs rouges et violacées, disposées en grappes. Après les avoir séchées au soleil, on peut les cuire dans l'eau et en préparer du bouillon.

« Les fruits de cette plante ressemblent à de petits haricots jaunes. Il convient de les cueillir dans le septième ou le huitième mois.

RÉCOLTE.

« Les tiges de la plante *Ko* sont ordinairement mûres en été ; c'est à cette époque qu'on les récolte. On laisse celles qui sont encore vertes et courtes. Celles qui ont environ 3 mètres de long se récoltent avec la racine (qui, suivant quelques auteurs, donne une fécule nourrissante). On les appelle *Theou-ko*, ou tiges de *Ko* de première qualité. Lorsque les tiges sont d'une longueur extraordinaire, et qu'on remarque des points blancs près de la racine, elles ne sont bonnes à rien. Quant à celles qui ne présentent pas de points blancs, on coupe 2 ou 3 mètres de chaque tige ; on les appelle *Eul-ko*, c'est-à-dire tiges de *Ko* de seconde qualité.

PRÉPARATION.

« Après avoir recueilli les tiges, on les fait bouillir dans l'eau devant un feu ardent. On enlève les filaments à l'aide de l'ongle ; ils sont aussi blancs que ceux du chanvre, mais ils ne sont pas adhérents à la partie verte de la plante. Le tillage des filaments étant achevé, on les lave dans une eau courante, on les bat, et, après les avoir bien nettoyés, on les fait sécher au grand air. Leur blancheur s'augmente si on les expose à la rosée pendant une ou deux nuits. Après cela, il faut les mettre à l'ombre ; ils craignent les rayons du soleil. Enfin, on les file et on en fait de la toile.

LAVAGE DES VÊTEMENTS DE KO.

« Si on lave ces vêtements dans une eau pure où l'on aura écrasé des feuilles de *Meï* (*Amygdalus nana*, suivant M. Abel Rémusat; *Arbutus*, suivant le P. d'Entrecolles), ils resteront empesés pendant tout l'été. Quelques personnes les lavent dans un bassin en porcelaine, avec de l'eau bouillante où elles ont écrasé des feuilles de *Meï*. Il est essentiel de ne pas faire usage d'un baquet en bois, autrement les vêtements *Ko* deviendraient noirs. »

D'après l'opinion de M. de Jussieu, qui a bien voulu jeter un coup d'œil sur les graines adressées par M. Julien, la plante dont il s'agit paraît être une Phaséolée voisine des Dolichos, et particulièrement du *D. bulbosus*.

TABAC.

Le tabac a été introduit à peu près à la même époque en Chine et au Japon ; la tradition rapporte qu'il a été offert comme tribut par des barbares, vers l'année 1574.

Cette plante fut d'abord cultivée dans la province de Fo-kien en Chine, dans les arrondissements de Tchang-tcheou et de Thsiouen-tcheou ; mais sa culture ne tarda pas à s'étendre dans un grand nombre d'autres contrées, et elle présente actuellement une importance de premier ordre.

Quand on juge que le développement du tabac est suffisamment avancé, on en cueille les feuilles, et on les relie entre elles avec une corde, de manière à former une sorte de chapelet qu'on laisse sécher au soleil. Ces feuilles prennent une couleur rouge brunâtre en se desséchant, et, quand elles ont subi suffisamment l'action des rayons solaires, on les met en tas et on les expédie dans les fabriques.

Les Chinois préparent comme nous du tabac à fumer, et du tabac à priser dont l'usage est très-répandu dans les classes élevées de la société.

La culture du tabac fut interdite en Chine sous plusieurs empereurs de la dynastie des Ming ; mais elle ne tarda pas, malgré cette prohibition, à se généraliser sous d'autres règnes, et à prendre un grand développement.

Les feuilles de tabac ne sont pas exclusivement destinées aux fumeurs ; la médecine les emploie fréquemment, et elle sait en extraire quelques remèdes efficaces contre certaines maladies.

La culture du tabac appauvrit singulièrement le sol, et le rend impropre à la culture des plantes à graines, si l'on ne prend pas le soin de l'enrichir en principes fertilisants, par des amendements ou des engrais.

A-PIEN. — PAVOT ET OPIUM.

(Papaver somniferum.)

Nous nous bornerons à décrire dans ce chapitre les procédés employés pour extraire l'opium, et les méthodes que nécessite sa préparation pour les fumeurs, sans entrer dans la description d'une plante bien connue. Nous devons dire toutefois que la plante jeune se mange en salade, et que ses graines peuvent fournir une huile de bonne qualité.

Pour obtenir l'opium, on pratique avec une aiguille des piqûres sur la capsule du pavot, de manière à laisser intacte la partie centrale dure et résistante ; le lendemain, les incisions ont laissé écouler un suc brunâtre, qui s'est échappé lentement de la capsule. Ce suc recueilli, en grattant la surface de la coque avec une lame de bambou, est mis à sécher au soleil ; quand il est bien sec, il constitue l'opium.

(On a rarement décrit avec exactitude la manière dont s'emploie l'opium ; nous allons indiquer, d'après nos propres observations, comment on fume ce dangereux narcotique.

La plus grande partie de l'opium consommé en Chine provient des Indes, où il se produit en grande abondance. Le commerce de l'opium est une mine d'or pour les Anglais, qui se sont rendus maîtres du marché en cultivant le pavot sur une grande échelle, et en ayant soin de maintenir leurs prix à un cours assez peu élevé, pour ne craindre aucune concurrence de la part des Chinois. Les habitants du Céleste Empire ont ainsi abandonné la culture du pavot, qui prospère d'ailleurs beaucoup mieux dans les terrains humides et chauds des Indes anglaises que dans le sol de l'extrême Orient.

L'opium est expédié en Chine sous forme de boules grosses comme les deux poings : les marchands qui le préparent pour l'usage des fumeurs, y mélangent parfois divers ingrédients, dans le but de lui communiquer un goût plus agréable.

La préparation consiste à faire bouillir dans l'eau l'opium brut réduit en fragments ; on opère dans un vase d'argent, et quand la décoction est concentrée, on la filtre avec un linge pour séparer les feuilles, ou les matières ligneuses qui peuvent s'y rencontrer, et on l'évapore lentement jusqu'à ce qu'elle prenne une consistance sirupeuse. La pâte ainsi obtenue est livrée au commerce.

Les pipes à opium sont formées d'un tuyau de bambou de 2 pieds de long, fermé à l'une de ses extrémités. Le tube, à quelques pouces de l'extrémité bouchée, est percé d'un trou dans lequel on fixe un cylindre de bronze, long de 4 pouces, et surmonté d'une sphère creuse de même métal. La sphère métallique est munie, à sa partie supérieure, d'une ouverture de la grosseur d'une épingle.

Quand on veut fumer l'opium, on commence par en façonner une petite boulette de la grosseur d'un pois, et on la chauffe sans l'enflammer au-dessus d'une petite lampe à huile, qui accompagne toujours la pipe et les outils du fumeur. L'opium se boursoufle sous l'influence de la chaleur, on le pétrit entre les doigts, et on continue à le chauffer jusqu'à ce qu'il ait abandonné la plus grande partie de l'eau qu'il renfermait. La boulette ainsi préparée est placée sur la petite ouverture du réservoir de bronze dont nous avons parlé, on la perce avec l'aiguille dont on s'est servi pour la maintenir au-dessus de la lampe, afin d'empêcher l'obturation de l'orifice sur lequel elle repose. Cela fait, on prend entre les lèvres l'extrémité ouverte du bambou, et on porte la pipe au-dessus de la lampe, pour brûler lentement la boulette d'opium. On aspire les vapeurs, non pas avec la bouche et les lèvres, comme nous avons l'habitude de le faire pour le tabac, mais avec les poumons. La boule d'opium est consumée après quatre ou cinq aspirations ; on la remplace par une nouvelle quantité d'opium, jusqu'à ce que l'effet du narcotique se fasse sentir.

Nous ne décrirons pas les effets si connus de l'opium, dont l'usage devient presque nécessaire à ceux qui en consomment ; nous dirons seulement que ceux qui blâment avec tant de raison les Anglais d'exciter les habitants du Céleste Empire à faire usage d'un produit si funeste, ignorent peut-être que cette denrée dangereuse est affermée en Cochinchine dans nos possessions, et que le gouvernement français tire de son exploitation un revenu considérable.　　　P. C.

L'AGRICULTURE ET LES ENGRAIS.

(Depuis un temps immémorial, les Chinois ont toujours été considérés à juste titre comme un des premiers peuples agricoles; l'agriculture a, en effet, atteint en Chine un rare degré de perfectionnement, et elle est digne à tous égards de fixer notre attention. Le voyageur qui parcourt les campagnes du Céleste Empire est frappé de la bonne disposition des cultures, de l'agencement des champs, du soin qui est apporté à leur amélioration, des procédés ingénieux au moyen desquels on s'efforce de faire prospérer les plantes utiles, et surtout des méthodes admirables d'irrigation qui sont usitées. L'agriculteur chinois fournit toujours à ses champs l'eau qui leur est nécessaire, et, quelle que soit la distance qui le sépare des sources ou des fleuves, il ne manque pas d'amener dans ses cultures ce précieux élément de richesse et de fécondité.)

Les Chinois divisent les terres en deux grandes classes :

Les terres grasses et fertiles;

Les terres maigres et stériles.

Les premières sont parfois trop riches et trop fécondes; les plantes qui y croissent atteignent une vigueur exceptionnelle, et les tiges ou les graines se développent à l'excès au détriment des épis et des fruits. Ceux-ci sont maigres et pauvres, et le sol trop généreux a surtout développé dans la plante les organes inutiles. On pare à cet inconvénient en mélangeant les terres entre elles, et le sol trop riche en principes nutritifs est additionné d'une terre moins abondamment pourvue d'éléments fertilisants.

Quant aux terres de la deuxième classe, elles sont toujours aptes à produire de bonnes cultures, pourvu qu'on y ajoute les engrais nécessaires aux plantes qu'on veut y faire croître.

Les Chinois savent comme nous l'importance extrême des engrais au point de vue de la fécondité du sol, et s'ils n'ont pas comme nous des données scientifiques précises qui les guident dans une voie sûre, ils suppléent à l'insuffisance de leurs connaissances théoriques par une pratique et une habileté remarquables.

Depuis les admirables travaux de MM. Payen, Boussingault et de quelques autres chimistes agronomes, on sait que
les plantes puisent dans le sol les éléments nécessaires à leur
développement, et que chaque espèce choisit pour ainsi dire
l'aliment qui lui est propre, en absorbant certains principes
salins plus abondamment que d'autres ; la science a pu guider
l'agriculture et diriger sûrement le cultivateur dans le choix
des engrais qui lui seront favorables pour telle ou telle culture. Les Chinois, très-patients, très-observateurs, ont, jusqu'à un certain point, remplacé la théorie, qui leur fait défaut,
au moyen des règles recommandées par un long usage, évidemment basé sur des expériences précises ; il paraît certain
qu'ils n'ont aucune donnée sur l'organisme des végétaux, sur
leur nutrition, sur leur mode de développement, mais il n'est
pas moins vrai qu'ils emploient les engrais avec discernement, qu'ils en font varier la nature suivant la culture, et
qu'ils obtiennent ainsi des résultats remarquables.

Depuis bien des siècles, on met à profit en Chine un grand
nombre de produits utiles à la culture, et des expériences
étaient tentées en Chine sur les engrais, à l'époque où les
Européens n'avaient pas les moindres notions sur les effets
des principes fertilisants. Ainsi, les Chinois savent depuis fort
longtemps qu'il faut modifier un fumier suivant ses usages et
suivant l'espèce de plantes à laquelle on le destine ; ils en forment, dans certaines circonstances, des produits que nous désignons aujourd'hui sous le nom d'engrais artificiel, et auxquels
ils ont donné les noms de fumier foulé à l'étable, fumier enfermé, fumier étouffé, fumier brûlé, fumier bouilli, etc. P. C.

Nous devons dire quelques mots sur le mode de préparation des différents fumiers utilisés en Chine.

Fumier foulé. — Pour préparer le fumier foulé, on
ramasse, après le battage du blé, toute la paille et les détritus
dont la grange s'est remplie ; on forme de ces débris un tas
peu volumineux, qui est placé dans une étable à bœufs.

Chaque jour, on augmente ce premier dépôt en y superposant de nouvelles couches, et on le laisse séjourner dans l'étable pendant plusieurs jours. Il ne reste plus ensuite qu'à retirer le fumier qui s'est ainsi formé. Ce fumier est de bonne qualité ; la paille a absorbé l'urine et les déjections des animaux ; foulée sous le sabot des bœufs, elle s'est désagrégée, et le produit formé constitue une matière pâteuse, qui entre facilement en fermentation et qui est plus facilement assimilable par les végétaux. Le fumier foulé est répandu sur les champs, on le recouvre de terre au moyen de la charrue.

Fumier enfermé. — On le prépare en mélangeant ensemble des détritus organiques, des débris de paille, des matières fécales et des déjections d'animaux ; toutes ces matières sont jetées à cet effet dans de grands fossés fermés et garnis intérieurement de briques. Le fumier séjourne dans les fosses jusqu'à ce qu'il soit *cuit*, pour employer l'expression chinoise, c'est-à-dire jusqu'à ce que la fermentation ait atteint le degré voulu.

Fumier étouffé. — Le fumier étouffé se prépare pendant l'été dans un coin de terre ou bien au milieu d'une ferme, et pendant l'hiver, dans des cavités souterraines où la température est plus élevée qu'à la surface du sol. On construit à l'aide de roseaux des petits enclos que l'on nomme *maisons à fumier* ; on y amasse des ordures de toute espèce, des cendres de bois, des balles de riz, des feuilles, des fragments de paille coupée et une quantité d'autres résidus d'origine organique. On couvre l'enclos d'un toit, afin de protéger l'engrais de l'action du vent ou de la pluie, et pour que les eaux pluviales ne puissent pas détériorer le produit ; comme on le dispose toujours sur un terrain en pente, les eaux glissent sur ce plan incliné et ne s'accumulent pas au milieu du fumier.

Le mélange des matières organiques fermente bientôt, et la température s'élève sensiblement ; la fermentation une fois commencée s'étend bientôt dans toute la masse, et détermine la décomposition des matières organiques, qui forment en quelques jours un engrais de bonne qualité.

Fumier fermenté. — Le fumier fermenté s'obtient au moyen d'opérations analogues. On pratique un fossé dans un des coins d'une étable, et on le garnit intérieurement de briques rendues étanches par une couche de ciment : on y jette des écorces de graines, des plantes pourries, des eaux grasses provenant de la cuisine et beaucoup d'autres matières contenant des principes fertilisants. En quelques semaines, la masse entre en putréfaction et forme une bouillie épaisse que les agriculteurs emploient spécialement pour la culture du china-grass (*Urtica nivea*) et du mûrier.

Fumier brûlé. — Pour préparer le fumier brûlé, on entasse ensemble des fumiers de différente espèce, que l'on laisse suffisamment sécher ; on emprisonne le tout sous une couche de feuilles sèches auxquelles on met le feu. Toute la masse s'enflamme bientôt ; on recueille les cendres formées par l'incinération des matières organiques, et on les mélange avec les semences qui doivent être semées. Cette opération ne se pratique que pour certaines cultures spéciales.

Fumier bouilli. — Quand on soumet à une longue ébullition dans l'eau le fumier foulé, uni à quelques autres matières étrangères, telles que des os de bœuf, on obtient le *fumier bouilli*. On arrose le sol avec le liquide obtenu par cette opération, et les Chinois considèrent cette espèce d'engrais liquide comme très-efficace. La matière insoluble qui est restée au fond des vases dans lesquels on fait cette opération est parfois jetée sur la terre ; parfois aussi on l'emploie séparément, et elle donne de bons résultats, car elle renferme encore des principes utilisables.

Le fumier bouilli liquide doit sans doute ses propriétés actives à la désagrégation des matières organiques produite par l'action de l'eau bouillante, et à la transformation d'une partie des matières gélatinigènes contenues dans les os des animaux.

Engrais divers. Leur emploi. — Les Chinois se servent encore d'autres engrais formés par le mélange d'un grand nombre de substances diverses. Ils emploient fréquemment des résidus, tels que tiges de chanvre desséché ou de luzerne, les tourteaux de graines oléagineuses (et spécialement ceux qui proviennent de la fabrication de l'huile de ricin), etc., etc. Pour préparer l'engrais de tiges de chanvre, on coupe celles-ci en petits fragments que l'on mélange avec du fumier dans un fossé d'une grande largeur et d'une faible profondeur. Le fossé est fermé à sa partie supérieure, et on ne l'ouvre que lorsque le mélange a commencé à entrer en fermentation. On enlève la couche d'engrais putréfié, on referme l'orifice de la fosse, jusqu'à ce que de nouvelles quantités d'engrais aient fermenté ; on recommence plusieurs fois la même opération et bientôt la totalité du mélange a subi la décomposition voulue.

Il est rare que les Chinois emploient dans une culture, une seule espèce d'engrais ; ils préfèrent généralement faire des mélanges qu'ils préparent avec des fumiers de qualité différente suivant la nature des semences.

Ils se servent fréquemment aussi de la chaux, dont ils connaissent les effets, sans se rendre compte de son mode d'action ; ils savent cependant que la chaux rend plus léger un terrain lourd et trop riche, et qu'elle facilite la désagrégation et la décomposition des engrais avec lesquels elle se trouve en contact.

Du reste, l'importance des engrais en Chine est devenue proverbiale, et les agriculteurs n'ignorent pas que les amendements convenablement employés peuvent seuls conserver la fertilité du sol, et contribuer à augmenter les récoltes ; plusieurs dictons populaires sont assez explicites à cet égard, et les cultivateurs chinois disent eux-mêmes qu' « *il faut ménager l'engrais comme de l'or.* » En examinant attentivement les notions contenues dans les textes chinois, on acquiert la certitude que les peuples de l'extrême Orient se conformaient à des règles précises sur l'emploi des engrais, bien des siècles avant que les travaux de nos savants ne nous eussent fourni les notions exactes qui doivent servir de base à l'agriculture. Les Chinois savent, depuis des siècles, que l'engrais ne doit être employé que dans des conditions determinées, et suivant des doses connues ; la nature du terrain, son aridité ou sa fécondité, le climat, la nature de l'engrais, sont pour eux des conditions qui, convenablement étudiées, doivent guider l'agriculteur, et le conduire d'une manière certaine au but qu'il veut atteindre.

D'après un autre proverbe chinois, « *il est plus avantageux de fumer les champs qu'on possède, que d'en acheter de nouveaux.* » Cette règle semble être en effet dictée par une sage prudence ; le cultivateur habitué à son sol acquiert, par l'expérience, des données précises sur sa nature ; il sait que son champ, épuisé par une récolte, fournira de bons résultats après une fumure convenable, et il gagnera sans doute plus à continuer la culture des mêmes terrains qu'à acquérir de nouvelles terres qui peuvent le contraindre à entreprendre de grands travaux souvent infructueux. Ne faudra-t-il pas, en effet, qu'il défriche son nouveau sol, et s'il ne connaît pas les qualités des terrains qu'il a acquis, saura-t-il quels sont les engrais qui devront convenir à telle ou telle culture ? Il va sans dire que la règle que nous venons d'énoncer n'est pas absolue, mais que dans bien des cas, cependant, il serait sage de s'y conformer.

L'emploi des engrais est assez variable en Chine, suivant la disposition du sol et sa situation géographique. Les champs situés près des villes sont fumés avec des matières fécales mélangées de terre ou d'engrais artificiels préparés sur place ; il en est encore de même des campagnes du sud et de l'est de la Chine, qui sont traversées par de nombreux cours d'eau, servant à transporter les matières fécales et les résidus de toute nature. Ces engrais parcourent souvent ainsi de grandes distances ; on les fait voyager sur de larges bateaux que deux ou trois hommes peuvent facilement diriger dans les canaux ou dans les fleuves. Quand les champs sont situés près de cours d'eau non navigables, et que nul moyen de transport ne peut y amener des engrais, les cultivateurs se servent d'herbes aquatiques, et de plantes marécageuses qu'ils font pourrir et qu'ils mélangent avec de la vase.

Les cendres de végétaux, les coquilles d'huîtres et quelques autres matières minérales sont fréquemment employées comme engrais, et dans ce cas on les enfouit dans le sol avec les plantes parasites et les racines qui ont résisté à l'arrachage.

Dans quelques cas, quand les plantes qu'on cultive ont atteint un certain développement, on en arrache les feuilles et les tiges, et on fait passer la charrue sur tous ces débris ; ces végétaux enfouis dans le sol servent ainsi d'engrais à eux-mêmes.

La préparation des matières fécales destinées aux champs s'exécute d'une manière assez singulière que nous ne pouvons passer sous silence. Ces matières fécales sont recueillies dans de grands vases en terre disposés près des champs et sur le bord des routes ; dans certaines parties de la Chine, le Kiang-si par exemple, elles sont ensuite collées contre les murs des habitations pauvres, où elles se sèchent assez rapidement, et d'autant plus vite que les maisons sont généralement construites en terre, ou en briques poreuses qui absorbent rapidement l'humidité. La matière, suffisamment séchée, est mélangée avec du fumier, et jetée sur les champs après avoir été grossièrement broyée.

Quelquefois les matières fécales sont conservées dans de vastes fosses où l'on recueille les eaux de vaisselle et les eaux de lavage du riz ; le liquide ainsi obtenu est ensuite répandu sur les champs, soit à l'aide de seaux, soit au moyen de rigoles d'irrigation.

Pour terminer ce chapitre important de l'agriculture, nous ajouterons aux documents puisés dans les textes chinois quelques renseignements que nous avons recueillis en Chine même, et qui confirment pleinement, du reste, les affirmations de l'auteur auquel ils ont été empruntés. Les études et les observations que nous avons faites, dans diverses provinces, nous ont démontré que nul art plus que l'agriculture n'est l'objet d'une aussi grande estime et d'une aussi haute considération ; nul progrès n'a plus d'intérêt que celui de la culture et de ce qui s'y rattache.

Extrait de notes présentées à la Société d'agriculture.

P. C.

L'agriculture a toujours été en grand honneur chez les Chinois, qui ont élevé des monuments pour célébrer les bienfaits qu'on lui doit ; actuellement encore, de nombreuses fêtes sont consacrées à l'art de cultiver la terre. Autrefois, au dire des voyageurs et des missionnaires, l'empereur de la Chine, à une certaine époque de l'année, traçait un sillon de sa propre main ; pendant notre séjour à Pékin, on nous a affirmé que cet usage antique s'était perpétué jusqu'à nos jours.

Quand on parcourt les campagnes de l'est et du sud de la Chine, on voit que la culture dominante est celle de l'aliment essentiel de tout le pays, nous voulons parler du riz. Les champs de riz sont très-souvent disposés en gradins, quand ils sont situés sur le penchant des collines ; chaque gradin est entouré d'un petit mur formé de pierrailles et d'argile, afin que l'eau puisse y séjourner ; quand l'eau est restée pendant un certain temps en contact avec le premier champ, on pratique une ouverture dans le mur, et le liquide s'écoule dans le second champ, c'est-à-dire dans le gradin inférieur. Les eaux employées à ces irrigations s'échappent des montagnes ou des collines voisines, ou bien encore des rivières qui sont très-abondantes en Chine.

Quand le niveau du fleuve est inférieur à celui du champ

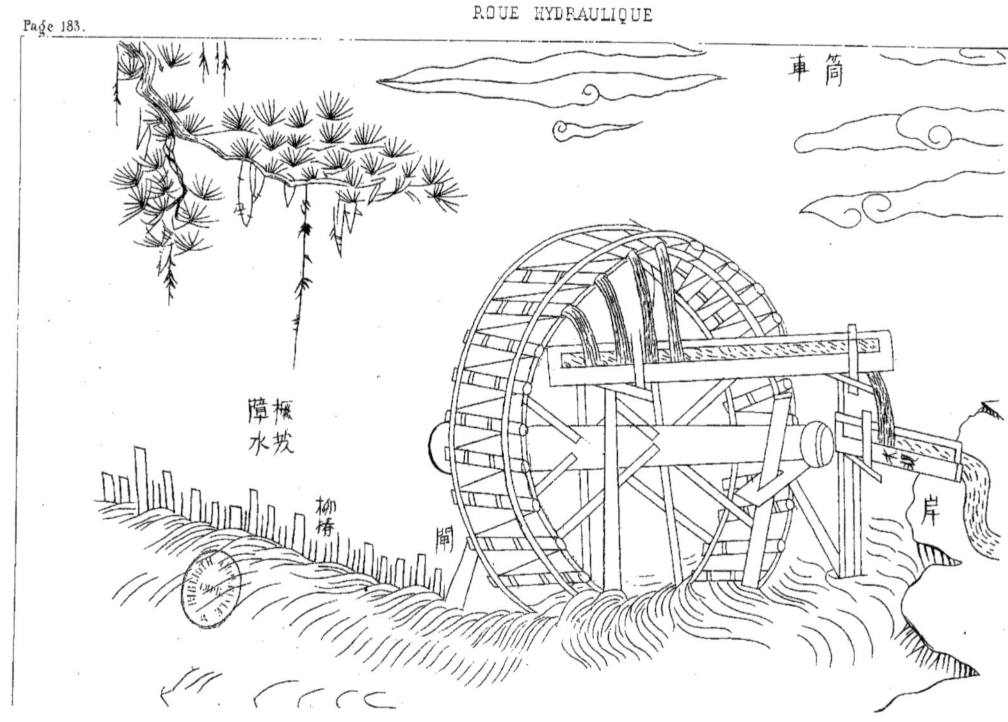

Page 183.
車筒
障水板柷
柳椿
閘
岸

qu'on veut alimenter, il faut élever l'eau mécaniquement ; les Chinois emploient à cet effet des méthodes primitives extrêmement simples ; ils se servent de norias tellement grossières, qu'on se demande à la vue de ces instruments s'ils peuvent réellement être de quelque usage ; ces norias sont mises en mouvement par deux ouvriers et quelquefois par un manége avec engrenage à lanternes. (Ajoutons en passant que, dans les nombreuses industries que nous avons étudiées, nous n'avons jamais vu de machines à engrenages épicycloïdaux analogues aux nôtres.) Quand le niveau de l'eau se trouve à une faible distance au-dessous du sol à irriguer, les Chinois se servent simplement d'un seau fait en bambou et attaché à une corde : deux hommes jettent le seau dans l'eau, et quand il est rempli, ils le tirent violemment à l'aide de la corde, et le renversent sur une surface plane de terre glaise où l'eau s'écoule et arrive dans un fossé pratiqué dans le champ ; ce fossé alimente directement des rigoles qui rayonnent à la surface du sol et conduisent l'eau dans tous les sens[1].

Pour préparer la terre à la culture du riz, les Chinois y sèment très-souvent du blé, comme nous l'avons presque partout constaté dans les diverses provinces de l'Est et du Centre. On plante le blé en décembre, et il arrive à maturité en mars, époque à laquelle on le fauche. On laboure alors la terre avec des charrues analogues à celles qui sont employées dans nos pays, et on aplanit le terrain afin que les eaux d'irrigation qu'on y amène puissent y séjourner ; on l'entoure même au besoin de rebords d'argile qui emprisonnent le liquide comme dans un réservoir et l'empêchent d'inonder les champs voisins. Quand la terre est détrempée, on y jette le riz après l'avoir suffisamment gonflé en le laissant quelque temps en contact avec de l'eau. Lorsque la germination du riz est assez avancée, on l'arrache pour le repiquer en touffes de

1. Pl. VIII.

six à sept brins, séparées les unes des autres par un intervalle de terre de 12 à 15 centimètres.

Le riz arrive bientôt à maturité ; on le coupe alors, et on
laboure immédiatement le champ, qui reçoit de nouvelles
touffes de riz, préparées dans un sol avoisinant. Suivant la
température et le climat, on peut arriver à faire plusieurs récoltes dans l'année.

Le riz ne prospère pas dans le nord de la Chine, et dans
ces régions on le remplace pour les besoins de l'alimentation
par du blé et du petit millet, que les Chinois consomment
directement après l'avoir fait bouillir dans l'eau ; ils se nourrissent aussi, dans ces régions, de maïs, qui croît très-bien
dans le nord de la Chine. La culture de l'arbre à thé et celle
du china-grass, sont extrêmement répandues en Chine,
nous en parlerons dans des chapitres spéciaux.

Pendant nos voyages, nous avons été souvent à même de
constater que la question des engrais était considérée par les
Chinois comme une question de la plus haute importance.
Dans toutes les villes chinoises que nous avons visitées, nous
avons presque toujours remarqué des établissements où les
matières fécales étaient conservées dans des fosses assez profondes, mais mal bouchées par des planches en bois ; il se dégage
de ces réservoirs une odeur méphitique et repoussante, à laquelle les Chinois semblent du reste très-peu sensibles. Les
matières fécales, excepté dans le Nord, sont généralement
liquides, et peut-être la cause de ce fait se trouve-t-elle dans
la nourriture peu azotée dont les habitants font usage. Les
matières fécales contenues dans ces fosses publiques sont
extraites à l'aide de seaux ; on les transporte dans les champs
avoisinants où on les répand au moyen de cuillers. Quelquefois
on les transporte dans des campagnes éloignées, et alors on
les expédie sur les bateaux qui naviguent sur les canaux,
comme à Shang-haï, et qui font quelquefois un voyage de plusieurs jours avant d'atteindre leur destination. Quant à ce qui

concerne les excréments des animaux, les Chinois ont l'habitude de les amonceler en tas volumineux, jusqu'à ce qu'ils se soient desséchés au contact de l'air ; on les emploie alors en les répandant sur le sol par divers moyens.

FABRICATION DU FROMAGE DE POIS

En Chine et au Japon.

Le fromage de pois, qui est considéré en Chine et au Japon comme un aliment très-important, présente un aspect analogue à celui du fromage à la pie ; il se fabrique avec une espèce particulière de pois oléagineux, qui se consomment aussi directement et qui peuvent servir en outre à produire une huile de très-bonne qualité et d'un prix assez élevé.

La fabrication du fromage de pois est simple, mais elle exige cependant beaucoup de soins. On commence par faire gonfler les pois dans de l'eau pendant vingt-quatre heures environ, et on les laisse égoutter dans un panier d'osier. Ensuite on les broie à la meule, en les mélangeant avec l'eau qui a servi à la macération et qui a été mise à part. La meule employée à cet usage est formée de disques horizontaux en pierre dure. Celui qui est placé à la partie supérieure est percé d'un trou conique ; l'appareil est mis en mouvement à l'aide d'une bielle articulée qu'un ouvrier fait mouvoir d'une main, tandis que de l'autre il jette des pois avec une cuiller dans la cavité de la meule supérieure[1]. A chaque addition de pois, on ajoute une certaine quantité de l'eau de macération. Les pois broyés par l'action de la meule se transforment en une bouillie liquide qui s'écoule entre les meules, tombe dans une rigole circulaire, et s'accumule dans un baquet. On verse cette bouillie sur un filtre, formé d'une toile fixée à un

1. Voir précédemment, pl. VI.

châssis, et quand la filtration est trop lente, on agite la matière ; pour que cette opération s'effectue facilement, on suspend le châssis au plafond à hauteur d'homme. Le liquide filtré, brassé à la main, est recueilli dans un bac en bois, et versé dans une chaudière où il est soumis à une lente cuisson. Cette chaudière est formée d'une bassine en fonte entourée d'une espèce de baquet de bois ; la surface métallique, présentant une faible étendue, permet de chauffer le liquide sans crainte de développer une brusque élévation de température qui pourrait altérer la matière. Cet appareil est presque toujours employé par les Chinois pour la cuisson des matières organiques. Une seconde chaudière est disposée à côté de la première dans un même fourneau en forme de parallélipipède et reçoit l'action directe du foyer. Le liquide qui s'est écoulé de la meule commence à se couvrir d'une mousse abondante vers la température de 100° centésimaux ; on le maintient à l'ébullition pendant dix minutes environ, et on le transvase ensuite dans la deuxième chaudière, qui est soumise à une température moins élevée par suite de la disposition du fourneau. La première chaudière une fois vide, on la remplit immédiatement d'une nouvelle quantité de la liqueur filtrée ; la pulpe égouttée sur le filtre de toile est lavée à l'eau, et le liquide qui s'écoule est employé à humecter les pois qui sont soumis au broyage ; cette eau de lavage entraîne encore une quantité notable de matière utile.

Quand la liqueur a été chauffée quelques instants dans la seconde chaudière, on la verse dans de grands baquets, où elle se refroidit. On a soin de l'agiter à l'aide de la main et de lui imprimer un mouvement de rotation ; la mousse qui se forme se réunit au milieu de la surface, et on l'enlève au moyen d'une cuiller en cuivre. Après quelques minutes de repos, le liquide se couvre d'une pellicule épaisse, que l'on enlève sans la déchirer avec une baguette, et que l'on fait sécher en fichant la baguette dans un mur. Il se forme quelquefois une deuxième pellicule que l'on traite de la même manière. La matière ainsi solidifiée à la surface du liquide est employée dans l'alimentation ; on la mange soit fraîche, soit sèche, et son goût n'est pas désagréable.

Le liquide qui reste dans le bac est destiné à produire le fromage de pois ; on l'additionne d'abord d'une petite quantité d'eau mélangée de plâtre qui a été préalablement cuit dans le fourneau qui sert à l'opération ; on y verse enfin quelques gouttes d'une solution concentrée d'un sel provenant des marais salants. (D'après nos analyses, ce sel n'est autre que du chlorure de magnésium.) On brasse légèrement le liquide pour former une masse bien homogène, qui bientôt se coagule et prend l'état solide. Le plâtre ajouté a certainement pour effet de coaguler la caséine des pois. Quant au chlorure de magnésium, il est assez difficile de définir le rôle qu'il doit jouer ; on ne l'emploie du reste que dans certaines villes de la Chine.

Le fromage de pois formé est versé encore chaud dans des châssis de bois carrés, de 0^m,40 de côté et de 0^m,05 de hauteur. Ces châssis, superposés deux à deux, sont placés à côté les uns des autres sur une grande table de pierre dont les bords longitudinaux sont creusés en rigoles ; les châssis placés sur la table sont fermés à leur partie inférieure par un linge fin, à travers lequel l'eau que renferme le fromage peut s'écouler. Quand le fromage de pois est suffisamment égoutté, on le comprime dans les châssis où il est emprisonné, en posant à la partie supérieure une planche chargée de poids ; quand le volume de la matière est réduit de moitié, on enlève les châssis, et le fromage qu'ils renferment s'expédie quelquefois à de grandes distances. Il suffit pour le transport de fermer les châssis avec des planches clouées à l'aide de chevilles en bambou. Arrivé à destination, le fromage de pois se débite en petits fragments au moyen d'un large couteau de métal.

Le fromage de pois est généralement d'un blanc grisâtre

et offre l'aspect d'une gelée ; il ne se conserve pas plus d'une journée à l'époque des grandes chaleurs, et pour le préserver d'une altération si rapide on le mélange généralement avec du sel ou des sauces de diverse nature ; il peut se garder alors plusieurs années.

Un morceau de fromage de pois gros comme le poing se vend deux sapèques, c'est-à-dire un centime. Les marchands de fromage de pois livrent aussi à la consommation le liquide chaud non coagulé dont nous avons précédemment parlé ; les Chinois pauvres se nourrissent de cette substance, d'un goût fade mais nullement désagréable. Les boutiques où se vend ce fromage présentent, à certains moments de la journée, un curieux aspect ; des ouvriers chinois viennent en grand nombre acheter une portion de fromage liquide qu'ils emportent dans des petites tasses ; d'autres absorbent sur place le fromage coagulé. Pour bien des gens de la classe pauvre, le repas du matin consiste uniquement en une tasse de fromage de pois liquide, dans lequel ils font tremper quelques gâteaux frits à l'huile.

La fabrication du fromage de pois s'exécute sur une grande échelle dans la plupart des ports de la Chine que nous avons parcourus, depuis le Sud jusqu'à Pékin, et dans les quelques villes du Japon que nous avons pu visiter.

Le fromage de pois est assez agréable au goût, il pourrait rendre de grands services à l'alimentation des Européens, si on parvenait à cultiver les graines qui sont la base de sa préparation. Le fromage de pois frit dans la graisse comme les pommes de terre forme un met très-délicat.

Les graines qui servent à préparer ce fromage renferment souvent 17 0/0 d'une huile limpide, dont la saveur n'est pas désagréable.

Nous ajoutons aux renseignements qui précèdent quelques résultats analytiques que notre collègue, M. Lhôte, et nous, avons obtenus sur les pois oléagineux et le fromage.

Pois de Chine.

Pour 100.

	A l'état normal.	A l'état sec.
Eau	15,07 . . .	
Cendres.	4,63 . . .	5,45
Matières grasses.	12,98 . . .	15,28
Azote.	5,79 . . .	6,81

Fromage de pois.

Pour 100.

	A l'état normal.	A l'état sec.
Eau	90,37 . . .	
Cendres.	0,76 . . .	7,89
Matières grasses.	2,36 . . .	24,50
Azote.	0,78 . . .	8,09

Matière coagulée pendant la préparation du fromage.

Pour 100.

	A l'état normal.	A l'état sec.
Eau	9,36 . . .	
Cendres.	4,01 . . .	4,42
Azote.	9,70 . . .	10,71

Cette matière coagulée renferme 11,19 0/0 d'azote, déduction faite de l'eau et des cendres.

Préparation du fromage.

Pois employés	120^{gr} à l'état normal.
Fromage obtenu	184$^{gr.}$

Ou bien :

Pois secs employés.	101^{gr}	= azote 6,94
Fromage sec obtenu.	17,71	= azote 1,43
Matière coagulée normale.	1,085	= azote 0,105
		1,535

P. C.

FABRICATION, AU JAPON, DU PRODUIT DÉSIGNÉ PAR LES ANGLAIS

SOUS LE NOM D'ISINGLASS.

Cette matière se trouve dans le commerce sous deux formes différentes : en baguettes minces ou en parallélipipèdes de $0^m,04$ d'équarrissage environ. Elle se fabrique aux environs de Nagasaki et à Akodadi, dans le Nord, et elle est l'objet d'un commerce important entre la Chine et le Japon.

Il est défendu aux Européens de sortir de Nagasaki, aussi ne nous a-t-il pas été possible d'assister complétement à la fabrication de cette matière ; mais nous avons tout lieu d'ajouter foi aux renseignements suivants que nous nous sommes procurés dans plusieurs localités du Japon et que nous n'avons pas recueillis sans un scrupuleux contrôle.

On récolte sur le bord de la mer la plante qui sert à préparer ce produit [1]. On la lave plusieurs fois à l'eau douce, puis on l'expose au soleil pour la blanchir. Les conditions nécessaires pour le blanchiment sont spéciales ; les Japonais prétendent qu'il faut opérer sur des collines ou montagnes, sur lesquelles, le matin, le froid est assez intense et la rosée abondante ; ils disent que dans plusieurs parties du Japon, si le produit, beaucoup moins beau, est coloré en brun, cela vient de ce que l'on ne peut réunir les conditions nécessaires d'exposition.

Aussi, dans ce cas, pour dissimuler la couleur désagréable de l'isinglass, on le teint au moyen de décoctions de bois colorants.

Après l'exposition au soleil, on lave la matière une seconde fois ; cette double opération se pratique souvent huit à dix fois, jusqu'à ce que le produit ait acquis la couleur vou-

1. Grateloupia filicina.

lue. Ensuite on choisit les parties les plus blanches ; le reste s'emploie pour obtenir un produit de qualité inférieure ; on hache le produit et on le fait bouillir longtemps, puis on le verse, avec l'eau qui a servi à l'ébullition, sur un linge avec lequel on forme un nouet qu'on presse vigoureusement.

On reçoit le liquide qui s'écoule dans des cuvettes plates en bois, d'une profondeur un peu plus grande que l'épaisseur qu'on veut donner à l'isinglass ; puis on met ces plateaux contenant le liquide à évaporer au soleil. Quand la matière a pris de la consistance, on la divise au moyen d'une règle et d'un couteau, et par la dessiccation elle prend la forme spongieuse qu'elle conserve ensuite.

Ce produit est d'un prix assez élevé ; on trouve dans le commerce la plante employée pour sa fabrication, car les Japonais s'en servent comme matière comestible en la faisant bouillir longtemps dans l'eau.

L'isinglass s'emploie, comme matière alimentaire, de diverses manières.

Souvent les Chinois et les Japonais le mélangent aux autres aliments pour les rendre mucilagineux ; il suffit, en effet, d'une courte ébullition pour le transformer en gelée, et les peuples de l'extrême Orient ont un goût prononcé pour tous les mets gélatineux. On l'emploie aussi pour faire des gelées, auxquelles on ajoute du sucre et des essences, et que l'on colore de diverses manières. Enfin on coupe les baguettes en morceaux que l'on met dans le bouillon avant de le servir. Le potage ainsi obtenu est recherché des Européens et possède un goût agréable [1].

---

1. M. Payen, dans son *Traité de chimie industrielle,* décrit les propriétés chimiques de cette matière, à laquelle il a donné le nom de Gélose.

CULTURE ET FABRICATION DU THÉ

En Chine et au Japon.

On sait que les Chinois et les Japonais font un grand usage du thé ; ils consomment cette matière sous forme d'infusion sans addition de sucre ni de lait. Il est probable que l'infusion du thé agit comme une boisson légèrement excitante, et exerce une action bienfaisante sur des peuples généralement anémiés. Le thé bouillant est un stimulant précieux pour des populations débilitées par un régime alimentaire insuffisant, et affaiblies par un climat peu salubre ; son infusion bouillante est aussi un rafraîchissant très-utile dans un pays où les chaleurs de l'été sont parfois accablantes ; il calme rapidement la soif beaucoup mieux que toute autre boisson. Le thé permet aux Chinois de ne pas faire un fréquent usage en boisson des eaux naturelles souvent assez chargées de matières salines pour qu'il soit nécessaire, avant de les employer, de les purifier par l'addition d'une petite quantité d'alun.

En général les Chinois et les Japonais ne préparent pas le thé dans des théières comme on le fait en Europe et en Amérique ; ils versent une petite quantité d'eau bouillante dans une tasse, et y jettent une pincée de feuilles de thé. Leurs tasses sont munies d'un couvercle, qui les ferme assez complétement pour arrêter les feuilles en décoction et les empêcher de parvenir dans la bouche.

Le thé que consomment les Chinois n'offre habituellement aucun rapport avec celui que nous prenons en France, et spécialement en Angleterre ou en Amérique ; on peut distinguer trois espèces de thés chinois : 1° thés verts préparés par les Chinois pour leur propre usage ; 2° thés verts préparés pour l'exportation ; 2° thés noirs de diverses qualités.

CULTURE DU THÉ.

Le petit arbrisseau qui fournit le thé est cultivé avec le plus grand soin, généralement sur des terrains assez élevés. Les champs sont presque toujours entourés de haies qui les protégent contre l'indiscrétion des passants.

Les arbres à thé sont de différentes espèces ; les uns n'arrivent jamais à excéder une hauteur d'un pied, les autres, au contraire, peuvent facilement atteindre deux pieds et demi à trois pieds. Les feuilles de thé commencent à se récolter vers la fin d'avril, et la cueillette se prolonge pendant quatre mois; mais les premières feuilles enroulées sur elles-mêmes, tendres et jeunes, ont beaucoup plus de valeur que les autres et produisent un thé de qualité supérieure. Les feuilles cueillies en dernier lieu sont arrivées à leur développement complet, elles fournissent une boisson âcre et faiblement parfumée.

Les graines de l'arbre à thé donnent une huile très-estimée et d'un prix très-élevé, parce qu'elle possède, au dire des Chinois, la curieuse propriété de ne jamais rancir. Ce que nous venons de dire sur la culture du thé s'applique spécialement à la province de Tché-kiang.

FABRICATION.

Thé vert employé par les Chinois et les Japonais.

Les feuilles une fois cueillies sont introduites encore tout humides dans un grand nombre de bassines minces en fonte, disposées sur des fourneaux en maçonnerie; on les chauffe avec du bois sec ne donnant pas de fumée. Dans la fabrique que nous avons visitée, la température à laquelle on maintient les bassines était de 60 à 70 degrés centésimaux environ. Quand les feuilles de thé commencent à se recroqueviller sous l'influence de la chaleur, on les brasse à la main jusqu'à ce qu'elles soient suffisamment sèches ; il ne reste plus alors qu'à les laisser refroidir et à les emprisonner dans des boîtes en bois ou des paniers de bambou, garnis de feuilles sèches. C'est dans cet état que le thé est livré au commerce. Avant d'enfermer les feuilles dans les boîtes, on les trie quelquefois suivant leur grosseur, et on forme ainsi diverses qualités.

Ce thé, mis en contact avec l'eau bouillante, donne une infusion peu colorée, d'un goût fade, qui n'offre souvent presque pas d'analogie avec le thé qui se consomme en Europe ; c'est cependant celui-là que les Chinois et les Japonais préfèrent. Dans certaines parties de l'extrême Orient, on mélange au thé des feuilles odoriférantes, telles que celles de la rose ou du jasmin ; le produit ainsi obtenu est d'un prix élevé, et l'infusion qu'il donne est douée d'un goût particulier.

FABRICATION DU THÉ VERT

Destiné à l'Europe et à l'Amérique.

Les renseignements que nous allons fournir à ce sujet ont été recueillis spécialement à Nagasaki, au Japon, et dans quelques fabriques chinoises que nous avons visitées. A Nagasaki, nous nous sommes procuré des détails intéressants dans l'usine de MM. Glover frères, qui ont consenti avec une rare obligeance à satisfaire notre curiosité.

Le thé que les Japonais expédient dans cette fabrique a été au préalable séché sur des nattes exposées au soleil, ou légèrement chauffé dans des bassines de fonte. On commence par le goûter pour se faire une idée exacte de sa valeur ; les différents échantillons de thé sont jetés isolément et en proportions égales dans des petites théières où l'on a versé des quantités égales d'eau bouillante ; on laisse l'infusion se faire pendant cinq à dix minutes, et on la verse dans des tasses que le dégustateur range à mesure les unes près des autres : celui-ci met dans sa bouche une gorgée de la première infusion, et la crache après l'avoir goûtée ; il passe ensuite au deuxième échantillon, et ainsi de suite. Les dégustateurs attachés aux fabriques sont généralement très-habiles à reconnaître les qualités du thé, et à apprécier sa valeur commerciale.

Les feuilles de thé sont ensuite triées suivant leur grosseur, leur couleur, leur aspect, et sont séparées ainsi en qualités distinctes. Cette opération est faite par des femmes, qui sont réunies quelquefois au nombre de deux cents à trois cents dans un vaste atelier ; elles sont armées de petites baguettes que les Japonais et les Chinois emploient en guise de fourchettes, et elles séparent toutes les feuilles semblables entre elles avec une merveilleuse dextérité, en rejetant les impurctés et les détritus de bois qui s'y rencontrent fréquemment. Chaque ouvrière japonaise a devant elle quatre ou cinq sébiles de bois, dans lesquelles elle fait tomber pendant le triage les feuilles de même qualité. Ces femmes travaillent à la tâche ; elles gagnent environ de 3 à 4 *tempo* ou 60 à 80 centimes par jour. Les feuilles ainsi séparées sont séchées dans des bassines faites en un métal cassant dont l'élément dominant est le cuivre. Ces vases se percent assez fréquemment, mais des ouvriers attachés à la fabrique sont spécialement chargés de les réparer par des soudures qu'ils font très-rapidement, ce qui permet de continuer l'opération malgré l'accident.

En Chine, les bassines dans lesquelles on cuit le thé sont toujours faites en fonte mince, ou du moins il en est ainsi dans toutes les fabriques que nous avons visitées. Les ateliers de cuisson sont considérables ; deux à trois cents fourneaux, reliés ensemble par des massifs de maçonnerie, fonctionnent à la fois, et un grand nombre d'ouvriers surveillent l'opération. On commence par chauffer la bassine vide, et on n'y jette les feuilles de thé que lorsqu'elle a atteint une température déterminée. Pendant que les feuilles sont soumises à l'action de la chaleur, les ouvriers les roulent avec la main, afin qu'elles n'occupent à l'état sec qu'un très-petit volume. Suivant la destination du produit, on y mélange soit de la poudre d'indigo, soit du plâtre réduit en poudre impalpable, soit de la chaux éteinte ; quelquefois même ces trois substances sont unies ensemble en petite proportion aux feuilles de thé. Ces matières sont introduites dans les bassines au commencement de l'opération, quand les feuilles commencent à se recouvrir d'une légère couche d'humidité qui s'échappe de leur intérieur sous l'influence de la chaleur. Ces matières s'attachent ainsi aux feuilles et leur communiquent la couleur bleu-verdâtre caractéristique du thé vert. On emploie souvent aussi pour colorer le thé diverses espèces d'indigo plus ou moins foncé [1] ; mais nous ne croyons pas que l'on se serve jamais de certaines matières nuisibles, comme cela a été cru pendant longtemps en Europe. Nous avons souvent demandé à des ouvriers, en Chine ou au Japon, si le thé était quelquefois additionné pendant sa fabrication de sels de cuivre, ainsi que cela a été dit plusieurs fois, ou si on le faisait sécher sur des lames de cuivre, et nous avons toujours obtenu une réponse négative. Nous pouvons affirmer d'ailleurs que de semblables procédés n'ont jamais été employés dans l'usine de Nagasaki.

Les bassines dans lesquelles s'opère la cuisson des feuilles se couvrent intérieurement d'une couche noire, très-adhérente aux parois du vase ; cette crasse est formée de poussière de

---

1. Dans certaines fabriques on remplace l'indigo par le bleu de Prusse.

thé mélangée à la matière grasse issue des graines de thé qui ont échappé au triage ; elle est de temps en temps enlevée à l'aide d'un couteau, et elle est employée en médecine par les Chinois.

D'après les détails que nous venons de donner, on voit que la fabrication du thé demande un certain temps ; elle nécessite beaucoup de main-d'œuvre, exige une grande surveillance, un soin minutieux de la part des ouvriers et des patrons ; elle est par conséquent très-dispendieuse. MM. Glover ont essayé de modifier ce procédé, et ils ont déjà employé une nouvelle méthode qui paraît donner de bons résultats ; il est évident qu'une semblable modification ne peut être définitivement jugée sans attendre la consécration d'une longue pratique.

MM. Glover remplacent dans la nouvelle fabrication les bassines multiples par une grande chaudière formée d'un demi-cylindre dans lequel une vis d'Archimède accomplit un mouvement de rotation autour de son axe. La chaudière est chauffée par un courant de vapeur d'eau qui circule dans ses parois creuses. La cuisson est rendue continue à l'aide d'un mécanisme très-simple ; les feuilles de thé arrivent à l'une des extrémités du cylindre, elles sont entraînées et froissées par l'action de la vis contre les parois ; quand elles arrivent à l'autre extrémité du cylindre, elles sont cuites et tombent alors dans un panier où elles se refroidissent ; le plâtre, la chaux et l'indigo sont jetés dans le cylindre pendant l'opération. On règle la vitesse de la vis à volonté, suivant la nature et la qualité du thé qu'il s'agit d'obtenir.

MM. Glover ont déjà expédié en Amérique des thés fabriqués par cette nouvelle méthode, et les consommateurs n'ont pas constaté dans les produits une qualité inférieure à celle qu'on obtient avec un travail à la main.

FABRICATION DU THÉ NOIR AU JAPON.

C'est encore à MM. Glover que nous devons des renseignements sur cette fabrication. Ces négociants, avant de se fixer au Japon, avaient déjà produit du thé noir en Chine, en suivant des procédés qu'ils ont bien voulu nous communiquer.

Les thés verts et les thés noirs se distinguent très-nettement entre eux ; tandis que les premiers ont simplement subi une cuisson plus ou moins prolongée, les seconds ont été soumis à une espèce de fermentation qui développe leur arome, leur communique un goût particulier, et leur donne leur couleur noire ou brunâtre. D'après MM. Glover, des feuilles de même espèce peuvent se transformer indifféremment en thé vert ou en thé noir ; cependant, dans quelques provinces, les Chinois emploient des espèces spéciales pour chaque produit.

Pour fabriquer le thé noir, on achète aux cultivateurs les feuilles de l'arbre à thé légèrement séchées au soleil, et on les emprisonne dans des boîtes en étain fermées au moyen de couvercles. Dans ces conditions, la fermentation ne tarde pas à se produire, à cause de l'humidité que renferment encore les feuilles ; l'opération se fait presque toujours, en outre, à l'époque des grandes chaleurs, et la haute température de l'air accélère la fermentation. Après dix ou quinze jours, on retire les feuilles de thé de leurs boîtes métalliques et on les traite dans des bassines, comme le thé vert. Après la cuisson, elles sont livrées au commerce.

MM. Glover nous ont appris que les Japonais ne savaient pas autrefois fabriquer le thé noir à Nagasaki ; mais ils leur ont enseigné la méthode employée en Chine. Depuis cette époque ce thé est estimé au Japon, et quelques grands personnages le consomment actuellement et le préfèrent même au thé vert.

Thé en brique. — Dans la province du Hou-kouang, les Chinois fabriquent une espèce particulière de thé, appelé thé en brique, qu'ils produisent presque exclusivement pour les habitants du Nord et pour la Sibérie. Ce thé est formé par les résidus de fabrique, débris de feuilles de thé, poussière de thé de luxe ; ces débris sont entassés dans des moules, et on les soumet à une pression considérable ; ils s'agglomèrent, et forment des briquettes solides de 20 à 30 centimètres de longueur sur 1 centim. 1/2 d'épaisseur. Le thé en brique a l'avantage de n'occuper qu'un petit volume et d'être très-facilement transportable. Quand on veut l'employer, on le gratte avec un couteau, et la poudre obtenue est mêlée à l'eau bouillante.

Dans certains cas, les Chinois font subir la même opération au thé vert de bonne qualité.   P. C.

DISTILLERIES DE HAN-KEOU.

(Province du Hou-pé.) P. C.

Les Chinois font un grand usage d'eau-de-vie, portant le nom de Sam-Chou, que l'on fabrique au moyen du sorgho ou du riz. Ces eaux-de-vie ont un goût et une odeur d'huile essentielle très-désagréables, mais les Chinois y sont accoutumés, et ils ont même l'habitude d'augmenter d'une manière sensible l'arome de ces boissons spiritueuses en les chauffant, avant de les boire, à une température de 30 à 40 degrés environ.

Voici comment on prépare les eaux-de-vie à Han-keou,

dans une grande distillerie qu'il nous a été permis de visiter, en examinant de près toutes les phases de la fabrication. On réduit en poudre du blé, au moyen de moulins mus par des hommes ou des mulets; ces moulins sont formés de deux disques de pierre, dont les surfaces de frottement sont rendues rugueuses par des entailles qu'on y a pratiquées. La meule porte dans son axe une cavité circulaire dans laquelle on verse le blé, la farine produite s'échappe par l'intervalle qui sépare les meules et tombe dans une rigole circulaire où on la recueille. Ces moulins sont du reste identiques à ceux que l'on emploie pour la fabrication du fromage de pois.

On prend le produit de la mouture sans en séparer le son, et on l'introduit dans des cuves, où il est brassé avec une petite quantité d'eau ; la farine est abandonnée ainsi à un repos de 7 à 8 jours, suivant la température de l'air, jusqu'à ce que la fermentation se développe régulièrement. On retire alors la matière de la cuve, on la pétrit entre les mains, et on la façonne en briques de même grandeur que celles qui servent à nos constructions. Ces briques de farine sont ensuite mises à sécher sur des planches disposées dans la partie haute de l'atelier, et c'est là qu'on vient les prendre au fur et à mesure des besoins de la fabrication. Au dire des Chinois, ces briques se conservent très-longtemps sans altération ; elles sont d'une couleur grise, et possèdent une odeur assez agréable. Elles sont employées comme ferment dans la fabrication de l'eau-de-vie de sorgho ou de riz.

Les graines de sorgho, cuites à la vapeur, sont écrasées dans des moulins, et mélangées avec une petite quantité de briques de blé écrasées (2 0/0); quelquefois, pour que le mélange soit plus intime, on introduit directement le ferment dans le sorgho au moment ou il est broyé. La matière ainsi produite est mélangée à la pelle, humectée d'eau, et la bouillie obtenue est versée dans des pots en terre, de 0^m,80 environ de diamètre et de 1 mètre de hauteur. Ces récipients sont enfouis dans la terre au milieu de l'atelier, de manière que leur orifice supérieur soit situé au niveau du sol; à mesure qu'on les remplit à la pelle, un ouvrier tasse la matière avec les pieds et l'opération se continue ainsi jusqu'à ce que les pots soient complétement pleins. On recouvre ensuite le tout d'un lut épais, formé d'argile et de balles de riz, que l'on comprime énergiquement à la main. La pulpe de sorgho, additionnée de farine, reste emprisonnée dans cet état jusqu'à ce que la fermentation soit complète. A l'époque où nous assistions à cette fabrication, la chaleur était si intense, que la fermentation était achevée en quelques jours.

Cette opération terminée, il ne reste plus qu'à soumettre la matière à la distillation.

L'appareil distillatoire, se compose d'une chaudière en fonte, surmontée d'une cuve en bois assez épais, et disposée sur un fourneau qui s'élève jusqu'à la partie inférieure de la cuve. Le foyer est alimenté avec du charbon de terre, il est formé de barreaux de fonte mobiles, assez écartés pour que les cendres puissent tomber quand on les agite avec une tige de fer; on se sert aussi, comme matière combustible, des espèces d'agglomérés dont nous avons parlé en traitant de la houille.

La cuve de bois est surmontée d'un grand couvercle en bois percé d'un trou dans lequel s'emboîte le chapiteau dont la partie supérieure pénètre dans une profonde rainure circulaire pratiquée sur le couvercle. Le chapiteau sert de condensateur, il est constamment refroidi par un courant d'eau.

L'eau-de-vie qui se condense ainsi dans le chapiteau ruisselle le long de ses parois intérieures, arrive dans la rigole qui sert de joint à l'appareil, et pénètre enfin dans un tube d'étain qui la verse dans un vase de terre à étroite ouverture.

Pour charger la chaudière, on commence par y introduire

une certaine quantité d'eau, et on dispose ensuite un faux fond, formé d'un treillage de bambou. On place sur ce double fond une couche de balles de riz, que l'on recouvre enfin du sorgho fermenté.

L'appareil est muni de son couvercle en bois, de son chapiteau, et les joints sont bouchés à l'aide d'un véritable bourrelet rempli de chanvre. On chauffe lentement la chaudière, et, quelque imparfaits que soient les appareils, la perte due à l'entraînement des vapeurs au dehors est peu considérable. Lorsque la distillation est terminée, les ouvriers retirent le sorgho de la chaudière et le jettent à terre ; ils prennent soin de l'agiter alors avec une pelle, et de le jeter en l'air par pelletées, pour qu'il se refroidisse rapidement. Cette pulpe est mise de côté, pour être soumise à une nouvelle fermentation et à une nouvelle distillation qui fournit encore une notable quantité d'eau-de-vie, dont la qualité toutefois est inférieure. Après la deuxième opération, les pulpes de sorgho, sont vendues au prix de 300 sapèques la picule (1 fr. 50 les 60 kilogr.) à des agriculteurs qui les donnent en nourriture aux porcs.

Dans la distillation du sorgho fermenté, les premières parties de la liqueur condensée sont beaucoup plus riches en alcool que les dernières, et à la fin de l'opération on obtient un liquide à peine alcoolisé. La première qualité d'eau-de-vie se vend 160 sapèques le kati (0 fr. 80 les 604 grammes) et la seconde 124 sapèques (0 fr. 62 les 604 grammes.) Ces eaux-de-vie sont tantôt incolores, et tantôt colorées en jaune pâle par des matières étrangères. Au dire des Chinois, elles gagnent beaucoup en vieillissant, et elles sont généralement conservées pendant longtemps dans des vases de terre ; ces vases sont fermés par un bouchon recouvert d'un lut formé d'argile et de chaux.

On fabrique encore de l'eau-de-vie avec le riz et l'orge ; les produits obtenus ont un goût particulier, mais leur mode de production est identique à celui que nous venons de décrire.

MIEL.

Le miel, que les Chinois appellent *sucre d'abeilles*, est très-abondant dans le Céleste Empire. On le trouve dans le creux des rochers, dans la terre ou dans les cavités naturelles des troncs d'arbres. Le miel ainsi déposé dans la terre par les abeilles ne se rencontre guère que dans le Nord, où le sol est sec, et celui qu'on rencontre dans les troncs d'arbres se trouve surtout dans le Midi, où les terrains sont très-humides.

Le miel frais est liquide et jaune, il se solidifie avec le temps, et devient presque complétement blanc.

Il n'est jamais directement livré à la consommation après son extraction, et on le purifie en le soumettant à une courte ébullition dans une petite quantité d'eau. On enlève l'écume qui se rassemble à la surface du liquide au fur et à mesure qu'elle se produit, et le miel ne tarde pas à être purifié ; cette opération détermine souvent une perte de matière assez considérable.

Les Chinois fabriquent du faux miel avec de la cassonade, de l'eau et du miel ; ils savent en produire encore en mélangeant de la cassonade avec du *sucre de gélatine*. Les consommateurs ne savent pas distinguer le miel naturel du miel factice ; il paraît cependant que ce dernier produit artificiel est plus coloré généralement que le miel d'abeilles, et qu'il sèche plus rapidement au contact de l'air.

FABRICATION DU SUCRE.

La canne à sucre a été introduite en Chine à une époque
très-reculée, mais les Chinois, pendant de longues années, ne
surent pas extraire le suc cristallisable du jus sucré. Ce fut
dans l'intervalle de temps compris entre les années 766 et
780, sous la dynastie de Thang, qu'un religieux indien nommé
Tseou, voyageant dans la partie occidentale de la province de
Sse-tchuen, enseigna la fabrication du sucre de canne aux
habitants du Céleste Empire.

Les Chinois cultivent spécialement deux espèces de canne
à sucre, qui croissent en abondance dans les provinces du
Fo-kien, du Kouang-si et du Kouang-tong. Ces trois provinces
fournissent à elles seules une quantité de cannes à sucre dix
fois supérieure environ à celle que produisent toutes les
autres régions de la Chine.

L'espèce de canne à sucre dont l'aspect est analogue à
celui du bambou, et dont la tige est d'une grande dimension,
se nomme *canne à fruit*. On la coupe en fragments, que l'on
vend dans les rues au prix d'une sapèque. (Dans l'est de la
Chine, dix sapèques équivalent à cinq centimes.) Cette espèce
fournit un sucre très-agréable au goût, mais on n'exploite
pas cette canne, probablement à cause de la petite quantité de
sucre qu'elle renferme.

On distingue quatre variétés de cannes à sucre :

1° *Thou-tche*. Sa tige grosse et longue, est revêtue d'une
mince écorce, son goût est très-agréable ; le sucre qu'elle
renferme sert à préparer la cassonade blanche ;

2° *Ti-tche* ou *La-tche*. Variété odorante ; sa tige est mince
et courte, ses nœuds sont très-écartés les uns des autres. On
l'emploie pour fabriquer la cassonade jaune ;

3° *Hong-tche* ou canne rouge : on la nomme aussi canne à sucre brune ou canne à sucre du mont Kouen-lun. Cette variété ne sert pas à préparer le sucre ; les Chinois la mangent crue ;

4° *Si-tche* ou canne à sucre d'Occident. On l'emploie pour la fabrication du sucre blanc.

L'auteur chinois qui traite de la fabrication du sucre énumère longuement les diverses espèces de sucre que l'on vend dans le commerce, et qui tirent leurs noms, soit de la forme sous laquelle on les livre à la consommation, soit de leur pureté.

La canne d'où l'on extrait le sucre se nomme, en Chine comme en Europe, canne à sucre. Elle est constituée par un tissu très-dur qu'on ne peut mâcher entre les dents que très-difficilement.

Culture de la canne à sucre. — On plante généralement les cannes à sucre au commencement de l'hiver, et on les coupe à l'époque des gelées ; on sépare de la racine la partie supérieure de l'arbre, et on l'enfouit dans un sol parfaitement sec. Le choix du terrain a une grande importance, car l'humidité est très-nuisible à la canne à sucre. Vers le milieu de février, quand le temps est favorable, on retire les cannes des fossés au fond desquels elles étaient ensevelies, on arrache leur écorce, et on les découpe en morceaux de cinq à six pouces de long, qui correspondent assez exactement à l'espace compris entre les nœuds.

Les tiges ainsi coupées sont étendues sur le sol en couches serrées, et recouvertes de terre végétale ; on a soin de tourner vers le sol l'extrémité de la tige, d'où la pousse naissante doit s'échapper. Quand la germination a commencé, et que les pousses qui se sont formées ont atteint une longueur de un à deux pouces, on les arrose fréquemment d'eau de fumier, et on les enlève à l'aide d'une bêche, pour les repiquer iso-lément, lorsqu'elles sont arrivées à une hauteur de 6 à 7 pouces environ. Il faut avoir soin de procéder au repiquage dans un sol sablonneux, comme celui qui s'étend sur le rivage des fleuves ; les agriculteurs, pour s'assurer que la terre est de bonne qualité, creusent un trou de cinq pieds de profondeur, et prennent au fond une poignée de gravier qu'ils goûtent en la plaçant dans la bouche ; si la terre a une saveur amère, il faut éviter d'y planter la canne à sucre.

Le terrain le plus favorable à cette culture est celui que les rayons du soleil échauffent constamment ; les plaines ou les plateaux peu élevés sont généralement choisis de préférence aux pays montagneux, soumis à des vents fréquents, qui nuisent au développement de la canne à sucre.

Pour repiquer les jeunes pousses, on prépare des plates-bandes larges de quatre pieds ; on y creuse au moyen de la charrue des sillons de quatre pouces de profondeur, au fond desquels on place les cannes à sucre. On a soin de séparer les tiges les unes des autres, par un espace de deux pieds environ. On recouvre le tout d'une couche de terre d'un pouce d'épaisseur ; si cette couche était plus considérable, les pousses ne se formeraient qu'en petit nombre. Dès que les bourgeons ont commencé à paraître, on ajoute de la terre, puis on procède au sarclage. Grâce à cette élévation graduelle du niveau du sol, la tige grandit, les racines pénètrent profondément dans le sol, et les plantations peuvent résister à l'effort des vents. Pendant cette période de la croissance, on arrose les plantes avec de l'eau de fumier, suivant la fécondité du sol.

Lorsque les cannes ont atteint une hauteur de deux pieds, on ajoute au sol un engrais liquide particulier, produit par une décoction aqueuse de graines de .Hou-ma (*Sesamum orientale*), ou de tiges sèches de Yun-taï (sorte de plante potagère) : cet engrais augmente notablement le rendement en sucre de la canne. Grâce à ces soins, la canne s'accroît et prospère, et bientôt peut être récoltée ; avant de l'enlever du

sol, on a l'habitude de labourer la terre dans les parties comprises entre les plates-bandes. On coupe ainsi les racines
latérales, et on augmente l'épaisseur de la terre qui doit protéger la racine centrale contre les effets de la gelée ou de la
neige, lorsque les tiges ont été coupées.

SUCRE.

Le sucre que l'on extrait de la canne se présente dans le
commerce sous trois aspects différents que les Chinois désignent dans leur langage imagé sous le nom de : 1° *Sucre
devenu solide* ; 2° *Givre blanc* ; 3° *Sable rouge.* Ces distinc-
tions sont dues à l'âge plus ou moins avancé des cannes, qui
deviennent brunâtres au commencement de l'automne, grises
après le solstice d'hiver, et blanches quelques mois après cette
époque.

Dans le sud de la Chine, où les gelées ne sont pas à
craindre, on conserve les cannes à sucre sans les couper, et
on en retire une cassonade blanche ; mais il n'en est pas de
même dans les provinces du Pe-tcheli et du Ho-nan où les
froids sont souvent très-intenses, vers le dixième mois de
l'année ; on doit, dans ces contrées, traiter différemment les
cannes, dont le jus sucré perd toute valeur quand il a subi
l'action des gelées. Dans ces régions, toutes les opérations de
l'extraction du sucre sont exécutées en quinze jours au plus ;
les fabricants ne peuvent en effet disposer que du temps très-
restreint, compris entre l'époque où la tige est mûre et celle
où les gelées sont à craindre.

D'après les auteurs chinois, le sucre peut s'extraire de la
canne par plusieurs méthodes différentes, mais nous décrirons
spécialement les deux procédés presque uniquement usités
dans les provinces les plus riches en cannes à sucre.

Dans tous les cas, on commence par écraser les cannes
au moyen de deux cylindres en bois dur, que font agir des
buffalos tournant sur un manége. Le liquide sucré ou *vesoul*
qui s'écoule tombe dans une rigole en bois qui le conduit
dans une grande jarre. Le jus sucré est additionné de chaux
éteinte, dans les proportions de 5 centièmes de boisseau par
mesure de liquide (ou dix boisseaux chinois) ; on introduit
le mélange dans des chaudières chauffées sur des fourneaux
où brûlent des fagots. Quand le liquide est éclairci par la
défécation, on le transvase dans une seconde chaudière, où
l'on achève de le cuire au degré voulu pour que la cristallisation puisse avoir lieu.

Dans le midi de la Chine, les cannes conservées pendant
la durée de l'hiver sont écrasées au commencement du printemps. On recueille le jus sucré, et on le soumet à la cuisson,
jusqu'à ce que sa surface se couvre de bulles jaunâtres ; pour
s'assurer d'ailleurs que cette cuisson est complète, les
ouvriers laissent tomber sur leur doigt une goutte du liquide
qui doit se figer rapidement.

Lorsque l'action du feu a été suffisamment prolongée, le
liquide, après avoir été ainsi soumis à cette cuisson, est versé
dans des barils où il se solidifie sous forme de cristaux impurs
d'une couleur brun foncé. On jette ces cristaux, melangés d'un
liquide noirâtre, dans des vases coniques dont la partie inférieure est percée d'un trou grossièrement bouché par des
brins de paille ; quand les vases coniques sont remplis, on
enlève le bouchon de paille, et le liquide qui souillait les
cristaux s'échappe par la petite ouverture, et tombe dans un
vase inférieur. On achève de purifier les cristaux de sucre en
les lavant avec une eau tenant de l'argile en suspension ; ce
liquide entraîne les matières étrangères encore mélangées au
sucre, et celui-ci, par ce lavage réitéré, ne tarde pas à prendre
un bel aspect et à acquérir une couleur presque blanche.

La couche de sucre qui se trouve à la partie supérieure

du vase conique est beaucoup plus pure que les couches
inférieures ; elle est aussi beaucoup plus blanche que ces
dernières, et les Chinois la désignent sous le nom de *sucre européen*, en rendant ainsi un juste hommage à la qualité des
produits fabriqués par les peuples de l'Occident. Le sucre
qui est resté au fond du cône est toujours grisâtre, et il est
considéré comme tout à fait inférieur.

SUCRE CANDI. — BONBONS.

Les Chinois connaissent le sucre candi, et ils en sont
même très-friands ; pour le préparer ils emploient du sucre
blanc qu'ils clarifient en le faisant fondre, en le mélangeant à
des blancs d'œufs (3 œufs pour 50 livres de jus) et en portant le liquide à l'ébullition. L'albumine coagulée par l'action
de la chaleur entraîne les impuretés qui salissent le sirop ;
le liquide se couvre d'écume que l'on enlève avec une cuiller
servant en même temps à agiter la masse. Quand la cuisson a
été suffisamment prolongée, on jette dans le liquide des petits
bâtons de bambou d'un pouce de longueur, et on laisse refroidir. Le sucre cristallise bientôt, et les cristaux se dé-
posent sur les morceaux de bois ; leur grosseur est variable
suivant le volume du liquide, et le temps du refroidissement.

Les Chinois fabriquent avec le sucre purifié par l'albumine
des bonbons de toute espèce ; ils aiment à donner à ces
bonbons la forme d'objets ou de personnages : ils en font des
fleurs, des animaux, qui sont offerts en présent aux enfants,
ou qui figurent dans les repas de cérémonie.

On distingue en Chine trois variétés de sucre :

Le sucre en glace (sucre candi) ;

Le givre de sucre, ou sucre blanc, pur, obtenu à la
surface des pains ;

Le sucre brun, qui renferme une assez grande quantité de mélasse.

Ces variétés de sucre distinctes proviennent toutes, dit l'auteur chinois, d'une seule matière, de même que les différentes espèces de fer, fonte, acier ou fer proprement dit, sont extraites d'un minerai unique.

Le sucre le plus estimé en Chine vient de l'île de Formose; au second rang, se place le sucre de Cochinchine, ensuite viennent les sucres de Nan-king, du Fo-kien, de Ning-po, etc.

Le sucre importé de Hollande, ou de Batavia, est regardé comme inférieur en qualité aux produits précédemment décrits. Quand le sucre doit être envoyé dans un pays lointain, ou quand il est destiné à rester longtemps en magasin avant d'être livré à la consommation, les Chinois le mélangent quelquefois à une petite quantité de chaux; quand ils veulent l'employer, ils le font dissoudre et le soumettent à la cristallisation [1].

GLUCOSE OU SUCRE DE GRAINS.

Les Chinois consomment le sucre préparé avec les grains, soit pour les usages de la cuisine, soit pour ceux de la pharmacie.

Les grains de blé, ceux du riz et du millet, peuvent servir à préparer ce sucre. La méthode la plus généralement usitée consiste à faire germer du blé et à le mélanger avec du riz. Quand on veut préparer de grandes quantité de blé germé, on le fait sécher au soleil après la germination, et il peut dans cet état se conserver longtemps sans altération.

---

1. Cette opération, évidemment usitée pour les sucres impurs qui renferment une grande quantité de mélasse, est inutile pour les sucres blancs, entièrement exempts de mélasse, et secs.   P. C.

Le mélange de blé germé et de riz est plongé dans l'eau tiède pendant un temps qui varie suivant la température de l'air. On introduit le tout dans des sacs en toile, que l'on soumet à une forte pression ; on obtient ainsi un liquide qui est évaporé jusqu'à consistance de sirop épais (sirop impondérable).

Le sucre obtenu avec le riz gélatineux entre dans certaines préparations pharmaceutiques ; il présente l'aspect du miel épais, sa couleur est analogue à celle de l'ambre ; il est désigné sous le nom de *sucre gélatine*.

Suivant les usages auxquels on le destine, le sucre de riz est soumis à une cuisson plus ou moins longue. Quand on veut lui donner la forme de cylindres analogues à nos bâtons de sucre d'orge, on lui fait subir assez longtemps l'action du feu, de manière à l'épaissir ; la masse visqueuse qui prend naissance est étirée et malaxée par deux ouvriers placés à quelques pas l'un de l'autre ; pour empêcher cette pâte visqueuse d'adhérer aux mains, on les frotte avec une petite quantité d'huile. Par cette agitation au contact de l'air, la pâte sucrée change de nuance ; de brune elle devient grisâtre et même blanchâtre par l'interposition de l'air ; on l'étire alors en bâtons cylindriques que l'on divise en fragments d'une petite longueur. On laisse refroidir ces véritables *sucres d'orge* et on les livre au commerce.

CONSERVATION DES OEUFS.

Les Chinois préservent les œufs de l'altération, et les maintiennent frais pendant un temps assez considérable, en les emprisonnant dans une bouillie formée par un mélange d'argile et d'eau. Cette bouillie durcit en se séchant, et met obstacle à la décomposition de l'œuf qu'elle entoure d'un enduit pierreux.

Voici une autre méthode qui est très-usitée en Chine.

On fait infuser dans l'eau bouillante 3 livres de thé (1 kil. 800 gr.)[1], on y ajoute 3 livres de chaux vive (7 livres quand la préparation est faite en hiver), 9 livres de sel marin, et 7 livres de cendres de bois de chêne en poudre très-fine. On forme ainsi une pâte plastique que l'on mélange au moyen d'une cuiller de bois pour la rendre homogène; on en recouvre les œufs en la modelant à l'aide des mains, tout en ayant soin de mettre des gants pour éviter l'action corrosive du mélange. Quand l'œuf est recouvert de cette pâte, on le plonge dans un tas de cendre de paille, et, lorsqu'il est bien saupoudré, on le place dans un panier rempli de balles de riz. On recommence l'opération pour un second œuf et ainsi de suite; le panier se remplit bientôt de 100 à 150 œufs, entourés du mélange et préservés d'un contact réciproque par les balles de riz. Le tout durcit à la longue et forme une croûte résistante. Les œufs séjournent dans ce panier pendant trois mois, ils sont ensuite livrés à la consommation; les marchands en détail les vendent généralement au prix de 6 à 8 centimes la pièce.

Ces œufs, très-estimés des Chinois, sont toujours servis aux bonnes tables; ils ont cependant subi une remarquable transformation qui ne semble pas les rendre appétissants; le jaune de l'œuf a pris une teinte verdâtre très-prononcée, et l'albumine restée blanche est coagulée. Quand on les casse, ils exhalent une odeur d'acide sulfhydrique très-repoussante, qui n'est certes pas faite pour tenter un Européen.

Il ne faudrait pas cependant conclure de ce fait que la cuisine chinoise est mauvaise et bizarre; les habitants du Céleste Empire sont assez gourmets, et ils savent préparer des mets réellement agréables. Gardons-nous d'ajouter foi à un grand nombre de récits outrés, rendus invraisemblables par l'exagération d'esprits trop crédules. N'avons-nous pas

1. La livre chinoise est de 604 grammes.

dans nos pays des coutumes ou des usages qui pourraient
souvent paraître singuliers à ceux qui les examinent pour la
première fois? Soyons bien persuadés qu'un Chinois qui man-
gerait à notre table trouverait souvent l'occasion de faire bien
des remarques et bien des critiques qui parfois seraient
aussi justes que légitimes.   P. C.

LE SALAIRE ET LE RÉGIME ALIMENTAIRE.

Les opinions les plus diverses ont été émises sur cette
question intéressante, mais la plupart des appréciations fournies par des Chinois qui habitent l'Europe, ou par des voyageurs qui ont imprudemment ajouté foi à des renseignements
erronés, ne doivent pas être acceptées sans un examen sévère.
Les documents qui suivent ont été puisés en Chine même,
dans plusieurs provinces différentes, et nous ne les avons
acceptés et recueillis qu'après avoir acquis, par un contrôle
scrupuleux, la garantie de leur exactitude.

INDUSTRIE SÉRICICOLE A HAN-KEOU.
(Province de Houpé.)

Un ouvrier qui tisse la soie travaille généralement douze
heures, de six heures du matin à six heures du soir; dans
cet espace de temps, il confectionne un morceau d'étoffe de
3 à 4 pieds de longueur sur 60 centimètres de largeur.

Il gagne en moyenne 175 sapèques par jour, c'est-à-dire
85 centimes de notre monnaie; on lui donne en outre la nourriture et le logement. Sa nourriture se compose essentiellement de légumes; on y ajoute de la viande de porc une fois
par semaine et du poisson huit fois par mois, et quelquefois

du poulet tous les quinze jours (le commencement et le milieu des mois sont des jours de fête pour les Chinois).

En général, le riz est la base de la nourriture du Chinois, qui en consomme par mois environ 40 livres chinoises, représentant une valeur de 1,107 sapèques, ou, en d'autres termes, 24 kil. 160 gr. au prix de 5 fr. 50 c. Si l'on ajoute à ce premier aliment 10 livres de poisson (6 kil. 004 gr.) au prix de 3 francs de notre monnaie, 8 livres (4 kil. 812 gr.) de porc à 140 sapèques la livre ou 1 fr. 15 c., 2 poulets de 3 livres (1 kil. 812 gr.) à 150 sapèques ou 75 c. la livre, et approximativement 3 francs de légumes, on aura la composition mensuelle de la nourriture d'un ouvrier fabricant de soie de l'extrême Orient.

Un patron estime la dépense d'un homme à 80 sapèques (40 c.) par jour, en ne faisant entrer dans cette évaluation que les légumes et le riz. Tous frais payés, cette somme peut atteindre le chiffre de 220 sapèques (1 fr. 10) par jour : le thé et le tabac figurent dans ce total pour 30 sapèques (15 c.).

Les ouvriers dont nous venons de parler font trois repas par jour, le matin à 8 heures, dans l'après-midi à 2 heures, et le soir à 7 heures à la fin de leur journée de travail. Nous devons ajouter que dans l'industrie de la soie, les ouvriers sont considérés comme très-largement payés, et exceptionnellement bien nourris.

RÉGIME DES MAÇONS A HAN-KEOU.

(Province de Hou-pé.)

Le patron paye les ouvriers maçons de 100 à 120 sapèques (0 fr. 50 c. à 0 fr. 60 c.), selon leur travail et leur mérite. Il leur donne deux repas par jour dans les temps ordinaires et trois pendant les grandes chaleurs, ce qui nécessite de sa part, pour chaque ouvrier, une dépense de 2,600 sapèques ou 13 francs par mois.

Voici quels sont à peu près les aliments que consomment les maçons à Han-Keou dans le courant d'un mois : 1 livre de chair de porc, distribuée en deux portions, servies le 1er et le 15 du mois, 1/2 livre de poissons frais tous les cinq jours, c'est-à-dire 3 livres par mois ; 30 livres de légumes frais essentiellement composés de choux et d'herbages ; 45 livres de riz sec.

En été les ouvriers travaillent de 6 heures du matin à 6 heures du soir, et on leur accorde une demi-heure pour le premier repas à 8 heures du matin, et un temps égal pour le second qui est servi à 3 heures. Pendant les grandes chaleurs, les trois repas ont lieu aux heures suivantes : 8, 2, et 6 heures ; la dépense pour le patron n'est guère accrue par ce repas supplémentaire, car il a soin de diminuer les portions de riz, en augmentant la part de légumes beaucoup moins coûteux. En hiver les ouvriers commencent leur journée au lever du soleil, et la terminent à la nuit tombante.

OUVRIERS DE PÉKIN

Les nombreux détails qui suivent sont le résultat de renseignements recueillis principalement au sujet d'ouvriers, menuisiers, maçons ou manœuvres, attachés à la construction de l'église des Lazaristes à Pékin.

Les ouvriers ne travaillent que huit mois de l'année ; pendant l'hiver, ils interrompent leurs travaux à cause de la rigueur du climat ; l'hiver est, en effet, souvent très-froid à Pékin, et le thermomètre y descend fréquemment à 15° au-dessous de zéro. Pendant le reste de l'année la durée du travail effectif est de 8 heures 1/2 par jour.

D'après l'opinion des missionnaires Lazaristes de Pékin, établis depuis de longues années en Chine, un ouvrier chinois fournirait une quantité de travail à peu près égale à celle que pourrait produire un Européen, en travaillant pendant le même temps. Il faut toutefois faire remarquer que, tandis que l'ouvrier de nos pays travaille régulièrement et sans interruption, l'ouvrier de l'extrême Orient manifeste toujours une certaine indépendance; il reprend ou interrompt son ouvrage à son gré, en faisant des haltes très-fréquentes qui semblent être nécessitées par l'usage du thé et du tabac.

DE LA FORCE DES MANŒUVRES CHINOIS.

Un des frères Lazaristes, qui dirigeait les ouvriers employés à la construction de l'église de la Mission, nous affirmait que les manœuvres étaient plus robustes en Chine qu'en Europe; il prétendait qu'il les voyait fréquemment soulever des poids ou manier des fardeaux qui auraient défié la vigueur des ouvriers européens. Ce fait peut être attribué à cette circonstance que les Chinois, ne disposant pas des mêmes moyens d'action que nous, sont habitués à une grande dépense de force qui, fréquemment répétée, exerce et accroît leur vigueur musculaire. En Chine, une grande partie des marchandises est transportée à dos d'hommes, ou bien encore à l'aide de brouettes; dans le nord seulement l'usage des voitures est généralisé, et les ânes et les mulets sont employés au transport.

Le voyageur est frappé du nombre de manœuvres qu'il rencontre, chargés de lourds fardeaux. De toutes parts dans les rues, des ouvriers tiennent horizontalement placée sur l'épaule une tige de bambou, à l'extrémité de laquelle les fardeaux sont suspendus en équilibre comme sur les deux plateaux d'une balance; çà et là, des porteurs de palanquins courent avec une rapidité et une adresse prodigieuse au milieu de la foule, et ne paraissent pas songer à la pesante charge qu'ils supportent; on les voit traverser les rues étroites des villes chinoises, en poussant des cris gutturaux, analogues à ceux que font entendre les geindres de nos boulangers ; tous les porteurs de palanquins semblent ainsi soulager leurs efforts par cette sorte de gémissement saccadé et intermittent.

On ne peut manquer d'être surpris de la force de ces hommes à l'apparence chétive et débile, au visage pâle, anémié, et dont la nourriture peu abondante est très-peu substantielle ; cependant, pour rester dans les limites de la vérité, il est nécessaire d'ajouter que si les Chinois manifestent, dans certaines circonstances, une grande vigueur musculaire, s'ils produisent des efforts souvent énergiques, ils ne pourraient généralement pas s'astreindre à une dépense de force continue, et l'intermittence du travail est pour eux une règle générale; il est probable que les conditions climatériques du pays qu'ils habitent exercent une profonde influence sur leur nature physique, et nécessitent ces interruptions fréquentes dans le travail.

Pour établir le régime suivi par les ouvriers de Pékin, nous nous baserons sur les renseignements recueillis, comme nous l'avons dit au début de ce chapitre, à l'atelier de construction de l'église de Pékin.

Les ouvriers, en été, commencent leur journée à 6 heures du matin et ils terminent leur travail à 6 h. 1/2 du soir. Cet espace de 12 h. 1/2 est ainsi divisé par les repas, ou les haltes : à 7 h. 1/2, premier repas durant 1 heure ; à 10 h., 45 minutes de repos ; à midi, deuxième repas durant 1 heure; à 3 h. 1/2, repos de 45 minutes.

Pendant les temps de repos, les ouvriers chinois fument et prennent du thé; ce sont là leurs délassements de prédilection.

Voici le menu du premier repas : pain de maïs, 562 grammes environ, avec 50 à 100 grammes de haricots germés et crus, mélangés avec un peu d'eau et de sel.

Le deuxième repas, de midi, est attendu par les ouvriers avec impatience, car ils le considèrent comme très-réparateur. Ce dîner consiste en 2 ou 3 pains de farine de froment d'assez belle qualité et pesant chacun 750 grammes environ, accompagnés de haricots germés et crus ou quelquefois d'herbes cuites et salées.

Le troisième et dernier repas se compose d'un bol de millet bouilli, et d'herbes cuites et salées.

Deux fois par mois, le 1er et le 15, jours de fêtes régulières, chaque ouvrier a droit à une demi-livre de viande de porc.

Dans le nord de la Chine, et même quelquefois à Pékin, le riz est remplacé par du pain de maïs ou de froment.

FABRICATION DU PAIN.

Ces pains se préparent de la manière suivante : on délaye de la farine dans une quantité d'eau suffisante pour former une pâte très-longue qui est façonnée à la main sous forme de cônes. Les pains ainsi préparés sont placés sur des treillages en bambous, et soumis à la coction au milieu de la vapeur d'eau qui se dégage de chaudières en fonte.

Les pains soumis à ce genre de cuisson sont extrêmement aqueux et ont très-peu d'analogie avec les nôtres ; néanmoins les Chinois estiment cet aliment, ils préfèrent toutefois de beaucoup le pain de froment au pain de maïs.

Voici quelle est la répartition des salaires des ouvriers dont nous nous occupons.

On donne à l'entrepreneur de maçonnerie 1 fr. 20 à 1 fr. 25 par homme. Sur cette somme il prélève le salaire quotidien,

c'est-à-dire 0 fr. 50 ; la différence est destinée à l'acquisition
des outils importants et aux frais de nourriture. Quant aux
menus instruments de travail, ils sont fournis par les ouvriers.

On peut évaluer à 0 fr. 40 la dépense journalière faite
par le maître maçon pour la nourriture de chaque ouvrier;
le bénéfice qu'il peut réaliser ne dépasse guère 20 à 25 centimes par homme.

Le maître des manœuvres reçoit 1 fr. par homme; le
salaire de chacun d'eux est de 30 à 35 cent., les frais de
nourriture sont de 40 cent.; le bénéfice du maître est donc
à peu près de 25 cent.

Les ouvriers qui exécutent des travaux d'art reçoivent
des rétributions plus importantes ; les menuisiers et les tailleurs de pierre sont payés suivant leur degré d'habileté et de
savoir-faire. Les tailleurs de pierre sont d'une grande dextérité, et ils sculptent des ornements avec une vitesse prodigieuse. Les matières premières qu'ils emploient sont généralement des briques argileuses et mal cuites.

La condition et la durée du travail varient avec la température et les époques de l'année. Les froids rigoureux
paraissent agir vivement sur les Chinois; pendant l'hiver les
ouvriers tombent dans une sorte d'apathie et d'engourdis-
sement, mais ils ne craignent pas cet état, et, tout au contraire,
ils voient arriver avec plaisir la saison froide qui pour eux
est une période de repos.

OUVRIERS DE CHANG-HAI.

A Chang-haï, un ouvrier mange en moyenne par jour
1 livre de riz à 70 sapèques ou 0 fr. 35, des choux pour une
somme de 15 sapèques (0 fr. 075), et 130 grammes environ de
poisson sec. A ce modeste ordinaire, il ajoute de la viande
de porc deux fois par mois.

La paye est de 100 sapèques ou 0 fr. 50 par homme.

OUVRIERS DU KIANG-SI.

Les ouvriers font trois repas par jour, le premier avant de commencer le travail, c'est-à-dire à 6 heures, à 8 heures ou à 9 heures, suivant l'époque de l'année, le second à midi et le troisième à la fin de la journée.

Un homme consomme par jour les aliments suivants :

1° Riz, 1 chen 1/2 ou environ 1132 gr. (le chen valant 20 onces, et la livre chinoise de 604 gr. contenant 16 onces).

2° Légumes et petits poissons secs et frais. Les petits poissons salés et séchés sont l'objet d'un commerce très-important dans tout l'empire chinois, et leur consommation est considérable.

3° Chair de porc, deux fois par mois.

PRÉPARATION D'UN PLAT DE RIZ.

Voici comment le riz est généralement préparé :

On le fait bouillir pendant une 1/2 heure environ dans une chaudière en fonte, de forme évasée, et fermée au moyen d'un couvercle en bois. On le retire de l'eau, on le fait égoutter dans un panier de bambou d'un tissu très-serré, et on le sert quand il a perdu la plus grande quantité de l'eau qu'il renfermait.

Autrement, on préfère le faire cuire dans la vapeur d'eau bouillante, et on commence par le laver à plusieurs reprises; on le place ensuite dans un panier, disposé au-dessus d'une chaudière de fonte remplie d'eau en ébullition. Le riz cuit peu à peu sous l'influence de la vapeur d'eau; les grains ne sont pas agglutinés entre eux et ils forment un mets bien préférable à celui que nous préparons avec la même substance.

Les ouvriers du Kiang-si sont payés en moyenne 130 sapèques par jour, ou 0 fr. 65 c. de notre monnaie. Le maître ouvrier dépense à peu près 70 ou 80 sapèques (0 fr. 35 à 0 fr. 40) pour la nourriture de chaque homme dans une journée.

PRIX DU RIZ. — VARIATION DU PRIX DES MONNAIES DANS LES DIFFÉRENTES RÉGIONS DE LA CHINE.

A l'époque où nous étions dans la province du Kiang-si, le riz valait 4 *tiao* le picule, c'est-à-dire 4,000 sapèques ou 20 francs les 60 kilogrammes. Nous devons toutefois faire remarquer que l'argent n'a pas la même valeur dans les différentes parties de la Chine. La monnaie employée par les Européens est la piastre, qui vaut en moyenne de 5 fr. 50 à 5 fr. 60. Mais cette valeur varie suivant les régions et le change ; elle représente un nombre plus ou moins considérable de sapèques, et dans le Kiang-si, elle est estimée à 900 sapèques.

La province du Kiang-si est très-misérable, et la nourriture de ses habitants est généralement peu abondante et malsaine ; pendant un voyage que nous faisions en jonque sur le lac Po-yang, pour aller étudier la fabrication de la porcelaine à Kin-te-tchin, ville où aucun Européen n'avait pénétré ouvertement avant nous depuis un grand nombre d'années, nous assistions tous les jours au repas des matelots. Ces malheureux prenaient pour toute nourriture du riz bouilli dans de l'eau, des choux cuits à l'eau avec un peu de graisse, et quelquefois de petits poissons bouillis accommodés d'une manière toute particulière avec des navets confits dans le sel. Ces navets ainsi préparés sont très-indigestes, mais cependant ils ont un goût un peu relevé qui corrige la fadeur des autres aliments.

RÉGIME ALIMENTAIRE DES SOLDATS CHINOIS
A CHANG-HAI.

Les soldats de Chang-haï sont confiés à l'intelligente direction d'un officier français, M. Pallu, qui a bien voulu nous fournir au sujet de leur régime des renseignements d'une grande exactitude. Les troupes de Chang-haï sont beaucoup mieux traitées que toutes celles de la Chine.

Chaque soldat reçoit un traitement mensuel de 36 francs, ou 6 piastres ; il ne dépense guère pour sa nourriture quotidienne plus de 100 sapèques ou 0 fr. 50 ; 30 sapèques ou 0 fr. 15 pour l'acquisition du riz, 50 sapèques pour acheter des légumes consistant en choux, piment, pois oléagineux, etc.; le reste de la somme est consacré à l'achat d'une petite quantité de viande, 1 livre environ par mois. Un homme consomme environ 1 livre 1/2 de riz par jour ou 906 gr., au prix de 0 fr. 16.

OUVRIERS DE KIU-KIANG.

(Province du Kiang-si.)

Les ouvriers dont nous allons spécialement parler étaient employés au nombre de soixante dans une importante fabrique de thé ; la préparation de cette denrée occupe un des premiers rangs dans l'industrie de cette ville. Les détails qui suivent peuvent s'appliquer en général à tous les ouvriers qui s'occupent de ce genre de travail ; ils nous ont été donnés avec une grande obligeance par le maître de la fabrique, qui nous a autorisé à étudier sa méthode de fabrication et à faire de nombreuses visites dans son usine.

La préparation du thé est assez pénible pour les ouvriers ; elle nécessite beaucoup d'application et une assez grande dépense de force ; aussi, dans cette industrie, le régime alimentaire est-il généralement assez substantiel.

Chaque ouvrier consomme 1 livre ou 604 grammes de riz par jour, 14 onces ou 528 grammes de viande par mois, 4 onces ou 148 grammes de poisson par semaine. On lui donne en outre tous les jours 8 sapèques ou 0 fr. 04 de notre monnaie pour acheter du vin et du tabac. Ce vin, qui en réalité n'est qu'une eau-de-vie faible, n'offre aucun rapport avec la boisson alcoolique connue sous le même nom en Europe ; il se fabrique, ainsi que nous l'avons dit, en distillant le riz et plus souvent encore les graines du sorgho, plante très-répandue dans presque toute l'étendue de la Chine. Ce vin est plus ou moins fort suivant la marche de la distillation et il se boit toujours chaud, dans des petits vases en fer-blanc, que l'on prend soin de placer près du fourneau avant chaque repas. (Pendant notre voyage de Thien-tsin à Pékin, nous fûmes en proie à des accès de fièvre intermittente ; dénué de toutes ressources, et de tout remède, nous dûmes faire usage de vin chinois pour ranimer nos forces ; cette boisson nous rendit plus malade encore, et nous n'oubliâmes de longtemps son goût âcre et sa saveur empyreumatique.)

Les Chinois sont très-pauvres en vignes, et quoique les Jésuites leur aient enseigné depuis des siècles l'art de fabriquer le vin, ils semblent avoir complétement oublié les leçons qu'ils ont reçues. Les vignes qui se rencontrent dans le nord de la Chine produisent deux espèces de raisin : l'un aux grains allongés, à la peau mince ; l'autre, au contraire, aux grains arrondis et à la peau très-épaisse. Cette dernière espèce se conserve quatre ou cinq mois dans la glace, et on l'expédie ensuite dans la plupart des ports de la Chine.

Les ouvriers qui travaillent à la fabrication du thé gagnent 130 sapèques ou 65 centimes par jour ; les maîtres et les chefs sont payés davantage, suivant leurs fonctions et leur degré d'intelligence. Ils achètent tous eux-mêmes les légumes et le poisson qui leur sont nécessaires, et dépensent à peu près 20 sapèques ou 10 centimes pour leur nourriture quotidienne. Le directeur de la fabrique leur fournit le riz.

La durée de leur travail est variable suivant les saisons. En été, ils commencent à 5 h. du matin et finissent leur journée à 5 h. du soir. En hiver, ils viennent à la fabrique à 7 h. 1/2 et se retirent à 5 h. Ils se reposent au moment des repas qui sont au nombre de deux ou de trois dans la journée, suivant l'époque de l'année, la température et la durée du travail.

Les Chinois, outre les aliments que nous avons mentionnés dans ce chapitre, font un grand usage de gâteaux frits et de sucreries de diverse nature; ils sont très-friands de confitures et de petits pains chauds. Un grand nombre de marchands ambulants font cuire en plein vent ces pâtisseries estimées; ils emploient pour cet usage des petits fourneaux cylindriques en terre, munis d'une garniture de bois, et on les voit fréquemment entourés par un grand nombre d'acheteurs.

CONCLUSION.

L'examen des nombreux faits que l'on vient de lire peut conduire aux conclusions suivantes :

1° Le régime alimentaire des ouvriers chinois est pauvre en aliments azotés, alibiles et réparateurs. En effet, comme base fondamentale de leur nourriture, nous trouvons seulement le riz et les légumes herbacés. Les principes riches en azote, la viande et la chair de poisson, n'occupent qu'une place très-secondaire dans ce régime insuffisant.

Si l'on établissait un parallèle entre la nourriture adoptée par l'administration française pour les marins et les matelots confiés à sa surveillance, et celle qui est donnée aux ouvriers chinois, on serait frappé de l'énorme différence qui existe entre les deux régimes. Du reste, depuis les remarquables travaux de MM. Payen, Dumas, Boussingault et autres savants physiologistes et praticiens, on peut, au moyen de données théoriques parfaitement définies, établir les bases d'une alimentation salubre et réparatrice; on peut calculer les proportions relatives d'aliments plastiques et respiratoires, nécessaires à la nourriture et à l'entretien de l'homme. L'administration française s'est fondée sur ces travaux intéressants, pour dresser, sous diverses formes, des tableaux résumant l'exposé d'une alimentation économique, mais suffisante. D'après ces résultats, qui jettent une vive lumière sur ces questions du plus haut intérêt, on peut conclure que la nourriture des Chinois n'est ni assez copieuse, ni assez substantielle pour un homme qui se livre aux rudes travaux de l'industrie.

Le régime suivi par les ouvriers fabricants de soie, à Hankeou, satisfait approximativement aux conditions d'une nourriture réparatrice; la somme des aliments utiles que ces artisans consomment ne diffère pas sensiblement de celle que l'on considère comme nécessaire chez nous pour compenser la perte de force due à un travail quotidien; mais nous avons déjà fait observer que les ouvriers en soie sont privilégiés et que leur régime est tout exceptionnel.

2° Le prix des salaires et celui des matières premières comestibles est beaucoup moins élevé qu'en Europe.

D'après les documents qui précèdent, la dépense quotidienne que nécessite la nourriture d'un homme varie entre 40 et 50 centimes de notre monnaie.

Le prix du salaire varie entre 85, 60 et 50 centimes par homme et par jour. Il va sans dire que nous parlons unique-

ment des pays que nous avons visités et des industries qui
ont été l'objet de nos études[1].   P. C,

ALLUMETTES CHINOISES.

(Cierges servant à mesurer le temps.)

Les allumettes, connues sous ce nom en France, sont formées de petites baguettes qui se consument lentement, sans
flamme, en dégageant une odeur aromatique agréable. En
Chine, on les fait brûler dans les pagodes pendant les cérémonies religieuses; les fidèles se groupent en foule autour
des statues de leurs divinités et placent, en signe d'hommage,
dans des vases de bronze que l'on rencontre toujours dans
les pagodes, quelques-unes de ces soi-disant allumettes,
après y avoir mis le feu, de même que chez nous on brûle
des cierges dans les églises[2]. Des allumettes du même genre
sont quelquefois aussi roulées en spirales d'une grande longueur, et les marchands de tabac les font brûler à leur porte
pour offrir du feu aux fumeurs qui passent dans la rue.

Quelques voyageurs prétendent que ces matières combustibles se fabriquent au moyen des produits extraits de la
fiente des chameaux; ce fait ne nous paraît pas exact. Nous
avons visité plusieurs fabriques d'allumettes, dans le nord et

---

1. Dans les articles sur le régime alimentaire nous avons admis que
la livre chinoise correspond à 604 grammes.

D'après le *Chinese commercial Guide* et d'autres auteurs, la livre
chinoise = 600 grammes.

Nous avons indiqué ce nombre dans les *poids et mesures* au commencement de l'ouvrage.

2. Cet acte de dévotion, qui date d'une époque très-reculée, s'est
pratiqué et s'est conservé jusqu'à nos jours dans la plupart des religions
anciennes

dans le midi de la Chine, et les substances que nous avons vu employer sont essentiellement formées de bois résineux, réduits en poudre agglutinée à l'aide d'une solution de colle. On additionne parfois la pâte ainsi formée, de feuilles résineuses très-divisées qui activent la combustion de la baguette.

Suivant sa dimension, l'allumette est formée de toutes pièces de cette matière pulvérulente agglutinée, ou constituée par un morceau de bois entouré de la substance inflammable. Ces allumettes, colorées à l'aide de bois de teinture, sont parfumées au moyen de résines odorantes.

On fabrique en Chine des sortes de cierges très-curieux qui peuvent remplacer jusqu'à un certain point les appareils destinés à mesurer le temps; nous avons rencontré par hasard, chez un marchand, ces produits qui ont vivement excité notre attention.

Ces matières combustibles ont la forme de cylindres de 50 à 60 centimètres de longueur; leur surface extérieure est divisée par des bandes de papier doré équidistantes. On enflamme un de ces cylindres à sa partie supérieure après l'avoir fixé dans une position verticale; il brûle lentement, et la matière met un temps déterminé pour se consumer jusqu'à la première bande de papier doré. La combustion continue avec une certaine régularité, et la hauteur du cylindre diminue proportionnellement au temps : on pourra donc calculer le nombre d'heures ou de minutes écoulées depuis que le cylindre brûle, en comptant le nombre de bandes de papier qui ont disparu sous l'action du feu. D'ailleurs les montres sont aujourd'hui très-répandues en Chine, et le système d'horloge que nous décrivons n'est que très-rarement usité.

Les espèces d'allumettes que nous venons de mentionner, ne sont donc pas généralement employées en Chine pour se procurer du feu. La véritable allumette, employée comme telle, se compose d'une feuille de papier de bambou roulée sur elle-même [1]. Ce papier brûle au contact du feu et se consume entièrement comme de l'amadou; il ne donne de flamme que lorsque, avec la bouche, on dirige un courant d'air rapide et court sur le point en ignition. Ces allumettes sont employées par les fumeurs chinois, qui se servent de pipes de petite dimension; ils les remplissent fréquemment de tabac, et pour éviter d'allumer du feu à tout instant, ils laissent brûler lentement leur allumette et ne l'enflamment que lorsque leur pipe est éteinte. Cela fait, à l'aide d'un souffle plus énergique, ils arrêtent la flamme, sans cependant éteindre l'allumette qui continue à brûler lentement, et qui est toute prête à s'enflammer de nouveau au moment voulu. Cette petite manœuvre du fumeur nécessite quelque habileté.

P. C.

ARTICLES DIVERS DE DROGUERIE.

(Ambre.)

On trouve en Chine plusieurs qualités d'ambre; celui qui se rencontre dans le *pays des barbares de l'Ouest* est d'une couleur pâle, il est brillant et translucide; celui qui provient des contrées méridionales est d'une couleur foncée, et d'une faible transparence; celui qu'on récolte en Corée et au Japon est rouge et d'un aspect analogue à la résine. Quelques échantillons d'ambre renferment dans leur substance des insectes ou des végétaux (le texte chinois porte, de petites branches de pins); ils sont généralement très-estimés. Les auteurs chinois paraissent être assez indécis sur les caractères des variétés distinctes de l'ambre; ils définissent cependant trois espèces qu'ils appellent : *ambre d'or,*

---

1. En traitant de la fabrication du papier, nous avons indiqué en détail la méthode employée pour obtenir le papier de bambou.

ambre d'argent, ambre de cire. Nous ne nous étendrons pas sur cette question qui n'offre du reste qu'un intérêt médiocre.

TCHANG-NAO.

(Camphre.)

Le camphre s'extrait du *Laurus Camphora*, arbre qui croît en abondance dans les provinces du Kouang-tong et du Fo-kien ; il est blanc et d'une assez grande pureté. Il s'applique principalement à divers usages médicinaux.

Pour extraire le camphre, on commence par couper en menus fragments le bois frais du camphrier, et on le laisse tremper dans l'eau pendant trois jours et trois nuits. On soumet le liquide à l'ébullition en ayant soin de l'agiter constamment; quand il est réduit de moitié par l'évaporation, on arrête l'opération, on enlève les impuretés rassemblées à la surface, et le camphre se dépose par le refroidissement. Pour s'assurer que la liqueur est suffisamment concentrée, les ouvriers y plongent un morceau de bois qui doit se recouvrir immédiatement d'un couche blanchâtre.

Le camphre du Laurus Camphora, est le plus important par ses emplois multiples. Pour le purifier, on emploie le procédé suivant :

On réduit en poudre fine de la terre prise dans un vieux mur (les habitations chinoises sont généralement bâties en terre argileuse mélangée de pierre et de sable) et on la place au fond d'une chaudière en cuivre. On dispose, au-dessus de ce lit de terre, une couche de camphre émietté, que l'on recouvre d'une nouvelle couche de terre; on achève de remplir la chaudière, avec des couches alternatives de camphre et de terre. On place sur le vase de cuivre qui renferme la matière un autre bassin de cuivre de même volume et on lute soigneusement les joints avec de l'argile. On chauffe le tout à une

douce chaleur; on doit prévoir à l'avance la température nécessaire et la durée de l'opération. Sous l'action de la chaleur, le camphre se volatilise et se condense à l'état de pureté,
dans le vase supérieur qui joue le rôle de récipient. On peut
obtenir du camphre très-blanc et tout à fait pur, en le subli-
mant de la même manière à deux ou trois reprises différentes.
Le camphre est souvent employé pour préserver des insectes
les vêtements ou les étoffes, mais, dans ce cas, on se contente
du camphre brut, souvent coloré en jaune ou même en brun
par des matières étrangères.

PING-PIEN.

(Autre espèce de camphre, probablement camphre dit de Bornéo.)

L'arbre qui produit cette espèce de camphre s'élève à une
hauteur de 70 à 80 pieds; son tronc atteint parfois une grosseur telle que cinq ou six hommes ne peuvent pas l'embrasser en se tenant par la main. Ses branches touffues s'étendent
latéralement, ses feuilles rondes ont le revers blanc. Cet arbre
remarquable donne des fruits qui offrent une assez grande
analogie avec la noix muscade; son écorce est écailleuse.

(Le camphre Ping-pien est employé comme parfum, et
on le mélange à l'encre de Chine, en l'associant au musc.
C'est un produit rare et d'un prix très-élevé.)

On connaît en outre trois autres espèces de camphre,
désignées par des noms qui rappellent leur forme ou leur
couleur : le camphre en grain de riz, le camphre à pied d'or,
le camphre vert; cette dernière espèce n'est pas définie. La
valeur de ces trois espèces est beaucoup moindre que celle
du Ping-pien, et leurs usages sont moins nombreux.

MÉTHODE D'ÉLEVAGE DES POISSONS.

Les Chinois sont assez habiles dans l'art d'élever les poissons, et ils emploient des méthodes diverses suivant les circonstances et les climats. En général, ils choisissent un terrain, ombragé par des arbres d'une certaine nature, qui interceptent les rayons solaires, et contribuent à maintenir à une basse température l'eau du lac ou de l'étang où sont élevés les poissons.

On creuse dans la terre un étang artificiel d'une faible profondeur et d'une étendue variable ; quelquefois deux réservoirs sont établis à proximité l'un de l'autre et réunis par des canaux qui permettent de mélanger leurs eaux. Les parois des réservoirs sont garnies de terre glaise, et on plante aux alentours des arbres, dont l'ombre, à ce qu'il paraît, est recherchée des carpes et des truites qu'on élève.

On pêche dans les rivières des poissons à l'aide de filets, et on choisit les mâles et les femelles de belle apparence, on les transporte dans les étangs artificiels, en ayant soin d'y mettre plus de femelles que de mâles. Ces poissons reçoivent chaque jour leur nourriture, essentiellement composée de certains herbages ; on leur jette encore des boulettes particulières faites avec un mélange de terre glaise et de fumier.

L'eau du réservoir est fréquemment renouvelée, et pour changer facilement le liquide, on fait passer les poissons d'un des étangs dans l'autre, ou bien on les recueille dans des baquets, jusqu'à ce que l'eau ait été renouvelée et remplacée par de l'eau fraîche.

Pour que les poissons prospèrent, il est nécessaire que les étangs où ils vivent soient bien garantis des rayons solaires par l'ombre de saules des marais ; on a quelquefois l'habitude de creuser plusieurs réservoirs les uns à côté des autres, de planter une grande quantité de ces arbres sur leur rivage, et de ne faire arriver dans les réservoirs l'eau et les poissons qu'au moment où des branches touffues se sont développées. Sans cette précaution, les arbres pourraient dépérir, et, comme il ne serait pas possible de les remplacer rapidement, les poissons mourraient faute de l'ombre qui leur est nécessaire.

Pour engraisser les poissons, on sépare souvent les mâles des femelles, en les plaçant isolément dans des viviers; on les nourrit avec des pommes de terre, des pois cuits, du pain, des racines pourries, de la fiente de cheval, et une quantité d'autres résidus.

On ne commence pas toujours l'élevage des poissons dans les grands bassins dont nous avons parlé, et quelquefois on les conserve au préalable dans de petits viviers, jusqu'à ce qu'ils aient acquis le développement voulu.

Les Chinois produisent et recueillent encore de beaux poissons par un autre procédé très-usité. Vers le mois de mars, ils pèchent des petits poissons dans leurs fleuves, et les conservent dans des filets aux mailles serrées qui restent plongés dans l'eau, jusqu'au moment où les poissons sont parvenus à un degré de croissance suffisant. On les recueille alors et on les place dans des seaux, que l'on transporte quelquefois à de grandes distances à l'aide d'un bâton tenu sur l'épaule, et supportant le seau à ses deux extrémités.

On voit par tous ces faits, que la pisciculture est un art très-répandu en Chine; les Chinois ont étudié l'élevage des poissons depuis une époque très-reculée, et ils nous ont devancés de plusieurs siècles dans cette industrie.

PROCÉDÉ EMPLOYÉ A PÉKIN POUR PRÉSERVER
LES PIGEONS DE L'ATTAQUE DES OISEAUX DE PROIE.

Quand on se promène aux environs de Pékin, on est fréquemment surpris par un bruit de sifflements aigus et prolongés, qui excite d'autant plus l'étonnement que rien ne peut en expliquer la cause, si ce n'est une nuée de pigeons qui traversent le ciel; le concert de sifflets diminue d'intensité à mesure que ces oiseaux s'éloignent, et on est alors tenté de l'attribuer au chant particulier de ces messagers ailés. Il n'en est rien cependant; ce bruit strident, tout artificiel, est produit par des sifflets attachés à la queue des pigeons, et ces instruments fonctionnent par le déplacement de l'air, en produisant un vacarme peu harmonieux qui effraye et tient éloignés les oiseaux de proie. Les sifflets employés à cet usage sont fabriqués avec des courges, ou avec des petits morceaux de bambou superposés; ils forment un tuyau dans lequel on ménage des ouvertures à l'aide de lamelles ténues, et quand l'air s'y engouffre, il est soumis à une série de vibrations qui se traduisent par des sons différents. Ces instruments sont très-légers, et ils ne pèsent pas plus de quelques grammes; on les attache à la naissance de la queue des pigeons, au moyen de fils. Quand l'oiseau vole, le courant d'air déplacé traverse le sifflet et produit par son mouvement de vibration une série de sons rapprochés, que l'oreille perçoit comme un sifflement sans intermittence. Le chef de bande des pigeons, celui qui marche en tête de la troupe ailée, est plus spécialement pourvu de ce tuyau sonore. Ces sifflets sont très-bien fabriqués par les Chinois et ils sont garantis de la pluie ou de l'humidité par une couche de vernis solide.

Le procédé ingénieux que nous venons de décrire est usité dans un grand nombre de régions du Céleste Empire.

P. C.

NOTICE SUR LES MIROIRS MAGIQUES DES CHINOIS
ET LEUR FABRICATION[1].

« *Miroirs magiques*.—Plusieurs savants illustres ont cherché longtemps et sans succès la véritable cause du phénomène qui a fait donner à certains miroirs métalliques, fabriqués en Chine, le nom de *miroirs magiques*. Dans le pays même où on les fait, aucun Européen n'avait pu obtenir jusqu'ici, des fabricants ou des lettrés, les renseignements qui nous intéressent, parce que les uns les tiennent secrets, quand par hasard ils les possèdent, et que les autres les ignorent en général. J'avais trouvé maintes fois, dans les livres chinois, des détails sur ces sortes de miroirs, mais ils n'étaient point de nature à satisfaire la juste curiosité des savants, soit que l'auteur donnât de lui-même une explication hasardée, soit qu'il avouât de bonne foi que cette curieuse propriété est due à un artifice de fabrication dont quelques artistes se réservent le monopole. Cette réserve prudente se conçoit aisement, quand l'on songe que les rares miroirs qui produisent le phénomène requis se vendent dix et vingt fois plus cher que les autres. Un grand miroir de ce genre existe entre les mains de M. le marquis de La Grange, membre de l'Académie des inscriptions et belles-lettres[2].

1. Cette note, qui présente un grand intérêt à plusieurs points de vue, est due exclusivement aux recherches habiles de M. Stanislas Julien qui l'a présentée à l'Académie des sciences.

2. Ce miroir, dont le revers est en grande partie oxydé, offre quatre grands caractères unis (c'est-à-dire sans relief) et d'un métal plus pâle que le reste du disque, savoir : à droite, le mot *choang* (deux), et à gauche, le mot *kin* (métal, métaux) ; en bas, le mot très-compliqué *cheou*, longévité ; celui du haut est masqué par une couche d'oxyde. Il est probable que c'est le mot *fou*, bonheur, qu'on associe toujours, sous forme de souhait, au mot *longévité*.

Au centre du miroir, se trouvent deux lignes verticales, de cinq pe-

« *Theou-kouang-kién* ou *miroirs qui se laissent pénétrer
par la lumière* (expression qui vient d'une erreur populaire).
Si l'on reçoit les rayons du soleil sur la surface polie d'un
de ces miroirs, les caractères ou les fleurs en relief qui existent sur le revers se reproduisent fidèlement dans l'image
(reflétée) du disque. Tchin-kouo (écrivain qui florissait au
milieu du xie siècle) en parle avec admiration dans ses Mémoires intitulés *Mong-ki-pi-tân*, liv. XIX, fol. 5. Le poëte
Kin-ma les a célébrés en vers ; mais jusqu'au temps des empereurs mongols, aucun auteur n'avait pu expliquer ce
phénomène. Ou-tseu-hing, qui vivait sous cette dynastie
(entre 1260 et 1341), a eu le premier ce mérite. Voici comment il s'exprime à ce sujet :

« Lorsqu'on place un de ces miroirs en face du soleil, et
« qu'on fait refléter, sur un mur très-rapproché, l'image de
« son disque, on y voit apparaître nettement les ornements
« ou les caractères en relief qui existent sur le revers. Voici
« la cause de ce phénomène qui provient de l'emploi distinct
« de cuivre fin et de cuivre grossier. Si, sur le revers du
« miroir, on a produit, en le fondant dans un moule, un dragon
« disposé en cercle, sur la face du disque, on grave profon-
« dément un dragon exactement semblable. Ensuite, avec du
« cuivre un peu grossier, on remplit les tailles profondes de
« la ciselure ; puis on incorpore ce métal au premier, qui doit
« être d'une qualité plus pure, en soumettant le miroir à
« l'action du feu ; après quoi l'on plane et l'on dresse la face
« du miroir, et l'on y étend une légère couche de plomb
« (étain?)[1].

« Lorsqu'on tourne vers le soleil le disque poli d'un

tits caractères chacune, dont le sens est (ligne droite), *image supérieurement vraie et pure ;* (ligne gauche), *par un soleil clair, les* (quatre
grands) *caractères naissent d'eux-mêmes,* — c'est-à-dire apparaissent
d'eux-mêmes, et se détachent nettement sur l'image du disque poli.

1. Voir la fabrication des miroirs.

« miroir ainsi préparé, et qu'on reflète son image sur un mur,
« elle présente distinctement des teintes claires et des teintes
« obscures qui proviennent, les unes des parties les plus
« pures du cuivre, les autres des parties les plus gros-
« sières[1]. »

Ou-tseu-hing, à qui nous devons l'explication qui précède, nous apprend « qu'il a vu briser, en menus fragments,
un miroir de ce genre, et qu'il a reconnu par lui-même
l'exactitude de sa description. »

EXPÉRIENCES CURIEUSES DE PHYSIQUE OU DE CHIMIE AMUSANTE.

MOYEN EMPLOYÉ POUR FAIRE CHAUFFER DU VIN
AU MILIEU DE LA NEIGE.

D'après les auteurs chinois, si on place au milieu d'un tas
de neige un gros morceau de chaux vive, et qu'on dispose
à côté un vase rempli de vin, le liquide ne tarde pas à entrer
en ébullition.

L'explication de cette expérience est facile à donner ; la
chaux vive, par sa combinaison avec l'eau qui forme la neige,
détermine une élévation de température très-considérable.
On prouve ce fait dans les cours de chimie de la manière suivante : On humecte d'eau un fragment de chaux vive qui, en
se combinant avec le liquide, s'échauffe tout en se délitant et
en se réduisant en une poussière blanche ; si à ce moment on
projette quelques grains de poudre sur le fragment de chaux,
cette matière s'enflamme en donnant ainsi la preuve de l'élévation de température produite par la combinaison de l'eau
avec la chaux.

[1]. Traduction littérale d'un passage de l'Encyclopédie chinoise intitulé Ke-tchi-king-youen. Liv. LVI, fol. 6.

ENCRES SYMPATHIQUES.

Si l'on trace des lettres sur une feuille de papier avec une dissolution aqueuse d'alun de fer, les caractères formés, une fois secs, seront aussi peu visibles que s'ils étaient tracés avec une plume trempée dans l'eau pure; ils seraient tout au plus colorés en un jaune pâle, à peine sensible, si la dissolution était concentrée. Si on plonge le papier dans une dissolution de noix de galle, les lettres apparaîtront très-nettement colorées en noir.

(Il se forme dans ce cas une encre véritable par la combinaison du fer avec l'acide gallique de la noix de galle.)

Un deuxième procédé consiste à écrire avec une dissolution d'acide borique; les caractères longtemps invisibles, dit-on, apparaissent d'eux-mêmes avec le temps.

Les livres chinois mentionnent encore d'autres encres sympathiques obtenues avec le suc de certaines plantes, etc. (Elles sont analogues à celles que l'on prépare à l'aide du jus d'oignon, de citrons, etc.)

MANIÈRE DE RENDRE UN MOUCHOIR IMPERMÉABLE AU VIN, A L'EAU-DE-VIE, ETC.

Il suffit de prendre un blanc d'œuf, de le délayer dans une solution d'alun blanc et de bien imbiber le mouchoir de la liqueur ainsi formée. Quand le mouchoir est sec, il peut contenir un liquide comme le ferait un morceau de peau tannée ou de parchemin.

Ce fait est très-facilement explicable : le mélange d'albumine et d'alun produit, par la dessiccation, une matière insoluble qui obstrue les pores du tissu et ne permet plus aux liquides de filtrer à travers l'étoffe.

BLANCHIMENT INSTANTANÉ DES FLEURS DE CARTHAME.

On fait brûler du soufre au contact de l'air, et l'on plonge dans la vapeur qui s'exhale, des fleurs de carthame qui perdent aussitôt leur vive couleur, pour devenir tout à fait blanches.

On sait que le soufre en brûlant se transforme en un gaz, l'acide sulfureux, dont les propriétés décolorantes, bien connues, sont mises à profit en Europe pour blanchir la paille, les tissus, etc.

Dans les cours de chimie, on fait souvent la même expérience sur une rose ou sur un bouquet de violettes qui perdent leur couleur au contact de l'acide sulfureux.

RECETTES CURIEUSES.

GRAVURE SUR UN ŒUF.

On trace sur un œuf des caractères ou des dessins avec une pointe imbibée d'huile ou mieux de graisse de porc liquéfiée. L'œuf est ensuite plongé dans du vinaigre, et on le laisse séjourner dans le liquide pendant un temps d'autant plus considérable que la gravure doit être plus saillante. Il ne reste plus ensuite qu'à enlever la graisse, et tous les dessins tracés apparaissent en relief. Pour avoir des dessins en creux, il faudrait couvrir entièrement l'œuf de cire, et tracer au burin les traits qui doivent être gravés.

(Cette méthode de gravure est comparable à celle que

nous désignons sous le nom de gravure à l'eau-forte; en effet, le vinaigre dissout la matière calcaire constituante de la coquille de l'œuf, et n'agit pas sur les parties qui sont protégées par une mince couche de graisse.)

MASTIC SERVANT A RECOLLER LES OBJETS CASSÉS.

On mélange de la chaux, réduite en poudre fine, avec du blanc d'œuf; on forme ainsi un liquide épais qui durcit par son contact avec l'air, et qui est surtout propre à raccommoder les objets de porcelaine.

Il n'y a pas très-longtemps que ce procédé fort simple est connu en Europe; les Chinois, au contraire, l'emploient depuis un temps immémorial.

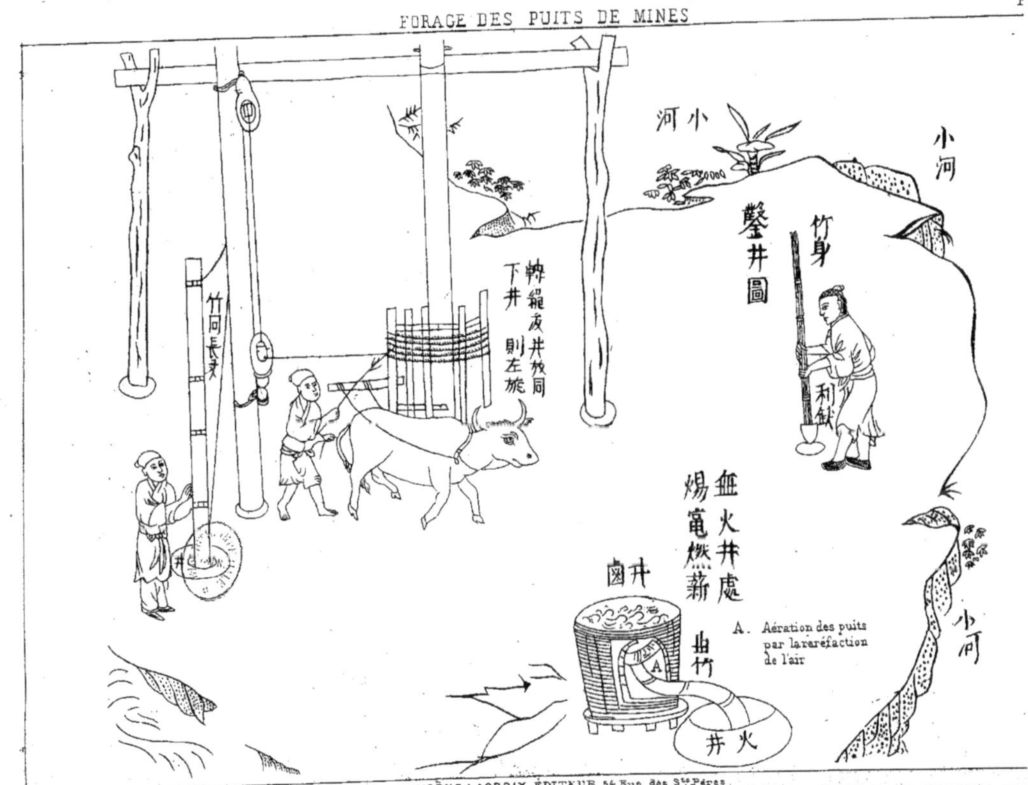
河小
小河
鑿井圖
竹身
利銕
下井
起繩及井皮同
則左施
竹筒長丈
血火井處
煬竈燃薪
圜井圖
曲竹
井火
A. Aération des puits
par la raréfaction
de l'air

APPENDICE

Nous ajouterons aux notes qui précèdent, deux lettres tirées du recueil des *Annales de la Propagation de la foi*, tome III, année 1828-1829 [1].

Ces lettres fournissent d'intéressants détails sur le forage des puits et sur les moyens employés en Chine pour utiliser les gaz combustibles qui s'échappent en abondance de certaines parties du sol [2].

« …. Pour revenir aux puits salants, il y en a quelque dizaine de mille dans l'espace d'environ dix lieues de long sur quatre ou cinq de large. Chaque particulier un peu riche se cherche quelque associé et creuse un ou plusieurs puits. C'est une dépense de mille et quelques cents taëls (le taël vaut environ sept livres dix sous). La manière de creuser ces puits n'est pas la nôtre [a]. Ce peuple fait tout en petit, et ne sait rien faire en grand. Il vient à bout de ses desseins avec le temps et la patience, et avec bien moins de dépenses que nous. Il n'a pas l'art d'ouvrir les rochers par la mine, et tous les puits sont dans le rocher. Ces puits ont ordinairement de

1. Voir plus haut le forage des puits, page 18.
2. Planche X.
a. Les méthodes employées par les Chinois diffèrent des nôtres par la forme et l'imperfection des outils, mais le procédé est analogue à ceux qu'on suit en Europe depuis de longues années. P. C.

quinze à dix-huit cents pieds de profondeur, et n'ont que cinq ou au plus six pouces de largeur... Devinez comment ils peuvent les creuser... Toute votre physique n'en vient pas à bout... Voici donc le procédé... Si la surface est de terre de trois ou quatre pieds de profondeur, on y plante un tube de bois creux, surmonté d'une pierre de taille qui a l'orifice désiré, de cinq ou six pouces; ensuite on fait jouer dans ce tube un mouton, ou tête d'acier, de trois ou quatre cents livres pesant. Cette tête d'acier est crénelée en couronne, un peu concave par dessus et ronde par-dessous. Un homme fort, habillé à la légère, monte sur un échafaudage, et danse toute la matinée sur une bascule qui soulève cet éperon à deux pieds de haut, et le laisse tomber de son poids. On jette de temps en temps quelques seaux d'eau dans le trou pour pétrir les matières du rocher et les réduire en bouillie. L'éperon ou tête d'acier est suspendu par une bonne corde de rotin, petite comme le doigt, mais forte comme nos cordes de boyau ; cette corde est fixée à la bascule; on y attache un bois en triangle, et un autre homme est assis à côté de la corde. A mesure que la bascule s'élève, il prend le triangle et lui fait faire un demi-tour, afin que l'éperon tombe dans un sens contraire. A midi, il monte sur l'échafaudage pour relever son camarade jusqu'au soir... La nuit, deux autres hommes les remplacent. Quand ils ont creusé trois pouces, on tire cet éperon, avec toutes les matières dont il est surchargé (car je vous ai dit qu'il était concave par-dessus), par le moyen d'un grand cylindre qui sert à rouler la corde. Je vous en parlerai bientôt... De cette façon, ces puits ou tubes sont très-perpendiculaires, et polis comme une glace. Quelquefois tout n'est pas roche jusqu'à la fin; mais il se rencontre des lits de terre, de charbon, etc. Alors l'opération devient infructueuse, car les matières n'offrant pas une résistance égale, il arrive que le puits perd sa perpendiculaire; mais ces cas sont rares. Quelquefois le gros anneau de fer qui suspend le mouton vient à casser; alors il faut cinq ou six mois pour pouvoir, avec d'autres moutons, broyer le premier et le réduire en bouillie. Quand la roche est assez bonne, on avance jusqu'à deux pieds dans les vingt-quatre heures. On reste au moins trois ans pour creuser un puits. Pour tirer l'eau, on descend dans le puits un tube de bambou, long de vingt-quatre pieds, au fond duquel il y a une soupape ; lorsqu'il est arrivé au fond du puits, un homme fort s'assied sur la corde et donne des secousses; chaque secousse fait ouvrir la soupape et monter l'eau. Le tube étant plein, un grand cylindre en forme de dévidoir, de cinquante pieds de circonférence, sur lequel se roule la corde, est tourné par deux, trois ou quatre buffles ou bœufs, et le tube monte. Cette corde est aussi de rotin. Ces pauvres animaux ne tiennent guère à ce travail, et il en meurt en quantité... Si les Chinois avaient nos machines à vapeur, ils feraient bien moins de dépenses; mais des milliers de gens de peine mourraient de faim... L'eau est très-saumâtre; elle donne à l'évaporation un cinquième et plus, quelquefois un quart de sel. Ce sel est très-âcre; il contient beaucoup de nitre. Les personnes qui ne fument point (hommes et femmes, riches et pauvres, tous fument) n'ont bientôt plus de dents. Il y a ici beaucoup d'aveugles et de sourds, ce que j'attribue à ce sel. Quelquefois il attaque tellement le gosier, que cela devient une maladie; alors il faut se servir du sel de mer, venu de Canton ou du Tong-king.

« L'air qui sort de ces puits est très-inflammable. Si l'on présentait une torche à la bouche d'un puits quand le tube plein d'eau est près d'arriver, il s'enflammerait en une grande gerbe de vingt à trente pieds de haut et brûlerait la halle avec la rapidité et l'explosion de la foudre. Cela arrive quelquefois par l'imprudence ou la malice d'un ouvrier qui veut se suicider en compagnie. Il est de ces puits d'où l'on ne retire point de sel, mais seulement du feu; on les appelle puits de feu.

« Je vais vous en faire la description. Un petit tube en bambou (ce feu ne le brûle pas) ferme l'embouchure des puits et conduit l'air inflammable où l'on veut; on l'allume avec une bougie, et il brûle continuellement. Le flamme est bleuâtre, ayant trois ou quatre pouces de haut et un pouce de diamètre. Ici ce feu est trop petit pour cuire le sel; les grands puits de feu sont à Tse-lieou-tsing, à quatre lieues d'ici. L'année prochaine je visiterai ce pays, où il y a aussi beaucoup de chrétiens, et je vous en enverrai la description. (Cette année mon district est de quatre-vingts lieues; il est trop long, et il a peu de largeur; l'année prochaine je dois m'élargir de trente lieues et me raccourcir de trente, ce qui fera toujours quatre-vingts lieues.)

« Pour évaporer l'eau et cuire le sel, on se sert d'une espèce de cuvette en fonte, qui a cinq pieds de diamètre sur quatre pouces seulement de profondeur. (Les Chinois ont éprouvé qu'en présentant une plus grande surface au feu, l'évaporation est plus prompte, et épargne le charbon.) Elle a au moins un pouce d'épaisseur. Quelques autres marmites plus profondes l'environnent, contenant de l'eau qui bout au même feu, et sert à alimenter la grande cuvette, de sorte que le sel, quand il est évaporé, remplit absolument la cuvette et en prend la forme. Le bloc de sel, de deux cents livres pesant et plus, est dur comme la pierre. On le casse en trois ou quatre morceaux pour être transporté pour le commerce.

« Le feu est si ardent, que la grande cuvette devient absolument rouge, et que l'eau jaillit à gros bouillons, au centre de la cuvette, à la hauteur de huit ou dix pouces. Quand c'est du feu fossile des puits à feu, elle jaillit encore davantage, et les cuvettes sont calcinées en fort peu de temps, quoique celles qu'on expose à ces sortes de feu aient jusqu'à trois pouces d'épaisseur en fonte.

« Pour tant de puits, il faut du charbon en quantité. Il y

en à différentes sortes dans le pays. Les lits de charbon sont d'une épaisseur qui varie depuis un pouce jusqu'à cinq. Le chemin souterrain qui conduit à l'intérieur de la mine est quelquefois si rapide qu'on y met des échelles de bambou; et il arrive souvent qu'un ouvrier, pour se suicider en compagnie, se laisse tomber du haut de l'échelle, et tue une dizaine, ou plus, de malheureux qui le suivent. Le charbon est en gros morceaux. La plupart de ces mines contiennent beaucoup de l'air inflammable dont je vous ai parlé, et l'on ne peut pas y allumer de lampes. Les mineurs vont à tâtons, s'éclairant avec un mélange de sciure de bois et de résine qui brûle sans flamme, et ne s'éteint pas. En ouvrant les petits puits de sel, ils trouvent quelquefois, à plusieurs centaines de pieds de profondeur, des couches de charbon fort épaisses; mais ils n'osent pas ouvrir ces grandes mines, parce qu'ils ne savent pas se servir de la poudre pour cet usage, et qu'ils craignent d'y trouver de l'eau en quantité, ce qui rendrait leur travail inutile.

« Quand ils creusent les puits de sel, ayant atteint mille pieds de profondeur, ils trouvent ordinairement une huile bitumeuse qui brûle dans l'eau. On en recueille par jour jusqu'à quatre ou cinq jarres, de cent livres chacune. Cette huile est très-puante; on s'en sert pour éclairer la halle où sont les puits et les chaudières de sel... Les mandarins, par ordre du prince, en achètent souvent des milliers de jarres pour calciner sous l'eau les rochers qui rendent le cours des fleuves périlleux. Un bateau fait-il naufrage, on trempe un caillou dans cette huile, on l'enflamme et on le jette dans l'eau; alors un plongeur, et plus souvent un voleur, va chercher ce qu'il y avait de plus précieux sur ce bateau. Cette lampe sous-aqueuse l'éclaire parfaitement[1].

1. Le missionnaire qui raconte ces faits les tient évidemment des Chinois qui croient facilement au merveilleux : il est fréquent en Chine

« Si je connaissais mieux la physique, je vous dirais ce que c'est que cet air inflammable[1] et souterrain dont je vous ai parlé. Je ne puis croire que ce soit l'effet d'un volcan souterrain, parce qu'il a besoin d'être allumé ; et une fois allumé, il ne s'éteint plus que par le moyen d'une boule d'argile qu'on met à l'orifice du tube, ou à l'aide d'un vent violent et subit. Les charlatans en remplissent des vessies, les portent au loin, y font un trou avec une aiguille, et l'allument avec une bougie, pour amuser les badauds. Je crois plutôt que c'est un gaz ou esprit de bitume, car ce feu est fort puant, et donne une fumée noire et épaisse. Les Chinois païens et chrétiens croient que c'est le feu de l'enfer, et ils en ont grand peur. De fait, il est beaucoup plus violent que le feu ordinaire. »

SUR LES PUITS DE SEL DE OU-TONG-KIAO.

Province de Sse-tchuen.

« Cet endroit est dans les montagnes, au bord d'un petit fleuve ; il contient, comme Ou-tong-kiao, des puits de sel creusés de la même manière, c'est-à-dire avec un éperon ou tête de fer, crénelée en couronne, lourde de trois cent livres et plus (voyez la lettre de l'année dernière). Il y a plus de

d'entendre le peuple raconter des faits absolument en désaccord avec les lois de la physique ou de la chimie.

Malgré des erreurs fort graves répandues dans ce chapitre, nous avons tenu à mettre cette narration sous les yeux du lecteur parce qu'elle renferme des documents curieux confirmant ce que disent les auteurs chinois sur le forage de puits d'une grande profondeur.

P. C.

1. Cet air inflammable est un mélange d'hydrogènes carbonnés, semblables aux gaz qui se dégagent des houillères et qui produisent le feu grisou.

mille de ces puits qui contiennent de l'eau salée. En outre,
chaque puits contient un air inflammable que l'on conduit par
un tube de bambou ; on l'allume avec une bougie et on l'éteint
en soufflant vigoureusement. Quand on veut puiser de l'eau
salée, on éteint le tube de feu ; car, sans cela, l'air montant
en quantité avec l'eau ferait l'explosion d'une mine. Dans une
vallée, se trouvent quatre puits, qui donnent du feu en une
quantité vraiment effroyable, et point d'eau. C'est là, sans
doute, le centre du volcan. Ces puits, dans le principe, ont
donné de l'eau salée ; l'eau ayant tari, on creusa, il y a une
douzaine d'années, jusqu'à trois mille pieds et plus de profondeur, pour trouver de l'eau en abondance ; ce fut en vain ;
mais il sortit soudainement une colonne d'air qui s'exhala
en grosses particules noirâtres. Je l'ai vue de mes yeux ; cela
ne ressemble pas à la fumée, mais bien à la vapeur d'une
fournaise ardente. Cet air s'échappe avec un bruissement et
un ronflement affreux qu'on entend de fort loin. Il respire et
pousse continuellement et il n'aspire jamais ; c'est ce qui m'a
fait juger que c'était un volcan qui aura son aspiration dans
quelque lac, peut-être même dans le grand lac de Hou-quang,
à deux cents lieues de distance. Il y a bien sur une montagne,
éloignée d'une lieue, un petit lac d'environ une demi-lieue
de circuit, excessivement profond, mais je ne puis croire qu'il
suffise pour alimenter le volcan. Ce petit lac n'a aucune communication avec le fleuve, et ne se fournit que d'eau de
pluie.

« L'orifice du puits est surmonté d'une caisse de pierres
de taille qui a six ou sept pieds de hauteur, de crainte que,
par inadvertance ou par malice, quelqu'un ne mette le feu à
l'embouchure du puits. Ce malheur est arrivé en août dernier.
Ce puits est au milieu d'une vaste cour, et au centre de
quatre grandes halles ou cuisines, où se trouvent les chaudières qui cuisent le sel. Dès que le feu fut à la surface du
puits, il se fit une explosion affreuse et un assez fort tremble-

ment de terre. A l'instant même, toute la surface de la cour
fut en feu. La flamme, qui avait environ deux pieds de hauteur, voltigeait sur la superficie du terrain sans rien brûler.
Quatre hommes se dévouent et portent une énorme pierre
sur l'orifice du puits ; aussitôt elle vole en l'air ; trois hommes
furent brûlés, le quatrième échappa au danger ; ni l'eau, ni
la boue ne purent éteindre le feu. Enfin, après quinze jours
de travaux ôpiniâtres, on porta de l'eau en quantité sur la
montagne voisine ; on y forma un lac, et on lâcha l'eau tout
à coup ; elle vint en quantité avec beaucoup d'air, et elle étei-
gnit le feu. Ce fut une dépense de trente mille francs, somme
considérable en Chine.

« A un pied sous terre, sur les quatre faces du puits, sont
enterrés quatre énormes tubes de bambou qui conduisent l'air
sous les chaudières. Un seul puits fait cuire plus de trois cents
chaudières. Chaque chaudière a un tube de bambou, ou
conducteur du feu. Sur la tête du tube de bambou est un
tube de terre glaise, haut de six pouces, ayant au centre un
trou d'un pouce de diamètre. Cette terre empêche de brûler
le bambou. D'autres bambous mis en dehors éclairent les
rues et les grandes halles ou cuisines. On ne peut employer
tout le feu. L'excédant est conduit par un tube hors de l'en-
ceinte de la saline, et y forme trois cheminées ou énormes
gerbes de feu flottant et voltigeant à deux pieds de hauteur
au-dessus de la cheminée. La surface du terrain de la cour
est extrêmement chaude et brûle sous les pieds ; en janvier
même tous les ouvriers sont à demi nus, n'ayant qu'un petit
caleçon pour se couvrir. J'ai eu, comme tous les voyageurs,
la curiosité d'allumer ma pipe au feu du volcan ; ce feu est
extrêmement actif. Les chaudières de fonte ont jusqu'à quatre
ou cinq pouces d'épaisseur ; elles sont calcinées et coulent
en peu de mois. Les porteurs d'eau salée, des aqueducs en
tubes de bambou, fournissent l'eau. Elle est reçue dans une
énorme citerne, et un chapelet hydraulique, agité jour et

nuit par quatre hommes, fait monter l'eau dans un réservoir supérieur, d'où elle est conduite par des tubes et alimente les chaudières. L'eau, évaporée en vingt-quatre heures, forme une pâte de sel de six pouces d'épaisseur, pesant environ trois cents livres ; il est dur comme de la pierre. Ce sel est plus blanc que celui de Ou-tong-kiao, et prend moins au gosier ; sans doute que le charbon qu'on emploie en Ou-tong-kiao, ou même la différence de l'eau salée, produit ces variantes. L'eau de Tse-lieou-tsing est bien moins saumâtre qu'à Ou-tong-kiao ; celle-ci produit jusqu'à trois onces, et même quatre onces de sel par livre. Mais à Ou-tong-kiao le charbon est cher, au lieu qu'à Tse-lieou-tsing le feu ne coûte rien. D'ailleurs ces deux pays vendent leur sel dans des villes différentes, et des douaniers empêchent de troubler cet accord impérial, fait et approuvé par Sa Majesté, fils du ciel, car c'est le nom que prend l'empereur de Chine.

« J'oubliais de vous dire que ce feu ne produit presque pas de fumée, mais une vapeur très-forte de bitume que je sentis à deux lieues loin du pays. La flamme est rougeâtre comme celle du charbon ; elle n'est pas attachée et enracinée à l'orifice du tube, comme le serait celle d'une lampe ; mais elle voltige environ à deux pouces de l'orifice, et elle s'élève d'environ deux pieds. Dans l'hiver, les pauvres, pour se chauffer, creusent en rond le sable à environ un pied de profondeur, une dizaine de malheureux s'assoient autour ; avec une poignée de paille ils enflamment ce creux, et ils se chauffent de cette manière aussi longtemps que bon leur semble ; ensuite ils comblent ce creux avec le sable et le feu s'éteint. »

ÉMAUX CLOISONNÉS.

Les émaux cloisonnés occupent le premier rang parmi les objets d'art chinois que recherchent les amateurs de curiosités. On croit que les Chinois en durent le secret aux Mahométans, qui ont laissé tant de traces de leur passage dans l'Asie et le Céleste Empire. On assure que le secret de cette fabrication est perdu aujourd'hui ; cela est vrai s'il s'agit de créer des pièces comparables aux admirables cloisonnés anciens, mais on reproduit en Chine des petits objets qui ne le cèdent en rien aux anciens sous le rapport du fini et de l'éclat [1].

Les cloisonnés se distinguent parmi les objets de fabrication chinoise, par la grâce de la forme et le goût de l'ornementation. Ils sont revêtus de dessins d'ornement simples et fort rarement d'animaux fantastiques, tels que dragons, etc. En général les couleurs y sont douces, le dessin de l'ornementation rappelle le goût arabe. Les fonds sont généralement bleu turquoise, bleu pâle, bleu foncé, rarement blancs. Dans ce cas, le cloisonné atteint un prix considérable, l'émail blanc s'appliquant difficilement sur le cuivre et étant sujet à des taches et à des creux.

On trouve en Chine deux espèces de cloisonnés, ou plutôt deux époques distinctes de fabrication ancienne, reconnaissables à la forme et au type de leur dessin ornemental. On a souvent cru que les émaux étaient formés d'objets en

---

[1] Pendant notre séjour à Pékin, nous fîmes fabriquer sous nos yeux un petit objet en émail cloisonné, qui, chez un marchand de curiosités, aurait pu être facilement confondu avec les émaux d'ancienne origine.

cuivre sur lesquels on gravait des ornements en creux, qu'on remplissait ensuite avec l'émail réduit en poudre; mais nous n'avons pas rencontré de débris dans lesquels on pût reconnaître ce mode de fabrication. Un tel travail, du reste, serait presque impraticable pour les Chinois, et demanderait un temps considérable. Le procédé suivant est celui que nous avons vu employer à Pékin, chez un fabricant dont les produits pourraient rivaliser avec les émaux anciens de la seconde époque :

La première opération consiste à tracer avec une pointe le dessin à reproduire, sur l'objet en cuivre rouge formé d'une feuille métallique généralement mince; ensuite on prend un fil plat en cuivre, et on le contourne de manière à former des fleurs, des ornements, etc.

On applique ce fil, de champ, sur la pièce, et on en fixe les morceaux successivement avec le suc d'une plante, ou au moyen d'une résine fondue. Ensuite on projette, le plus régulièrement possible, sur les points de contact du fil plat et de la pièce, de la soudure d'argent en limaille. Quand ce travail préparatoire est terminé, on introduit l'objet dans une sorte de caisse en tôle munie d'un couvercle, et on place le tout dans un fourneau à charbon de bois, qui consiste en un grand récipient en terre rempli de charbon, de manière à recouvrir la caisse de tôle; un soufflet permet d'activer la combustion du charbon et d'obtenir la température voulue. Quand on suppose que la soudure s'est répandue régulièrement, on retire du feu la pièce et on procède à l'émaillage. Cette opération consiste à broyer finement des émaux diversement colorés et fondant à une température relativement basse; la poudre obtenue est versée dans des vases remplis d'eau; la matière, qui est dans un état de grande division, reste en suspension dans le liquide, tandis que le reste tombe au fond; on fait écouler le liquide et on recueille soigneusement la poudre d'émail qui reste à la partie inférieure du vase, on la fait sécher et on la place entre les cloisons de cuivre, en disposant les couleurs suivant un dessin déterminé à l'avance. Pour faire cette opération, on mélange l'émail en poudre avec une eau mucilagineuse, et on prend l'émail au moyen d'un pinceau. Lorsque l'objet en cuivre est entièrement recouvert d'émail, on le fait sécher à un feu doux et on l'introduit de nouveau dans le feu, après avoir eu soin de le placer dans la caisse en tôle dont nous avons parlé précédemment. Après quelques heures, l'émail fondu remplit les cases formées par les cloisons entre lesquelles on l'a déposé. Certains émaux occupent, une fois fondus, un volume beaucoup moindre que le volume primitif : tels sont spécialement les émaux jaunes et blancs, ainsi que nous avons pu le vérifier par des essais répétés. Dans ce cas, on laisse refroidir l'objet ; on remplit de nouveau les parties dans lesquelles l'émail est réduit notablement et l'on procède à une deuxième fusion, quelquefois même à une troisième.

La fin de l'opération consiste à reprendre avec la lime toute la surface de l'objet, de manière à l'égaliser, et à la polir ensuite avec une pierre à aiguiser imprégnée d'huile [1]. On attribue souvent à l'ancienneté des émaux cloisonnés quelques défauts qu'ils présentent généralement, tels que légers fendillements, pointillés, etc. Nous avons pu constater, en suivant les détails de cette opération, que ces défauts se produisent régulièrement, et qu'ils proviennent souvent d'un manque d'homogénéité dans la matière qui constitue l'émail.

Ainsi que nous l'avons dit déjà, cette industrie s'exerce sur une faible échelle, et quelques rares familles ont le secret de la composition des émaux.

Une analyse faite par nous avec le concours de M. Pellet

---

[1] Généralement, on dore au mercure (en suivant un procédé analogue au nôtre) les cloisons de cuivre qui forment les dessins, ainsi que le dessous des pièces qui ne reçoit pas d'émail.

sur un de ces émaux violets nous a fourni les résultats
suivants :

Silice......................	28	75
Plomb.....................	45	»
Acide stannique..............	traces	
Alumine	4	73
Oxyde de manganèse..........	8	»
Sesquioxyde de fer...........	1	75
Chaux	0	56
Oxyde de cuivre..............	traces	
Soude et potasse.............	11	»
	99	79

Nous ne doutons pas que ces opérations, bien conduites,
ne puissent fournir chez nous des résultats semblables à
ceux qu'obtenaient autrefois les Chinois, et, en se servant
d'émaux de composition analogue à ceux qui sont employés
en Chine, on pourrait fabriquer des produits se confondant
presque avec les vieux cloisonnés.   P. C.

SOIES.

Excepté dans quelques provinces du Nord où ne croît pas
le mûrier, partout en Chine on cultive le ver à soie. Les soies
portent généralement le nom de la province qui les cultive ou
de la ville qui les exporte. Outre les soies fréquemment en
usage chez nous, les Chinois recueillent une espèce de soie
peu connue des Européens : la soie du chêne. Elle est un
peu dure relativement aux autres qualités, et sert communément à la fabrication d'étoffes consacrées à l'usage des vêtements d'homme pour l'été. Elle n'a pas la souplesse des soies
ordinaires et prend mal la teinture, aussi l'emploie-t-on
généralement avec sa couleur primitive; son prix est relati-

vement peu élevé. Depuis que la maladie des vers à soie menace de ruiner cette industrie en France et en Italie, ces nations ont essayé de faire venir à grands frais des graines de Chine et du Japon. Plusieurs causes ont empêché ces tentatives de réussir complétement jusqu'à ce jour. Parmi elles, nous citerons les difficultés qu'on éprouve à empêcher l'éclosion des vers pendant les chaleurs que subit la graine dans la traversée de la mer Rouge et dans le détroit de Malacca. Une deuxième tient à des fraudes nombreuses commises par les marchands indigènes. Le ver à soie est, du reste, sujet à des maladies en Chine, mais la production y est plus disséminée que chez nous et se fait dans chaque lieu de production sur une petite échelle, ce qui rend moins funeste pour l'industrie tout entière le danger de la contagion.   P. C.

Pl. XII et XIII.

FIN.

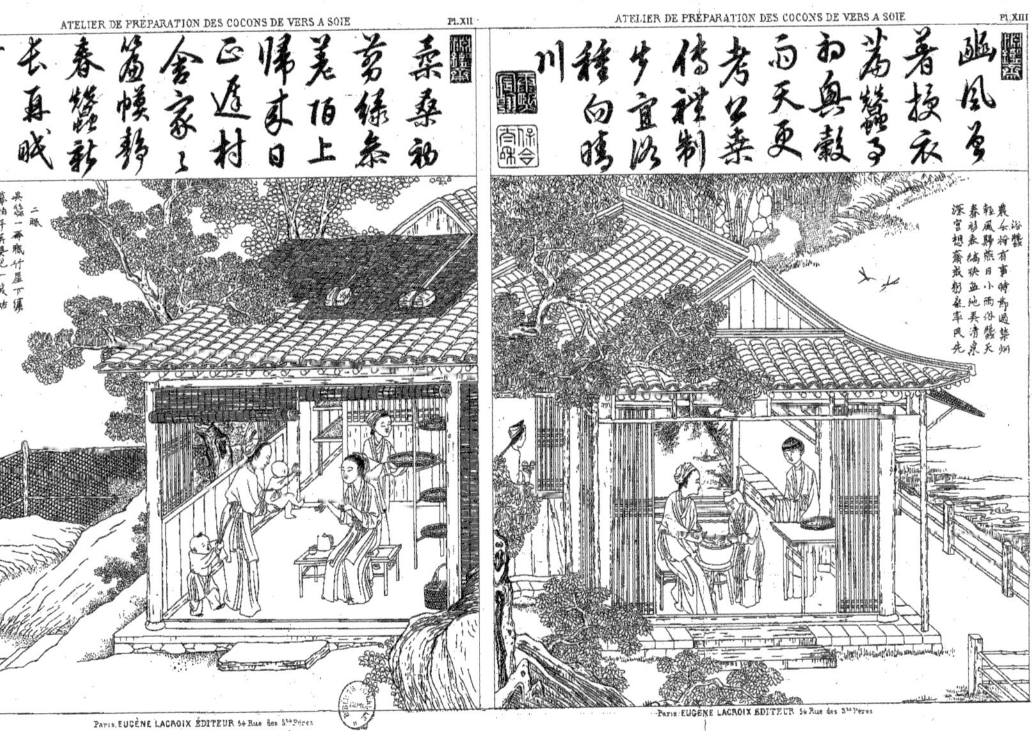

ATELIER DE PRÉPARATION DES COCONS DE VERS A SOIE — PL.XII
ATELIER DE PRÉPARATION DES COCONS DE VERS A SOIE — PL.XIII
Paris. EUGÈNE LACROIX ÉDITEUR 54 Rue des Sts Pères
Paris. EUGÈNE LACROIX ÉDITEUR 54 Rue des Sts Pères